Herbert Günther • Susanne Fritsch

Sprache und Schrift in der Kita

Herbert Günther · Susanne Fritsch

Sprache und Schrift in der Kita

Der gelungene Start in den Schriftspracherwerb

Prof. apl. Dr. Herbert Günther, Leitender Ministerialrat a. D., Hochschullehrer an der Uni Koblenz-Landau, Autor, Bildungsberater, Fortbildungsreferent in Kitas und Schulen.

Susanne Fritsch, Erzieherin, Kita-Leitung, staatlich anerkannte Fachwirtin, Bachelor in Bildungs- und Sozialmanagement mit Schwerpunkt früher Kindheit, Level A-Fachkraft Situationsansatz.

Weitere Materialien finden Sie als Download unter www.beltz.de direkt beim Buch.

Dieses Buch ist auch als E-Book erhältlich
(ISBN 978-3-407-29392-3).

© 2015 Beltz Verlag · Weinheim und Basel
www.beltz.de

Lektorat: Dr. Cornelia Klein
Herstellung: Lore Amann
Satz: text plus form, Dresden
Druck und Bindung: Beltz Bad Langensalza GmbH, Bad Langensalza
Umschlaggestaltung: Sarah Veith
Umschlagabbildung: Fotolia
Printed in Germany

ISBN 978-3-407-62942-5

Inhalt

Vorwort

»Schriftsprache – schon in der Kita? Ist das nicht etwas früh?«, mögen Sie vielleicht denken. Dabei geht es in diesem Buch jedoch primär um die frühkindliche Bildung von Sprache und Schrift und nicht um den Versuch, schulische Anforderungen und Inhalte in die Kita vorzuverlegen. Sprache wird dabei nicht als ein Bildungsbereich unter anderen aufgefasst, sondern als *die* zentrale Schlüsselkompetenz verstanden. Der Mensch als soziales Wesen braucht die gesprochene Sprache zum Überleben. Es gibt keine Bildung ohne die menschliche Sprache!

Der hier vorgelegte Entwurf »Sprachbildung und Schriftaneignung« ist zentraler Bestandteil der frühkindlichen Bildung und damit der Elementarpädagogik. Hier wird ein – in der Kita-Praxis erprobtes – Konzept vorgestellt, das, orientiert am Situationsansatz und an der Modellvorstellung der Persönlichkeitsbildung des Kindes, die Sprachbildung und den frühen Umgang mit der Schrift in den ersten Lebensjahren in den Mittelpunkt des sozialen Handelns des Kindes rückt. Dabei geht es um das kritische Nachdenken über den Zusammenhang von vermittelnder Tätigkeit der pädagogischen Fachkraft – Betreuen, Erziehen und Bilden – und des Spielens und Lernens des Kindes.

Das Ziel dieser Veröffentlichung sind die vielfältigen Möglichkeiten der sozialen Interaktion und Kommunikation des Kindes in der Auseinandersetzung mit seiner personalen und dinglichen Umwelt. Dabei sollten wir die Bedingungen, unter denen dies geschieht, kritisch aufdecken und transparent und verständlich darstellen. Eine so verstandene frühkindliche Didaktik will die besondere Rolle der gesprochenen Sprache aufzeigen und den frühen Umgang mit der Schrift beschreiben.

Das pädagogische Team der jeweiligen Einrichtung übernimmt die hohe Verantwortung, die Sprachbildung und Schriftaneignung in das pädagogische Konzept der Kita einzubauen, in den Situationsansatz zu implementieren und in den Alltag der Kita einzubinden. Die pädagogische Fachkraft erhält hier das passende Handwerkszeug, die hohen Ziele der Sprachbildung und Schriftaneignung mit geeigneten Instrumenten und Arbeitsmaterialien kindgerecht und gemäß den Entwicklungsbedingungen und Lernvoraussetzungen des Kindes umzusetzen.

Im Folgenden wird der Begriff der pädagogischen Fachkraft verwendet. Darunter werden alle pädagogisch kompetenten Personen verstanden, die in der Kita arbeiten und pädagogische Verantwortung übernommen haben: die Leiterin der Kita, die Erzieherinnen und Erzieher, die Kinderpflegerinnen, die Tagesmütter und alle extern arbeitenden Fachkräfte, wie z. B. die Logopädin.

Zum erfolgreichen Gelingen

Jedes Kind hat das Recht auf Bildung.
Sprache und Schrift sind die zentralen
Schlüsselkompetenzen hin zur Bildung.

Auf der Grundlage einer Konzeption der Evangelischen Kindertagesstätte Saarlouis entstand 2012 eine Sammlung zahlreicher Ideen, Beispiele und Bildungsaktivitäten, zusammengestellt von zahlreichen pädagogischen Fachkräften unter Berücksichtigung aktueller Erkenntnisse und Forschungsbefunde. Ziel war es dabei, den Sprach- und Schrifterwerb von Kindern in einem natürlichen Kontext zu fördern – ohne jegliche Verschulungstendenzen. Der vorliegende Band vereint somit die gesammelten Ideen und Beispiele aus einer exemplarisch ausgewählten Kita zu einem Konzept zur Umsetzung von Inklusion in Kitas.

Inklusives pädagogisches Arbeiten bedeutet, ein Bildungssystem zu schaffen, das für alle Kinder passend ist. Das heißt, dass die individuellen Entwicklungspotenziale nicht nur erkannt, sondern auch Bedingungen geschaffen werden müssen, um diese Potenziale optimal zu fördern. Sprachbildung und Schriftaneignung sind Schlüsselkompetenzen, deren Erwerb die Bildungsbiografie nachhaltig beeinflusst: Das beweist nicht zuletzt die Tatsache, dass Kinder, die aus Familien mit Migrationshintergrund kommen, die Verlierer unseres Bildungssystems sind, was in erster Linie auf die erheblichen Sprach- und Schriftbarrieren zurückzuführen ist. Darum gilt es, diesen Bereich besonders in den pädagogischen Fokus zu nehmen und gerade bildungsbereichbezogen ein System zu schaffen, in dem sich alle Kinder optimal entwickeln können.

Der Kita kommen dabei eine tragende Rolle und Aufgabenstellung zu. Dieses Buch liefert hierzu eine breit gefächerte Methodenauswahl, die es jeder Kindertageseinrichtung ermöglicht, angepasst an die individuellen Bedingungen erhöhte Entwicklungspotenziale hinsichtlich Sprachbildung und Schriftaneignung bei Kindern zu erkennen und adäquate Fördermöglichkeiten zu entwickeln. Die Zusammenarbeit der verschiedenen Akteure, die die Entwicklung der Kinder begleiten, sowie das bewusste Einbeziehen von Expert/innen sind hierzu die besten Voraussetzungen.

Aufbau des Konzeptes

Die Sprache ist das wesentliche und zentrale Merkmal der Persönlichkeit des Kindes. Der Aufbau der Sprache, der Ausbau der sprachlichen Fertigkeiten sowie die Entwicklung und Stabilisierung der Sprachkompetenz des Kindes stehen ganz oben auf der Agenda. Die pädagogischen Fachkräfte sollten im Team über die im Folgenden genannten fünf zentralen Bereiche in einen Dialog treten und den Zusammenhang von Sprachbildung und Schriftaneignung diskutieren.

Die Intention der Autoren ist es, mit den zur Verfügung stehenden Theorien, dem Expertenwissen der pädagogischen Fachkräfte und der Bündelung der Kompetenzen im Team einen Transfer von Wissenschaft und aktueller Forschung in die pädagogische Praxis und wieder zurück zu ermöglichen. Theorie und Praxis bzw. Praxis und Theorie müssen enger zusammenrücken. Dabei geht es um die gleichberechtigte Partizipation, die intensive und sachliche Diskussion und das »Voneinanderlernen« auf Augenhöhe, gepaart mit dem notwendigen Augenmaß und der erfolgreichen pädagogischen Zurückhaltung.

Das Konzept bezieht sich dabei auf folgende drei Stufen:

- **Stufe 1: Bildungsziel**
  Auf der ersten Stufe geht es um die Formulierung eines übergreifenden Bildungsziels, das wiederum in dem Bildungsplan des jeweiligen Bundeslandes zu finden ist. Die pädagogische Konzeption der jeweiligen Einrichtung greift das Bildungsziel auf und setzt es in der Konzeption strategisch um.
- **Stufe 2: Bildungskette**
  Am Anfang der Bildungskette steht die Familie, in der das Kind lebt und aufwächst. Der weitere Weg verläuft über die Krippe und Kita in die Schule. Damit sind die wichtigsten Bildungseinrichtungen und Sozialisationsinstanzen des Kindes genannt, die zum Wohle des Kindes miteinander kooperieren müssen.
- **Stufe 3: Bildungsprozesse**
  Die von der pädagogischen Fachkraft erstellte fundierte Analyse durch die Beobachtung im Alltag stellt die wichtige Entscheidungsgrundlage für das weitere pädagogische Vorgehen dar. Dabei ist es wichtig, die optimale Passung der Lernvoraussetzungen des Kindes mit den angebotenen Bildungsaktivitäten der Kita in einen harmonischen Einklang zu bringen.

Alle drei dargestellten Stufen müssen berücksichtigt werden, um nachhaltige Effekte zu erzielen.

1. Pädagogisches Konzept als »roter Faden«

Die Darstellung der pädagogischen Konzeption der Einrichtung in enger Anbindung an den Bildungsplan des jeweiligen Bundeslandes ist die Grundlage der gesamten pädagogischen Arbeit in der Kita und damit auch der Sprachbildung und Schriftaneignung. Eine alltagsintegrierte und authentische Sprachbildung und Schriftannäherung können nur dann erfolgreich und nachhaltig sein, wenn sie in die vorliegende pädagogische Konzeption der Kita konzeptionell, personell, räumlich und fachlich eng eingebunden und implementiert werden. Sprache und Sprechen müssen jeden Tag zu jeder Zeit von allen Beteiligten – pädagogischen Fachkräften, Kindern und Eltern – bewusst gepflegt werden. Die Sprache gehört zu den angeborenen Fähigkeiten des Menschen, die nur im täglichen Miteinander unter Bereitstellung ausreichender Lern- und Spielzeit, geeigneter Lern- und Bildungsräume sowie angemessener Lernsituationen und Lernarrangements gefördert werden kann. Gerade die kognitiven und kreativen Fähigkeiten der menschlichen Sprache müssen unbedingt in allen Situationen des Alltags gefördert werden. Die Sprache ist dabei nicht als ein Bildungsbereich unter anderen zu verstehen: Sprache gehört zu allen Bildungsaktivitäten, Spielsituationen und Lernprozessen dazu. Ohne die Sprache sind keine Kommunikation, kein Spielen und kein Lernen möglich.

Wir wissen heute aus verschiedenen Studien und den Erfahrungen der Fachkräfte, dass die Sprachstandsverfahren und Tests, wie z. B. »Delfi 4« in Nordrhein-Westfalen und die durchgeführten Programme und Maßnahmen der Sprachförderung nicht zum gewünschten Erfolg geführt haben. Die ermittelten Zahlen – die Anzahl der Kinder mit Sprach- und Sprechproblemen in den Einrichtungen betreffend – schwanken zwischen zehn und 50 Prozent. Es ist nicht nachvollziehbar, weshalb je nach Bundesland qualitativ und quantitativ unterschiedliche Sprachförderangebote für die betroffenen Kinder gemacht werden. Diese Ergebnisse wurden durch eine Studie der Mercator-Stiftung im Jahre 2013 zutage gefördert. Externe Sprachförderkräfte und die Durchführung spezieller Sprachförderprogramme müssen unbedingt ersetzt werden durch die tägliche Arbeit der Erzieher/innen vor Ort in der Gruppe. Die alltagsintegrierte, d. h. eng in die pädagogische Konzeption der Kita eingebundene Sprachbildung ist der Schlüssel zum Erfolg. Im Folgenden wird die pädagogische Konzeption der Kita Saarlouis in den Grundzügen dargestellt und daran aufgezeigt, wie die alltagsimmanente Sprachbildung und Schriftentwicklung jeden Tag in die praktische Arbeit einfließen können.

Dabei geht es auf keinen Fall um eine Vorverlagerung des Unterrichts in den Kita-Alltag, sondern vielmehr darum, die Möglichkeiten und Ressourcen unserer Kinder früher, schneller und gezielter nutzen und fördern zu können. Dabei sollten wir keinen Unterschied machen zwischen deutschen Kindern und solchen mit Migrationshintergrund, ebenso nicht zwischen Kindern mit und ohne Behinderung. Alle Kinder müssen an unserem Leben teilhaben können und in unserer Gesellschaft ihren Platz und ihre Rolle finden. Dies ist das Ziel einer inklusiven Gesellschaft, an deren Entwicklung wir in Deutschland seit einigen Jahren arbeiten. Eine gemeinsame Sprache ist die Basis dafür. Werden wir aktiv und lassen wir zu, dass alle Kinder im Rahmen ihrer individuellen Möglichkeiten gefördert werden. Wir müssen die Eltern und die betroffenen Familien auf diese einmalige pädagogische Bildungsreise zur »Sprachbildung und Schriftaneignung« mitnehmen, denn ohne deren aktive Mitarbeit und vertrauensvolle Zusammenarbeit werden die angestrebten Ziele und Wirkungen schnell »verpuffen«.

1.1   Rahmenbedingungen

Träger der Evangelischen Kindertagesstätte ist das Presbyterium der Evangelischen Kirchengemeinde Saarlouis. Die Kindertageseinrichtung liegt etwa einen Kilometer von der evangelischen Kirche entfernt außerhalb der Innenstadt Saarlouis'. Es gibt eine gewachsene Infrastruktur mit einem Industriegebiet. Der Kindergarten ist Einzugsgebiet für evangelische Kinder in der Diasporagemeinde, d.h. Kinder aus umliegenden Ortschaften können ebenfalls einen Platz bekommen. Das ehemalige Pfarrhaus ist mit der Kita verbunden und wurde 2007 so umgebaut, dass der gesamte Komplex zur Kindertagesstätte wurde. Im Zuge des Umbaus entstanden zusätzlich zehn Krippenplätze und acht Plätze für die Kindertagesstätte. Die Kita bietet momentan Plätze für 70 Kinder. Die zehn Krippenplätze bilden eine eigene Nestgruppe. Die Kita ist von sieben bis 17 Uhr geöffnet.

1.2   Pädagogisches Handlungskonzept

Im Folgenden wird die pädagogische Arbeit der Evangelischen Kita vorgestellt. Es werden Aussagen zum Leitbild, Bildungsverständnis, Bild vom Kind sowie zur Umsetzung des saarländischen Bildungsprogramms und der religionspädagogischen Arbeit getätigt.

1.2.1 Leitbild

Die Evangelische Kindertagesstätte hat einen gesetzlichen, sozialdiakonischen und religionspädagogischen Bildungsauftrag übernommen. Den Bildungsauftrag möchten die pädagogischen Fachkräfte dabei in besonderer Weise erfüllen. Die Lebenssituation des Kindes und seiner Familie sowie seine individuelle Persönlichkeit sind Orientierungspunkte für unser pädagogisches Handeln. Dieses Handeln basiert auf Wertschätzung und Akzeptanz des Kindes und seiner Familie.

Die pädagogische Arbeit orientiert sich an den Richtlinien des saarländischen Bildungsprogramms für Kindertageseinrichtungen. Der bestehende Bildungsbegriff basiert auf dem humboldtschen Bildungsverständnis. Bildung wird hier als eine Aneignungstätigkeit verstanden, mit der sich das Kind ein Bild von der Welt macht. Dies beinhaltet, sich ein Bild von sich selbst und von anderen in dieser Welt zu machen und dabei das Weltgeschehen zu erleben. Bildung ist aktiver, sozialer, sinnlicher und kultureller Prozess.

Wir sehen Kinder nicht als unfertige Erwachsene, sondern Kindheit als eigenständige Lebensphase. Kinder sind Menschen, die weniger Lebenserfahrung als Erwachsene haben, ihnen gebührt jedoch genau so viel Respekt wie den Erwachsenen. Sie bringen eigenen Erfahrungen, Ideen und Vorstellungen vom ›Großwerden‹ in die Beziehungen zu Erwachsenen ein. Kinder verfügen bereits über eine Menge Kompetenzen. Wichtig für ihre weitere Entwicklung ist, dass sie Menschen haben, die sie begleiten, und Räume, in denen ihnen eigenes Denken und Handeln zugestanden werden.

Vielfältige Lebensformen und Kulturen sind in der Kita fester Bestandteil. Die Kindertagesstätte sollte ein Spiegelbild unserer Gesellschaft darstellen und aufzeigen, wie bereichernd eine friedliche kulturelle Vielfalt sein kann. Dabei soll ein inklusives pädagogisches Konzept umgesetzt werden.

1.2.2 Pädagogische Arbeit

Die pädagogische Arbeit orientiert sich sehr stark an den Grundsätzen des Situationsansatzes – eines Ansatzes, der sich durch Expert/innen immer weiterentwickelt und auf den aktuellsten wissenschaftlichen Erkenntnissen zu frühkindlichen Entwicklungs- und Bildungsprozessen aufbaut.

Der Situationsansatz erhebt den Anspruch, lebensnahe Situationen aus dem alltäglichen Leben der Kinder aufzugreifen. Welche Situationen beschäftigen Kinder und ihre Familien und warum? Wofür interessieren sie sich, und welche Erfahrungen machen sie dabei?

Beobachtung und Dokumentation sind dabei die Instrumente, mit denen ergründet werden kann, was Kinder interessiert, welche Fragen sie beschäftigen und in welcher Lebenssituation sie gerade sind. Evangelische Einrichtungen fühlen sich dem Situationsansatz verpflichtet, weil das Kind als Subjekt angesehen und wahrgenommen wird. Theologisch gesprochen ist es ein Geschenk Gottes, das mit vielen Kompetenzen und Möglichkeiten ausgestattet wurde. Das Bild vom Kind ist im Situationsansatz geprägt von Aussagen, die das Kind als eigenständige Persönlichkeit mit eigenen Rechten und individuellen Fähigkeiten sehen. Unser Erziehungsstil zählt zu den demokratisch autoritativen Erziehungsstilen. Insbesondere die Sichtweise Janusz Korczaks auf Kinder, Kindheit und Partizipation prägt die Arbeit in der Kita Saarlouis nachhaltig. Kinder waren für ihn genauso wichtig wie Erwachsene; dass sie jünger oder kleiner waren, bedeutete für ihn nicht, dass sie schlechter oder weniger intelligent waren. Damals, in den 1940er-Jahren, war das eine revolutionäre Sicht auf Kinder (zumal im Zweiten Weltkrieg ohnehin sämtliche Werte außer Kraft gesetzt schienen).

An dieser Stelle wird deutlich, dass die Lernfelder den Interessen der Kinder entsprechen müssen. Sie werden nicht künstlich geschaffen, sondern orientieren sich an den Fragen und Interessen der Kinder. Es ist wissenschaftlich erwiesen, dass Lernen unter diesen Bedingungen viel nachhaltiger geschieht. Die Kinder haben echtes Interesse an den Themen, sie sind sozusagen intrinsisch motiviert. Auch Sprache und Schrift werden durch solche Lernarrangements nachhaltiger gefördert. Interessen und Fragen werden im Dialog mit den Kindern erarbeitet – nicht als Rahmenpläne am Schreibtisch einer Erzieherin. Von Beginn an werden die Kinder dazu motiviert, eigene Formen der Dokumentation zu entwickeln (in Form von Bildern, wichtigen Zetteln, Zeichnungen etc.). Automatisch wird so die grafomotorische Entwicklung der Kinder gefördert.

1.2.3 Religionspädagogik

In der exemplarisch ausgewählten Kita haben Kinder die Chance, Geschichten über das Leben, die Menschen und die Welt zu hören. Sie stellen bereits sehr früh Fragen über Sinnhaftigkeit und Glauben. In der Kita können Kinder im Alltag behutsam und prozesshaft Glaubenserfahrungen sammeln. Beim Erzählen und im Erleben von biblischen Geschichten, dem gemeinsamen Beten und Singen von Liedern, beim Feiern kirchlicher Feste und gottesdienstlicher Gemeinschaft, lernen Kinder die christlichen Traditionen und Symbole kennen. Der Transfer biblischer Geschichten in ihre Welt, macht Kindern Mut und Hoffnung. Die Evangelische Kindertagesstätte Saarlouis steht exemplarisch für die Arbeit in der Kirchengemeinde mit Kindern und Familien. Darüber hinaus sind alle Religionsrichtungen willkommen. Dies leistet einen Beitrag dazu, Ausgrenzung entgegenzuwirken und Inklusion zu leben. Aus diesem Grund wird großen Wert auf einen interreligiösen Dialog mit den Familien und Kindern gelegt, die die Einrichtung besuchen. Es ist ein pädagogisches Ziel, die Gemeinsamkeiten von Religionen zu erkennen, das heißt, insbesondere Werte herauszuarbeiten, die unsere demokratische Gesellschaft tragen, und die individuelle Entwicklung jedes Einzelnen zu unterstützen. Im pädagogischen Alltag werden neben den christlichen Festen ebenso die Feste anderer Religionen gefeiert, um Kinder und Familien für Unterschiede und Gemeinsamkeiten zu sensibilisieren. So werden Werte im Umgang miteinander vermittelt; Wertschätzung und Geborgenheit durch Beziehungen, Rituale und Konfliktlösung ebenso gefördert, wie eine respektvolle Sprache für Unterschiede. In einer multikulturellen Gesellschaft sollte es Ziel sein, ein Weltethos zu entwickeln, in dem die Individualität aller Religionen ohne gegenseitige Beschneidungen und Diskriminierung bestehen kann.

1.2.4 Bild vom Kind

Kinder sind Philosophen, Forscher und Erfinder. Ausgestattet mit Wissensdurst und Neugier, erkunden sie die Welt. Sie sind eigenständige Persönlichkeiten mit vielen Fähigkeiten, die wir erkennen müssen. Sie stellen Fragen – Lebensfragen; sie philosophieren über die Welt.

Kinder als eigenständige Persönlichkeiten anzuerkennen fördert deren Selbstbewusstsein; ein hohes Selbstbewusstsein und das Wissen, etwas bewirken zu können, wirken sich immer positiv auf die Lernfähigkeit aus. Dies gilt natürlich nicht nur für den Bereich »Schrift und Sprache«. Die Erfahrung, selbstwirksam zu sein, ist eine wichtige Grundlage zur Resilienzentwicklung. Resilienz ist die Fähigkeit, widrige Lebensumstände positiv bewältigen zu können: eine Schlüsselkompetenz für das weitere Leben.

Niclas, 4 Jahre: »Mein Oma sagt, der liebe Gott ist im Himmel.«
Paul, 5 Jahre: »Hat deine Oma eine Himmel-guck-Brille?«

1.2.5 Bildungsverständnis

Kinder lernen durch Selbsttätigkeit. Bildungsprozesse bei Kindern vollziehen sich in der Konstruktion von Ideen, durch Forschen, Entdecken, Ausprobieren, Fehlermachen-Dürfen und Wieder-von-vorn-Anfangen und in der Auseinandersetzung mit anderen Kindern. Die Selbsttätigkeit ist eine befriedigende Art des Lernens.

Kinder lernen immer und in jeder Situation. Kinder machen sich ein Bild von der Welt (gemeint ist die Beziehung zwischen den Menschen und der sie umgebenden Welt).

1.2.6   Umsetzung des saarländischen Bildungsprogramms

Das Arbeiten nach dem saarländischen Bildungsprogramm setzt insgesamt den partizipatorischen Grundgedanken voraus. Kinder lernen durch Selbsttätigkeit. Sie erweitern ihr Wissen, indem sie selbst herausfinden, was sie interessiert. Im Leitbild der Kita wird Bildung als ein aktiver, sinnlicher und kultureller Prozess beschrieben. Kinder sollen ein anregungsreiches Umfeld haben und im alltäglichen Spiel Erfahrungen in den unterschiedlichsten Bildungsbereichen machen dürfen. Es geht darum, Bildungsgelegenheiten zu schaffen, in denen die Kinder während ihres gesamten Tagesablaufes selbst auswählen können, wann sie sich wie womit beschäftigen möchten. Die pädagogischen Fachkräfte lassen sich auf die Kinder ein, gehen mit ihnen die Wege des Forschens, der Musik, der Poesie, der Sprache und erreichen so ein hohes Bildungsniveau. Die Kinder selbst geben diese Schritte von ganz allein vor. Wir müssen sie nur lassen und sie ernst nehmen.

1.2.7   Teamphilosophie

Die Fachkräfte der Kita Saarlouis sehen die Fähigkeiten der Kinder, die sie bereits mitbringen. Sie hören ihre Fragen, gehen individuell auf ihre Bedürfnisse ein und ermöglichen ihnen, ihre Wissbegierde zu befriedigen. Sie unterstützen ihre Ideen und ihre Kreativität. Sie möchten Bildungsgelegenheiten mit den Kindern gemeinsam schaffen und machen sich mit ihnen auf den Weg, Antworten auf ihre Lebensfragen zu finden. Dabei sehen sie sich selbst als Lernende, die keine Antworten vorgeben.

1.2.8   Das pädagogische Team

Das Team setzt sich zusammen aus einer Leiterin, elf pädagogischen Fachkräften, einer Hauswirtschaftskraft und einer Reinemachefrau. Jährlich absolvieren Schülerinnen der »Akademie für Erzieher/-innen und Studenten/-innen« der HTW ihre Praktika in der Einrichtung. Unser Team setzt sich aus Menschen mit verschiedenen Professionen zusammen: Frühpädagoginnen mit Bachelor-Abschluss, staatlich anerkannten Erzieherinnen sowie Fachkräften mit sonderpädagogischen Zusatzausbildungen. Die wöchentliche Arbeitszeit ist wie folgt aufgeteilt: Fünf Vollzeitkräfte (39 Std./Woche), vier Teilzeitkräfte (25 Std., 28,5 Std., 30 Std.).

1.2.9 Die Rolle der pädagogischen Fachkraft

Pädagogische Fachkräfte haben eine begleitende Rolle, die verlangt, dass sie Macht abgeben. Sie halten aus, nicht mehr Regie zu führen, und verstehen sich selbst als Lernende, die keine Rahmenpläne ausarbeiten und dadurch die Themen vorgeben. Regie führen die Kinder. Sie sagen, was sie interessiert und womit sie sich beschäftigen möchten. Die Erzieher/innen müssen akzeptieren, wenn Kinder ihre Vorschläge ablehnen; bzw., wenn sich kein Kind für ein bestimmtes Angebot einteilt, ist die »Planung« wohl an den Kindern vorbeigegangen. Die Erzieher/innen der Einrichtung in Saarlouis versuchen, das auszuhalten, und hinterfragen mögliche Gründe.

1.2.10 Konsultationseinrichtung

Die Evangelische Kita ist eine Konsultationseinrichtung zur Umsetzung des saarländischen Bildungsprogramms und zur Arbeit mit Kindern unter drei Jahren. Durch die Arbeit im offenen Ansatz und das Raumkonzept mit den verschiedenen Bildungsbereichen ist sie beispielhaft für die Umsetzung des saarländischen Bildungsprogramms. Als Konsultationseinrichtung bietet sie Pädagog/innen die Möglichkeit, in unserer Einrichtung zu hospitieren und sich fortzubilden. Damit ist sie Vorbild für andere Einrichtungen. Gern geben die Erzieher/innen der Kita ihr Wissen weiter. Dabei verstehen sie sich als lernende Organisation mit einer eigenen Lernbiografie, die sich im ständigen Entwicklungsprozess befindet.

1.3 Besonderes Profil der Einrichtung: Offener Ansatz

Das Konzept zeichnet sich im besonderen Maße durch seine offenen Strukturen und die Raumgestaltung aus. Die 60 Kindergartenkinder teilen sich eigenständig in unterschiedliche Bildungsbereiche ein. Das heißt, sie haben immer die Möglichkeit, sich ihren Bedürfnissen entsprechend dort aufzuhalten, wo sie sich wohlfühlen. Alle Bereiche wurden mit den Kindern gemeinsam geplant und gestaltet. Das Angebot dieser Räume ist das Ergebnis vielfältiger Beobachtungen – im Hinblick auf kindliche Bedürfnisse und die damit verbundene Öffnung des

Raumes. Dies geschieht innerhalb eines vorgegebenen Rahmens, für den die Verantwortung bei den pädagogischen Fachkräften liegt. Die Erzieherinnen müssen einschätzen, was sie ermöglichen können. Dabei geht es um die Begleitung im Rahmen von Strukturen, Regeln und Grenzen. Um Bildungsbereiche und Beschäftigungen wählen zu können, muss man in einen Dialog treten. Dies erfordert täglich neue Absprachen. Alle Regeln werden mit den Kindern gemeinsam im Dialog erarbeitet und in Regelheften festgehalten, die mit den Kindern gestaltet werden. Regeln sollten sinnhaft für Kinder sein; darum müssen sie gemeinsam mit ihnen entwickelt werden.

Kinder entscheiden selbst, mit wem sie sich wann, wo und wie beschäftigen. Das heißt nicht, dass Kinder immer machen können, was sie möchten, aber sie werden dazu angeregt, eigene Bedürfnisse zu erfahren.

Der offene Ansatz gewährleistet:
- Arbeit mit Gruppen
- Beteiligung der Kinder
- Erfüllung individueller Bedürfnisse
- Orientierung durch Strukturen und Systeme
- inklusive Arbeit
- differenzierte Angebote
- besonders intensive Förderung von Sprache und Symbolik

Ein offenes System lebt und besteht durch aktive Kommunikation. Es erfordert viele Absprachen – sowohl zwischen pädagogischen Fachkräften und zwischen Kindern und Erwachsenen als auch zwischen pädagogischen Fachkräften und Eltern. Ebenso erfordert es, dass das Schaffen von Systemen die Strukturen für Kinder nachvollziehbar macht. Diese Strukturen geben Kindern Sicherheit. Hierfür verwenden wir verschiedene Symbole, Bilder, Fotos und natürlich die Schriftsprache. Kinder kommen bei uns in vielen Alltagssituationen ganz natürlich in den Kontakt mit Schrift.

Doch was bedeutet in diesem Zusammenhang der Begriff »offener Ansatz«? Gerlinde Lill (2011) zufolge ist die offene Arbeit eine Grundsteinlegung und als Lebensthema zu sehen, weil das Leben selbst offen ist. Jeder Mensch ist, wie alle lebenden Systeme, ein offenes System. Offene Arbeit und autopoietische Lernprozesse werden im Zusammenhang gesehen. Das Leben ist »selbst machend«, und so bezeichnet sie offene Arbeit als selbstmachende Lernprozesse (vgl. Lill 2011, S. 4 f.).

1.4   Vorstellung des Raumkonzepts

Die Räume der Kita werden als Bildungs- und Spielräume verstanden, die nach den Grundbedürfnissen von Kindern entwickelt sind. Die Räume erfüllen Bedürfnisse nach Bewegung, Ruhe und Geborgenheit, Experimentieren, Essen und Schlafen. Gleichzeitig beinhaltet das Raumkonzept Bildungsbereiche des saarländischen Bildungsprogramms. Sie sind gemeinsam mit den Kindern entstanden und jederzeit nach den Bedürfnissen der Kinder veränderbar. Überall gibt es Freiräume für die Kinder – Spielzeit ist Bildungszeit. Anzahl und Begrenzungen ergeben sich automatisch aufgrund der Interessen. Es kommt vor, dass Kinder dies selbst regeln, weil sie merken, dass der Bereich zu »voll« ist.

Die Bildungsräume der Evangelischen Kita Saarlouis auf einen Blick:

- Eingangsbereich und »Empfang«
- Rollenspielzimmer
- Waschraum mit Toiletten und »Sauna«/Wasserwerkstatt
- Bauzimmer
- Kuschel-, Lese-, Ruhespielbereich (Schneckenzimmer) mit »Portfolio-hol-mich-mal-raus-Kasten«
- Atelier/Holzwerkstatt/Außenatelier/Spielraum zur Kreativität
- Schreibwerkstatt
- Zahlenräume
- Musikzimmer
- Bewegungsspielraum
- Forscherlabor
- Kinderrestaurant auf zwei Ebenen
- Nest für die Jüngsten
- Kommunikationsflur mit der »roten Couch«
- Außenspielgelände mit Sand-Matsch-Bereich, Bodentrampolin, Hängebrücke, Bobbycarbahn, Rundweg, Klettergerüst, Balancierbaumstämme

1.4.1   *Empfang im Foyer*

Der »Empfang« begleitet die Situation des Ankommens im Kindergarten und beinhaltet eine wichtige Schlüsselsituation für die Kinder. Von der Eingangstür hat man einen weiten Blick auf den Weg, der zum Kindergarten führt. Mittig steht ein Ecksofa, das der gemütlichen Atmosphäre beim Ankommen und dem Beobachten dient. Alle Kinder tragen sich in ein Anwesenheitsbuch ein. Dieser Bereich hat sich als Empfang etabliert, weil Kinder das Ankommen und Verabschieden anderer Kinder gern beobachten oder sie an das Eintragen in unser Anwesenheitsbuch erinnern. Eine Erzieherin begleitet diesen Bereich bis neun Uhr am Morgen. Sie führt die Essensliste für den Tag und begrüßt ankommende Kinder und Eltern. Selbstständig, mit eigenen Zeichen oder Unterschriften, gestalten und führen unsere Kinder das Anwesenheitsbuch. In gemütlicher Atmosphäre, mit besonderen Stiften, ist der Eingang ein eigener Bereich am Morgen geworden. Unterhaltungen und Absprachen werden auch hier getroffen. Für die Eltern gibt es einen Info-Turm, in dem alle ein Fach für Post haben. Außerdem gibt es ein Elternbücherregal, auf dem wir aktuelle Fachliteratur oder Bilderbücher empfehlen bzw. zur Ansicht auslegen.

Was Kinder dabei bewegt: Schreiben ist Kommunikation: »Ich bin da, ich bin wichtig. Ich werde begrüßt, ich habe einen Platz für meine Anwesenheit. Ich finde mich selbst auf der Liste und trage mich in der dafür vorgesehenen Spalte ein. Ich probiere die Stifthaltung aus. Ich habe einen Platz für meine persönlichen Sachen. Meine Neugierde ist erwünscht. Ich beobachte andere Kinder. Ich kann auf meine Freunde warten. Ich weiß, welche Eltern zu welchem Kind gehören.«

1.4.2   Rollenspielzimmer

Im Rollenspiel konstruieren Kinder Wirklichkeit. Gegenstände werden zweckentfremdet und erhalten eine konkrete Bedeutung, die Kinder sich merken. Die Kinder können hier in andere Rollen schlüpfen, sich verkleiden und das Leben spielen. Spiele von Kindern sind für Erwachsene oft nicht zu verstehen, und das ist auch gut so. Das Rollenspielzimmer wird von den Kindern »Rollen« genannt. Hier steht ein Haus mit zwei Spielebenen.

Die Kinder gestalten die Innenräume des Hauses selbst und verändern sie regelmäßig. Dazu gehört auch die Zweckentfremdung von Möbeln und Materialien. Es gibt eine Verkleidungsstange mit Hüten, Schuhen, Schals, Handtaschen, Tüchern, einen Spiegel und einen Zerrspiegel, eine Umkleidekabine und einen Schminktisch. Ein fünf Meter breites Podest dient vielen Zwecken.

Hier konstruieren Kinder ihre Wirklichkeit in einem Spiel, das nach ihren Regeln geleitet ist. Sie zweckentfremden Dinge und steigen ein in das symbolische Denken. Durch die Übernahme von Rollen können Ängsten und Krisen bewältigt werden. Kinder lernen, mit Wünschen und Aggressionen umzugehen (Kaiser/Neuß 2012, S. 7)

1.4.3   Schneckenzimmer

Das Schneckenzimmer ist ein Kuschel-, Lese-, Ruhespielbereich. Das Bedürfnis nach Ruhe und Stille ist ganz natürlich und braucht einen Platz. Mit dem Schneckenzimmer verbinden die Kinder ein langsames Tempo und Rückzugsmöglichkeiten. Sie können hier kuscheln, Bilderbücher lesen, Mandalas malen, meditative Musik hören, an Fantasiereisen teilnehmen, Tischspiele spielen und einfach nur entspannen. Im Schneckenzimmer befinden sich die Portfolios aller Kinder. Diesen Bereich haben die Kinder »Portfolio-hol-mich-raus-Kasten« genannt. Kinder lernen ihr eigenes Bedürfnis nach Ruhe kennen, sie erfahren, was ihnen beim Entspannen hilft, sie lernen, sich Fantasien und Gedanken hinzugeben, erfahren Ruhe, Geborgenheit und Nähe. Sprachkompetenzen erwerben sie beim gemeinsamen Lesen von Bilderbüchern.

1.4.4   Toiletten und Wasserwerkstatt

Es gibt kaum Kinder, auf die Wasser keine Anziehungskraft ausübt. Die Herkunft des Wassers und die Tatsache, dass es sich nicht festhalten lässt, faszinieren die Kinder. Somit bietet dieser Bereich eine wichtige Bildungsgelegenheit im Alltag. Doch auch die Dusche als eigener kleiner Raum hat ihren Reiz. Die Kinder haben diesen Bereich für sich erobert, indem sie die Dusche als »Sauna« benutzen. Hierbei ist ihnen wichtig, dass sie ungestört sind. Sie nehmen ihr Portfolio mit dorthin und beschäftigen sich. Seitdem ein Zahlenzimmer eingerichtet wurde, sind die Toiletten nummeriert. So kommt es immer häufiger vor, dass Kinder, die sich zum Toilettengang abmelden, sagen: »Ich bin auf der 3.«

1.4.5   Atelier

Das Atelier ist der Kreativbereich, in dem die Kinder mit möglichst vielen unterschiedlichen Materialien arbeiten können. Die Erzieher/innen nehmen Abstand von Bastelarbeiten mit Schablonen, um die Kreativität der Kinder nicht zu hemmen. Sie begleiten die Kinder bei ihren Ideen, geben Hilfestellung, unterstützen eigene Wege der Kinder und wecken ihre Neugier am kreativen Ausprobieren. Unterschiedliche Materialien stehen sichtbar und greifbar zur Verfügung. In Kunst- und Bastelbüchern suchen Kinder nach Anregungen. Dieses anregungsreiche Umfeld mit sichtbaren Materialien und Farben dient der eigenen Kreativität und Fantasie.
　Für Abfallmaterialien wie Kartons, Papier etc. sind die Erzieher/innen dankbare Abnehmer. Farben, Pinsel, eine Maltheke zum Stehen, Möglichkeiten, auf dem

Boden oder an Staffeleien auf Leinwand zu malen, verleihen dem Raum die Attraktivität eines echten Ateliers.

Kinder können ihre Ideen konstruktiv und fantasievoll umzusetzen, sie schneiden, kleben, werden sicherer in der Stifthaltung und im Umgang mit Materialien. Sie erleben sich selbst als Künstler. Sie lernen Künstler und ihre Werke kennen. Sie erkunden die Beschaffenheit unterschiedlicher Materialien. Ein Innenhof als Außenatelier dient den Kindern als Rückzugsmöglichkeit zum Arbeiten und Werken. Im Sommer ist es eine kleine Blumenoase zum Entspannen und Sichzurückziehen. Hier sind Arbeiten möglich, die in geschlossenen Räumen schwer umzusetzen sind, etwa das Arbeiten mit Ytong-Steinen. Das Außenatelier ist eine Erweiterung des Innenateliers. Kinder malen im Freien auf Staffeleien, andere Kinder nutzen diesen Bereich als Rückzug zur Unterhaltung oder zum Entspannen.

1.4.6 Schreibwerkstatt/Bibliothek

Die Schreibwerkstatt ist ein eigener Bereich im Atelier, ausgestattet mit Materialien, die die Kinder selbst zusammengestellt haben: liniertes Papier, Briefumschläge, Anlauttabellen, Buchstabenspiele, Stempel, Schreibfedern, Tinte, Locher, Tacker etc. Ein Computer mit einem Schreibprogramm und weiteren Lernspielen für Kinder dient dazu, auch mit diesem Medium erste Erfahrungen zu machen. Auch hier geht es um Anregungen für die Kinder und um die Möglichkeit, ihrem Interesse nachzugehen. Kindern begegnet Schrift immer und überall im Alltag. Ihr natürlicher Forscherdrang führt automatisch immer wieder zu der Frage: »Was schreibst du da?«, oder: »Was steht denn da?« Bereits dreijährige Kinder sind enorm stolz, wenn sie behaupten, etwas zu schreiben. Dies sind erste Versuche, die Schriftkultur zu verinnerlichen, und so ist es wichtig, diese Aussagen ernst zu nehmen.

Viele Kinder können es kaum erwarten, bis sie endlich selbst lesen und schreiben können. Mit dem Angebot »Motivation und Neugier – den Buchstaben auf der Spur« unterstützen die Erzieher/innen das Interesse der Kinder, dem Geheimnis der Schrift auf die Spur zu kommen und sich mit Buchstaben auseinanderzusetzen. Das selbstbestimmte Lernen im Spiel ist hierbei das Wesentliche. Wenn das Interesse an etwas sehr groß ist, ist auch der Lernerfolg am größten. Das bedeutet allerdings nicht, dass die Kinder schreiben und lesen lernen müssen. Dennoch können so viele Fertigkeiten erworben werden, etwa Stifthaltung, Schreibversuche von Strichen bis zu Buchstaben, Erwerb von Techniken, Schrift als Möglichkeit der Mitteilung, Ausdauer und Erfolg beim Lochen und Einheften, Erfolg durch Ausprobieren, Feinmotorik.

Erste Schriftversuche werden ernst genommen; je nach Bedürfnis der Kinder werden die unterschiedlichsten Materialien bereitgestellt, um das Interesse mit attraktiven Angeboten zu »füttern«.

Frühpädagog/innen können durch Mitschriften von Gesprächskreisen das Interesse immer wieder »füttern«. Ihre Dokumentationen wecken die Neugier der Kinder.

1.4.7   Konstruktionsbereich

Beim Bauen und Konstruieren erlernen die Kinder Fertigkeiten wie Messen, Abschätzen oder Vergleichen. Dabei stehen den Kindern Naturhölzer und andere Materialien zur Verfügung. So lassen die »kleinen Baumeister« Türme, Autobahnen, Höhlen, Brücken und die höchsten Gebäude der Welt entstehen. Dabei lernen sie, Absprachen zu treffen, sie machen Erfahrungen mit Schwerkraft und Statik, mit Mengenverhältnissen und Größen, Ausdauer und Konzentration. So erklären sie sich selbst technische Gesetzmäßigkeiten aus der Lebensrealität.

»… außergewöhnliche Fähigkeiten von Menschen treten dann zutage, wenn sie tun, was ihnen wichtig ist.«

»Wir müssen unser Bildungssystem überdenken … es ist absurd, viel Zeit mit dem zu verbringen, was man eher nicht kann. Und nicht mehr Zeit in das zu investieren, was man kann, um richtig gut darin zu werden.«
(Gerald Hüther 2000)

1.4.8   Forscherlabor

Ein Beispiel aus der Praxis: Die »Eiswürfelbande« beschäftigt sich mit dem Thema »Feuer«. Die Kinder haben verschiedene Fragen dazu. Anna möchte wissen, ob eine Salamiwurstscheibe brennen kann. Sie denkt daran, montags eine Scheibe mitzubringen, und stellt ihre Frage während der »Einteilung« allen Kindern vor. Es wird verabredet, dass erst am nächsten Tag der Versuch durchgeführt wird, weil es eine weitere Frage gibt: »Wie sieht die Salami aus, wenn sie im Kindergarten übernachtet hat?« Wer Interesse hat, daran mitzuarbeiten, teilt sich mit Anna und einer Erzieherin im Forscherlabor ein.

1.4.9 Musikzimmer

Im Musikzimmer sind die Instrumente untergebracht. Es gibt ein Aufnahmegerät mit Lautsprecher bzw. Mikrofon. Die Kinder experimentieren mit Instrumenten, Lautstärken, Klängen. Dazu stehen ihnen auch andere Räume offen. Musik findet überall statt.

1.4.10 Turnhalle

Täglich finden im Bewegungsbereich Turnstunden mit festen Turngruppen im Wechsel statt. Außerdem ist der Bewegungsspielraum jederzeit für die Kinder zugänglich, die Bewegung brauchen oder toben möchten. Kinder können hier auch allein toben, wenn eine Erzieherin Bescheid weiß und klar ist, dass diese Kinder die Regeln kennen und die Erzieherin ihnen dies zutraut. In der Turnhalle finden sich ein Kletterbereich, große Bausteine, einen Kriechtunnel, Balancierstäbe, eine Spiegelwand, Reifen, Bälle, Matten, ein Bewegungsparcours und ein Bällchenbad.

1.4.11 Außengelände

Die Struktur im offenen Ansatz ist das Geländer als Sicherheit für die Kinder. Sich wiederholende Rituale, feste Zeitpunkte, Absprachen und Regeln dienen der Orientierung und dem Einschätzungsvermögen der Kinder. Eine Struktur in der offenen Arbeit ist Grundvoraussetzung für das Gelingen unserer Konzeption. Dazu gehört auch, Kinder an der Entwicklung von Regeln zu Struktur und Umgang miteinander in den Spielbereichen zu beteiligen.

1.4.12 Krippe

Die Kinder unter drei Jahren bilden zunächst eine eigene Gruppe mit eigenem Raum. Sie erleben Kontinuität und brauchen Sicherheit. Um den Kindern diese Sicherheit und das Vertrauen zu geben, die Welt zu erkunden, ist es wichtig, dass im Kindergarten die Beziehungs- und Bindungsfähigkeit des Kindes weiter unterstützt werden. Die Türen in diesem Bereich sind mit Glaseinsätzen zum Durchschauen versehen. Vom sicheren Nest aus können sie dennoch das Geschehen im Kindergarten beobachten. Je nach Entwicklungsstand werden die Krippenkinder in die jeweiligen Bildungsräume des Kindergartens begleitet. Dadurch wird schon an einem sanften Übergang in den Kindergarten gearbeitet. Jedes Krippenkind hat hier ebenfalls ein Eigentumsfach mit seinem Foto. Die Wickelkommode ist mit einer herausziehbaren Treppe ausgestattet, sodass Kinder, sobald sie laufen können, selbst dort »hinaufsteigen«. Eine Hochdusche dient dem rückenfreundlichen Abwaschen von Kindern für die Erzieherin.

1.5   Tagesstruktur in der offenen Arbeit

Der Frühdienst empfängt die Kinder ab sieben Uhr in der Kita. Sie können dann nach individuellem Bedürfnis beim Zubereiten des Frühstücksbuffets helfen oder sich einen Spielbereich ihrer Wahl aussuchen. Dazu tragen sie sich selbst oder mithilfe einer Erzieherin in die jeweiligen Bereichsbücher ein. Ab etwa acht Uhr ist eine Kollegin am »Empfang« und begleitet die »Ankommen-Situation«. Auch hier teilen sich Kinder mit ein. Sie tragen sich mit ihrem individuellen Zeichen in ein Anwesenheitsbuch ein. Um neun Uhr müssen alle Kinder da und die Abschiedsrituale mit den Eltern abgeschlossen sein. Der Empfang wird geschlossen, und das pädagogische Personal ist für die anwesenden Kinder da. Jetzt beginnen die gemeinsame Einteilung und die Absprache zur Tagesstruktur. Dieses Zusammentreffen ist ein Forum der Partizipation für die Kinder. Sie entscheiden täglich selbst, in welchem Bereich sie spielen möchten, und somit auch, welcher Bereich an dem Morgen »geöffnet« ist.

Zur Orientierung der Kinder gibt es die Regel, dass sie mindestens eine halbe Stunde in einem Bereich bleiben bzw. an einem Angebot ihrer Wahl teilnehmen. Danach können sie, wenn sie möchten, den Bereich wechseln. Jeder Bereich verfügt über ein Tagebuch, in das die Kinder sich selbst eintragen oder sich eintragen lassen. Bevor die Einteilung beginnt, wird ein Kompliment für ein Kind aus einer »Komplimenten-Kiste« entnommen und vorgelesen. Die Komplimente werden sowohl von pädagogischen Fachkräften als auch von Kindern formuliert.

Um 12.15 Uhr ist Aufräumzeit in den Kita-Bereichen. Die Tageskinder gehen von 12.15 Uhr bis 13 Uhr in verschiedene Interessengruppen. Um 11.30 Uhr essen die Krippenkinder zu Mittag. Zwischen 12.15 und 13 Uhr essen die jüngsten Kindergartenkinder zu Mittag, anschließend die ältesten. Ab 14 Uhr können die Kinder flexibel abgeholt werden. Welche Bereiche am Nachmittag geöffnet sind, hängt von der personellen Situation und den Bedürfnissen der Kinder ab.

Das Eintragen in das Anwesenheitsbuch und in die Bereichsbücher ist ein wichtiges Strukturelement unserer Einrichtung und fördert ganz nebenbei die Auseinandersetzung mit Schrift und Zeichen. Das Anwesenheitsbuch wird vor der Einteilung noch einmal von einer Erzieherin vorgelesen. Dabei wird darauf aufmerksam gemacht, wenn Kinder vergessen haben, ihr Zeichen zu machen, und die Bedeutung des Zeichens betont. Die Komplimente sind eine besonders schöne Form, um die Bedeutung von Schriftkultur für Kinder erfahrbar zu machen.

1.6   Feste Gruppen in der offenen Arbeit

Der Begriff »Gruppe« wird in der Kindertagesstätte gemäß dem Situationsansatz in besonderer Weise verstanden: Die Erzieherinnen regen die Kinder dazu an, sich ihren Bedürfnissen und Kompetenzen entsprechend selbst ihre Lernbereiche zu erschließen, sich damit zu beschäftigen und dort zu spielen, wo ihre Interessen sind. Durch diese Haltung ergeben sich in der offenen Arbeit mehr Gruppenarbeitsprozesse als in der traditionellen geschlossenen Gruppenarbeit.

Durch Beobachtung und Reflexion der pädagogischen Arbeit entstehen altersspezifische Gruppenangebote für die Kinder. Es gibt verpflichtende und freiwillige Gruppenarbeiten. Beispiele für Gruppen in der Evangelischen Kindertagesstätte Saarlouis:

- Tageskinder/Regelkinder
- Eingewöhnungskinder
- Jahrgangsgruppen
- Schulkindergruppe
- Bezugsgruppen
- Interessensgruppen
- Krippenkinder

1.6.1   Gruppenarbeit innerhalb offener Strukturen

An dieser Stelle der Konzeption wird auf die inhaltliche Arbeit zweier Gruppen eingegangen. Vorgestellt werden die Gruppenarbeit der Eingewöhnungs- und der Krippenkinder.

Eingewöhnungskinder Im offenen Konzept brauchen insbesondere die neuen Eingewöhnungskinder eine Orientierungsphase. Die Erzieherinnen der beispielhaft ausgewählten Kindertagesstätte richten für die Eingewöhnungskinder einen Bereich als Nest her. Während der Eingewöhnungszeit werden die Kinder in diesem Bereich begleitet. Es ist Tradition, dass sich die Kinder selbst einen Namen für ihre Gruppe geben. Sie sind eine Jahrgangsgruppe und nennen sich beispielsweise »Schmetterlingskinder«. Diese Idee entstand, um die Eingewöhnungskinder nicht als »die Neuen« oder »die Kleinen« zu bezeichnen.

Jedes Jahr gibt es eine Handpuppe, die eine Identifikationsfigur für die Kinder darstellt. Sie durchlebt eine ähnlich Lebenssituation wie die Kinder und erzählt Geschichten. Ebenso regt sie die Kinder an, Geschichten über ihre Situation und ihre Gefühle zu erzählen. So werden sie von Anfang an dazu motiviert, zu erzählen und vor einer Gruppe zu sprechen.

Bevor die Kinder die Kita besuchen, bringen die Eltern eine Collage über die wichtigsten Bezugspersonen der Kinder mit. Diese wird im Flur aufgehängt und bietet den Kindern viele Gesprächsgelegenheiten. Außerdem wird damit die Individualität jeder Familie deutlich.

Krippenkinder Die Krippenkinder sind eine Gruppe von zehn Kindern. Sie verfügen über einen eigenen Raum mit Schlafzimmer. Wichtig ist es, dass die Jüngsten ihr »Nest« haben, was ihnen Sicherheit und Orientierung bietet. Die Krippenkinder haben einen eigenen »Empfang« vor ihrer Tür. Auch sie können sich in ihr Anwesenheitsbuch »eintragen«. Jedes Kind verfügt über ein eigenes Tagebuch, das dem Informationsaustausch zwischen Erzieherin und Eltern über die Grundbedürfnisse des Kindes dient. Die Erzieherinnen schreiben hinein, wann und ob das Kind geschlafen hat, was es gegessen hat und wie sich die Toilettensituation gestaltet hat. Dabei formuliert sie wertfrei und informativ. Das Tagebuch nehmen die Eltern mit und bringen es am nächsten Tag wieder. Auch sie können wichtige Mitteilungen, das Kind betreffend, hineinschreiben. So ist ein regelmäßiger Austausch gewährleistet. Das Wandertagebuch erweitert die Kommunikationsstruktur zwischen Eltern und Frühpädagoginnen. Kinder erfahren bereits sehr früh, dass Dinge, die wichtig sind, aufgeschrieben werden.

1.7   Mitbestimmungsforen: Kinderkonferenz und Kinderparlament

Neben den vielen Entscheidungs- und Gestaltungsräumen im Alltag bieten spezielle Mitbestimmungsforen den Kindern weitere Möglichkeiten der Mitbestimmung. Einmal in der Woche findet eine Kinderkonferenz statt, an der eine Gruppe von Kindern teilnimmt. Moderiert wird diese Konferenz von einem Kinderparlament, das sich aus zwei bis drei Kindern zusammensetzt. Protokolliert wird die Konferenz von einer Frühpädagogin. Damit wird den Kindern einerseits symbolisiert, dass das Erarbeitete eine wichtige Bedeutung hat: Es wird schriftlich festgehalten. Zum anderen erleben sie den natürlichen Umgang mit Schriftzeichen und können erste Vorstellungen von der Bedeutsamkeit des geschriebenen Wortes entwickeln: »Wir können nächste Woche nachlesen, was wir aufgeschrieben haben.«

In dieser Konferenz, die zehn bis 15 Minuten dauert, werden wichtige Belange der Kinder besprochen, Regeln entwickelt, Veränderungen geplant. Die Kinder haben die Möglichkeit, im Vorfeld ihre Themen in Form von wichtigen Zetteln an einer Magnettafel anzubringen. Auch dabei wird eine Vorstufe des Schreibens gefördert. Symbole sagen aus, welche Themen zu besprechen sind.

Im Lauf der Konferenz werden diese Zettel vom Kinderparlament abgehängt, und es wird besprochen, welche Themen die jeweiligen Zettel beinhalten.

Die Ergebnisse der Kinderkonferenz werden im pädagogischen Team jeden Mittwoch vom Kinderparlament vorgestellt. Hierbei benutzen sie wiederum eine schriftliche Dokumentation, die sie meist mit der Hilfe einer Erzieherin anfertigen.

In der Kinderkonferenz gibt es verschiedene Dokumentationsformen: Die wichtigen Zettel der Kinder, das Protokoll der Erzieherin, die Dokumentation der Kinder für das pädagogische Team. Schrift und Zeichen wird somit wieder eine sehr große Bedeutung zugeschrieben, insbesondere der Dokumentation der Kinder. Sie führen einen eigenen Ordner, in dem sie ihre Dokumentationen sammeln.

Schreiben ist Kommunikation: »Ich bin da, ich bin wichtig. Ich werde begrüßt. Ich habe einen Platz für meine Anwesenheit. Ich finde mich selbst auf einer Liste und trage mich in die dafür vorgesehene Spalte ein. Ich probiere die Stifthaltung aus. Ich habe einen Platz für meine persönlichen Sachen. Meine Neugierde ist erwünscht. Ich beobachte andere Kinder. Ich kann auf meine Freunde warten. Ich weiß, welche Eltern zu welchem Kind gehören.«

1.8   Vorbereitung auf die Schule: Werkstattarbeit in der Kita

Die Kinder, die die Evangelische Kita besuchen, arbeiten im letzten Kindergartenjahr nach der Werkstattmethode von Jürgen Reichen, einem ehemaligen Schweizer Grundschulpädagogen. Das Team der Evangelischen Kindertagesstätte hat die Werkstattarbeit als Lernmethode auch für Kinder im Elementarbereich erkannt und setzt sie in Kooperation mit der angegliederten Grundschule im letzten Kindergartenjahr verstärkt um. Zweimal in der Woche trifft sich eine feste Gruppe.

Die Werkstattarbeit fördert viele Kompetenzen, die für einen gelingenden Übergang von der Kita in die Grundschule nötig sind. Zunächst einmal geht es um die Fähigkeit, Probleme lösen und eine Selbstwirksamkeitsüberzeugung entwickeln zu können (Niesel/Griebel/Netta 2008, S. 17). Die Werkstattarbeit wird von handlungsbetonten und selbstlehrenden Aufgaben bestimmt. Kinder können so auf individuellen Lernwegen selbst zu Wissen gelangen. Wichtig sind die Bereitstellung problemhaltiger Materialien und das Vorhandensein alternativer Lösungsmöglichkeiten. Die Werkstätten orientieren sich thematisch an den Interessen der Kinder. Die Aufgaben werden gemeinsam mit Pädagog/innen und Kindern entwickelt. Das heißt, von Beginn an treten die pädagogischen Fachkräfte in den Dialog mit den Kindern. Ist ein Thema ausgewählt, werden gemeinsam Aufgaben entwickelt.

Eine Werkstatt besteht aus verschiedenen Lernangeboten und Lernsituationen; diese bestehen nicht nur aus Papier. Sie regen zum forschenden, experimentierenden Lernen an. Es gibt Aufgaben, die gelöst werden müssen, solche, die zusätzlich gelöst werden können, sowie Tauschaufgaben (hierfür kann ein Joker eingesetzt werden). Ein Kontrollblatt, das am Anfang jeder Werkstattarbeit ausgeteilt wird, ermöglicht den Kindern, ihre eigenen Leistungen einzuschätzen. Der Zeitpunkt, wann die Aufgaben erledigt werden, wird innerhalb eines vorgegebenen Zeitrahmens von den Kindern selbst bestimmt. Sie übernehmen somit Selbstverantwortung für ihr Lernen. Eine Werkstatt spricht immer mehrere Bildungsbereiche an. Sprache und Schrift werden durch das System Werkstattarbeit ganz besonders gefördert, da immer ein Dialog zwischen Kindern und Erzieherinnen, aber auch unter den Kindern stattfindet. Außerdem wird bereits mit vielen Symbolen und Schriftzeichen gearbeitet.

Die Problemlösekompetenz wird gefördert, indem die Kinder ihren eigenen Lernvorgang planen, sich notwendige Informationen beschaffen und geeignete Methoden auswählen. Sie überprüfen anhand dafür entwickelter Materialien ihre eigenen Lernfortschritte. Es handelt sich um selbstgesteuertes Lernen; dabei werden die Kinder sich ihrer Selbstwirksamkeit bewusst. Sie entscheiden, welche Themen sie zu welchem Zeitpunkt bearbeiten möchten, und können ihre Ergebnisse selbst kontrollieren.

Die Methode »Werkstattarbeit« ist kompetenz- und nicht defizitorientiert. Fehler werden als Lernchance gesehen und nicht negativ bewertet. Die Lehrer/innen bzw. Erzieher/innen nutzen die vorhandenen Kompetenzen der Kinder. Ihre Stärken werden gestärkt, um die Schwächen zu schwächen. Die Aufgaben innerhalb einer Lernwerkstatt können verschiedene Schwierigkeitsstufen haben. Es sind zusätzliche Aufgaben vorhanden, die von besonders schnellen Kindern erledigt werden können. Die Aufgaben stellen deutlich erlebbare, aber überwindbare Herausforderungen dar. Aber auch schwächere Kinder können ihre individuellen Lernziele erreichen. Diese Methode entspricht dem differenzierten individualisierenden Unterricht und dem kindzentrierten Ansatz der Elementarpädagogik, die angesichts der großen Heterogenität im Klassenzimmer/in der Gruppe sehr sinnvoll ist. Besonders im Hinblick auf den unterschiedlichen Sprachentwicklungsstand von Kindern bietet diese Methode viele Möglichkeiten, um individuell auf die unterschiedlichen Entwicklungspotenziale einzugehen. Man lässt den Kindern nur so viel Hilfe zukommen, wie sie benötigen, um einen blockierten oder stagnierenden Lernprozess wieder in Gang zu bringen.

Innerhalb der Werkstattarbeit wird den Kindern eine möglichst hohe Selbstkontrolle über ihre Aufgaben ermöglicht. Die Selbstbeurteilung spielt hier eine entscheidende Rolle. Kinder lernen, ihre eigenen Stärken und Schwächen einzuschätzen. Ein Kontrollblatt, in Form einer Tabelle angelegt, gibt den einzelnen Kindern eine Übersicht über alle Angebote der Werkstatt. Erledigte Aufgaben werden von den jeweiligen »Chefs« abgezeichnet. Dies ermöglicht dem Kind, seine eigene Leistung einzuschätzen, und gibt dem Erzieher oder Lehrer wichtige Informationen über eventuell bestehende Entwicklungspotenziale. Der Ablauf der Werkstatt ist klar strukturiert und bietet gleichzeitig den Raum für individuelle Lernwege. Regeln und Strukturen, die Kindern Sicherheit geben, sind durch den Aufbau einer Werkstatt gewährleistet.

Am Ende einer thematischen Lernwerkstatt notieren die Kinder, was sie erarbeitet haben, und sie kennen ihre Ziele über einen längeren Zeitraum. Sie erfahren so selbst, in welchen Bereichen sie besondere Stärken oder Entwicklungspotenziale haben. Sie erkennen, welche Bereiche der Werkstätten sie vernachlässigt haben. Werkstattarbeit fördert verstärkt soziale Kompetenz. Damit sind Empathie, Kooperations- und Kontaktfähigkeit sowie Verantwortungsübernahme gemeint. Durch kooperatives, nicht konkurrierendes Lernverhalten und die verbindliche Zusammenarbeit innerhalb der Werkstatt werden genau diese Kompetenzen gefördert. Durch den Wechsel der Sozialformen (Gruppenarbeit, Partnerarbeit, Einzelarbeit) innerhalb der Werkstattarbeit wird die Sozialkompetenz der Kinder in besonderem Maß gefördert.

Das Chefsystem, ein Kernstück der Werkstattarbeit, beinhaltet eine Kompetenzdelegation. Die Kinder übernehmen wichtige, echte Befugnisse. Kompetenzorientiert werden Chefposten vergeben. Diese »Chefs« sind für bestimmte Angebote Experten, d. h. sie geben Hilfestellung, wenn nötig, und zeichnen die erledigten Aufgaben auf den jeweiligen Kontrollblättern ab. Die Methode impliziert ein offenes, tolerantes Lernklima. Meinungsverschiedenheiten werden thematisiert, aber Diskriminierungen nicht zugelassen.

Eigenständiges Lernen, die Dokumentation des eigenen Lernprozesses in Form einer Werkstattmappe, die Übernahme der Chefrolle sowie die wöchentlichen Gesprächskreise fördern die Sprach- und Schriftentwicklung in besonderem Maß im letzten Kita-Jahr.

1.9   Beobachten und Dokumentieren

Die Beobachtung der Kinder ist die Säule unseres pädagogischen Handelns. Beobachtung beginnt mit dem Selbstbild des Kindes. Kann ich sehen und zulassen, dass Kinder eine eigene Meinung haben, eigene Persönlichkeiten sind, die ihre Bedürfnisse äußern? Kann ich auf das eingehen, was ich beobachte?

Richten wir den Blick auf das, was das Kind beabsichtigt, und fühlen wir uns in das Kind ein: Welche Absicht steht eigentlich vonseiten des Kindes dahinter? Wenn ich an diesem Punkt bin und mein Selbstbild vom Kind so ist, dass ich all das als Interessen und Neugier von Kindern akzeptiere, finde ich womöglich auch heraus, was sie brauchen, warum sie das immer wieder tun, was als vermeintliches Fehlverhalten ankommt. Der Entwicklungsverlauf der Kinder wird dokumentiert mit einer kompetenzorientierten Sichtweise.

1.9.1   Beobachtung im Alltag

Im Alltag richten Erzieher/innen den Blick auf das Kind und beobachten automatisch, womit sich die Kinder beschäftigen. Doch auch die verschiedenen Systeme dienen der Beobachtung aller Kinder in unterschiedlichen Situationen und somit zu unterschiedlichen Entwicklungsbereichen. Erzieherinnen wechseln per Dienst- und Strukturplan die unterschiedlichen Bildungsbereiche und begleiten im Wechsel Alltagssituationen, wie beispielsweise die Kinderkonferenz oder das Mittagessen.

1.9.2   Gezielte Beobachtung

Gezielte Beobachtung passiert zufällig, aber auch geplant. Zufällig beobachtet eine Erzieherin, wie ein zweijähriges Kind voller Engagement helfen möchte, die Stühle auf die Tische zu stellen. Sie beobachtet, mit welcher Ausdauer und Anstrengung das Kind so lange probiert, den Stuhl hochzustellen, bis es funktioniert.

Gezielte Beobachtung geschieht durch die Bezugserzieherin, die sich im Wochenplan einträgt und ihr Bezugskind beobachtet. Hierzu gibt es unter anderem standardisierte Beobachtungsbögen, die sich auf das jeweilige Alter der Kinder beziehen.

1.10   Dialog mit den Eltern – Zusammenarbeit als Partner

Die Eingewöhnungszeit ist der erste Schritt für eine vertrauensvolle Zusammenarbeit und Erziehungspartnerschaft mit den Eltern. Eltern werden, bevor ihre Kinder einen Platz in der Kita erhalten, im Voranmeldegespräch genau über unseren

Arbeitsansatz informiert. Uns ist wichtig, dass sie sich bewusst machen, dass wir mit offenen Strukturen arbeiten und im Vordergrund das Interesse des Kindes steht, d. h. wenn Eltern beispielsweise unbedingt möchten, dass ihr Kind an einem Kunstprojekt teilnimmt, das Kind jedoch überhaupt kein Interesse zeigt, zwingen wir das Kind nicht dazu. Der Kontakt zu den Eltern gestaltet sich natürlich beim Bringen und Abholen. Informationen werden per E-Mail an die Eltern weitergeleitet.

In Beratungsgesprächen mit Eltern bewegen wir uns im Rahmen unserer Kompetenzen. Wir kennen unsere Grenzen und bieten entsprechende Fachberatung mit Psycholog/innen, Ergotherapeut/innen, Logopäd/innen und Erziehungsberatungsstellen an.

Mit Familien, deren Kinder zusätzliche Förderangebote in Anspruch nehmen, finden mindestens einmal im Jahr multiprofessionelle Teamtreffen statt. Das heißt, alle Akteure, die die Entwicklung der Kinder begleiten, sitzen zusammen und tauschen sich über die jeweilige Entwicklung aus. Diese wird dadurch nachhaltig positiv beeinflusst.

Dennoch bleiben die Erzieher/innen erste Ansprechpartner für akute Nöte und sehen sich auch in der Rolle von Erziehungsberaterinnen. Entwicklungsgespräche finden in der Regel einmal im Jahr mit der Bezugserzieherin statt. Die Kinder haben die Möglichkeit, zehn Minuten an diesem Gespräch teilzunehmen, um Dinge zu sagen, die ihnen wichtig sind. Den Kindern wird so vermittelt, dass man *mit* ihnen statt *über* sie redet. Die Inhalte, die die Kinder einbringen, werden zumeist im Vorfeld mit Eltern oder Erzieherinnen besprochen und dokumentiert. Die Kinder sind somit auch optimal auf das Gespräch vorbereitet.

Mehrmals im Jahr finden Elternabende statt, die sowohl vom Team als auch von externen Fachkräften geleitet werden. Die Eltern sind selbstverständlich an der Themenwahl beteiligt.

Die pädagogische Arbeit wird den Eltern durch folgende Instrumente transparent gemacht:

- Dokumentationen mit Fotos
- Elternpost als Konzeptionsfortschreibung über aktuelle Inhalte der pädagogischen Arbeit
- regelmäßige Elterninformationsbriefe zur pädagogischen Arbeit und Organisation
- regelmäßige Entwicklungsgespräche:
  - im Elternausschuss
  - an Elternabenden
  - in Gottesdiensten
  - bei Festen (Sommerfest, Laternenfest, Adventsfeier)
  - in gemeinsamen Projekten, wie Gartentag oder Familienausflügen

Eltern als Expert/innen Wir wissen heute aus Studien und praktischen Erfahrungen, dass die Eltern die Expert/innen ihrer Kinder sind. Sie leben mit ihnen zusammen, kennen ihre Gewohnheiten und Eigenarten, ihre Stärken und Schwächen und können so der pädagogischen Fachkraft wichtige Hinweise zur Sprachentwicklung und zur Entdeckung der Schrift geben. Nicht selten sprechen die Kinder in ihrer Familie und in ihrer häuslichen bzw. sozialen Umwelt mehr und besser, als sie dies in der Kita gegenüber fremden Personen zeigen. Die Sprachkultur und die Sprache in der Familie unterscheiden sich oft von den Erwartungen, der Sprachkultur und dem Sprechen der pädagogischen Fachkräfte in der Kita. Eltern müssen stärker und gezielter als bisher befragt werden.

1.11   Das Portfolio

Die Arbeit mit Portfolios ist zu einem bedeutenden Teil der pädagogischen Arbeit gewachsen. Das Portfolio ist eine Entwicklungsdokumentation für die Kinder, die auch mit den Kindern gemeinsam entsteht. Ein Portfolio unterstreicht die Bedeutsamkeit des einzelnen Kindes. Portfolioarbeit ist Beziehungsarbeit. Kinder lieben es, darin zu lesen und zu blättern, Fotos anzusehen und sich daraus vorlesen zu lassen, was darin über sie geschrieben steht.

Ziel ist es, mit dem Kind gemeinsam eine Lerngeschichte zu dokumentieren, lernmethodische Kompetenzen zu reflektieren und dem Kind die Wichtigkeit dessen, was es tut, zu spiegeln. Wann, was und zu welcher Zeit etwas über ein Kind eingetragen wird, ist dabei eine zentrale Frage. Das Portfolio wird bereits in der Krippe angelegt. Es ist ein Ordner, der individuell mit dem Kind gestaltet wird und in dem die Entwicklungsfortschritte des Kindes einen Platz haben und festgehalten werden.

Hier wird die Bedeutung von Dokumentation in Form von Schrift für Kinder ganz deutlich: »Einmal im Jahr bekomme ich einen wichtigen Brief!« Komplimente und Lerngeschichten darin sind nur möglich, wenn das Medium Schrift eingesetzt wird.

1.12   Eingewöhnung und Übergang

Der Übergang in die Kita bedeutet für alle Beteiligten eine Herausforderung, die mit Anforderungen an das Kind und neuen Erfahrungen verbunden ist:
- Beziehungsaufbau zu fremden Personen, Verzicht auf vertraute Bezugspersonen
- neue Umgebung (Lautstärke, Geruch, Raumatmosphäre)
- anderer Tagesrhythmus

- andere Mahlzeiten, Nahrungsmittel
- weiterer Schlafplatz
- viele Kinder
- sich in der Gruppe mit anderen Kindern erleben
- neue Regeln und Rituale
- neue Anreize und Bildungsprozesse

Die Erzieherinnen geben der Eingewöhnung den professionellen Rahmen, indem sie nach einem wissenschaftlich fundierten Eingewöhnungsmodell die Eingewöhnung des Kindes mit den Eltern gestalten. Dabei wird auf die Individualität eines jeden Kindes Wert gelegt. Das Wichtigste hierbei ist, dass die Bezugspersonen das Kind beim Aufbau einer neuen Beziehung so lange begleiten, bis es eine stabile Bindung zu mindestens einer pädagogischen Fachkraft aufgebaut hat.

1.13   Qualitätsmanagement

Das Leitungsteam der Evangelischen Kindertagesstätte Saarlouis entwickelte gemeinsam mit dem Kirchenkreis Saar-West bzw. mit anderen evangelischen Kindertagesstätten des Kirchenkreises, dem Diakonischen Werk sowie einem Qualitätsbeauftragten ein Qualitätshandbuch. Dies gewährleistet hohe Qualitätsstandards in der alltäglichen pädagogischen Arbeitet durch die Mitarbeiterinnen der Einrichtung.

Im Handbuch werden pädagogische Prozesse detailliert beschrieben und Verfahrensanweisungen gemeinsam im Team entwickelt.

Die Sicherung und Nachhaltigkeit der pädagogischen Qualität in unserer täglichen Arbeit stellen wir sicher durch:

- regelmäßig stattfindende Audits
- einmal wöchentlich stattfindende Teamgespräche
- eine eigene Teamphilosophie
- regelmäßige Fort- und Weiterbildungen
- einmal jährlich stattfindende Mitarbeiterentwicklungsgespräche
- mindestens zweimal jährlich stattfindende pädagogische Tage zu zentralen Themen
- Supervision
- Vertretung der Leitung in der Trägerschaft
- Arbeit in multiprofessionellen Teams

Die »element-i-Bildungsstiftung« (Baden-Württemberg) verlieh im Jahr 2013 den Kita-Innovationspreis »Kita-Star 2013« an drei Kindertageseinrichtungen in Deutschland, deren Qualitätsentwicklung und Qualitätssicherung vorbildlich sind. Die hier vorgestellte Evangelische Kindertagesstätte Saarlouis belegte den zweiten Platz.

1.14 Leitungsmanagement

Die Leitung sorgt für eine offene Atmosphäre im Team und lebt professionelles Handeln vor, indem die persönlichen und dienstlichen Ebenen getrennt werden. Sie ist verantwortlich für die Fortschreibung der pädagogischen Arbeit und der Konzeption. Sie hat die stetige Qualitätsentwicklung der Einrichtung im Blick.

Der autoritative Erziehungsstil bei den Kindern findet sich auch in der Teamführung durch die Leitung wieder. Innerhalb von Grenzen und in einem vorgegebenen Rahmen sind die Beteiligung und Mitbestimmung der Mitarbeiterinnen gewünscht. Hierbei sind Verantwortungsbereiche geklärt und werden gemeinsam mit der Leitung bestimmt.

Die Leitung initiiert pädagogische Prozesse und reflektiert diese mit dem Team. Dazu gehört der Transfer von Wissenschaft in die Praxis. Die Umsetzung der pädagogischen Arbeit ist ein ständiger Prozess. Der Leitung obliegt es, den roten Faden in der Arbeit zu sichern. Veränderungen aufgrund von Reflexionsergebnissen müssen in Einklang mit der Teamphilosophie stehen. Genauso muss eine Erzieherin jedoch die Aufsichtspflicht übernehmen und im Blick haben, wann welche Prioritäten gesetzt werden. Über Verfahrensanweisungen sind Vorgehensweisen und Zuständigkeiten geklärt. In regelmäßigen Abständen werden multiprofessionelle Teamtreffen veranstaltet, in denen verschiedene Experten zusammenarbeiten, die die Entwicklung einzelner Kinder begleiten.

Es ist Aufgabe der Leitung, Schlüsselkompetenzen wie Sprache und Schrift zu erkennen. Sie muss gemeinsam mit dem pädagogischen Team Bedingungen schaffen, um diese Kompetenzen gezielt in allen Alltagssituationen zu fördern. Sie ist der Motor der Einrichtung.

1.15 Leitfaden zur Erstellung einer Konzeption

Es zeigt sich deutlich, dass die pädagogische Konzeption eines der wichtigsten Instrumente darstellt, um die Qualität in einer Kindertagesstätte zu sichern. Sie gibt den Mitarbeitern eine pädagogische Orientierung und differenziert ihren Arbeitsauftrag. Die Teamphilosophie, pädagogische Schwerpunkte, die Art der Zusammenarbeit mit Eltern, Zielsetzungen und ein Qualitätsmanagementsystem sind nur einige Punkte, die durch eine Konzeption transparent gemacht werden sollten. Oft stellt die Entwicklung einer Konzeption eine besondere Herausforderung dar – vor allem wenn es wirklich darum geht, sie als Dokument in der Kita vorliegen zu haben. Oft ist die Konzeption ein »unfertiges« Dokument, das auf einer Festplatte liegt und noch nicht benutzbar ist. Natürlich sollte eine Konzeption immer veränderbar, erweiterbar und weiterentwickelbar sein. Besonders in der offenen Arbeit, in der die Veränderung eine Konstante darstellt, ist es wichtig, eine Konzeption nicht dogmatisch zu betrachten. Dem steht jedoch nicht im Wege, eine schriftliche Konzeption vorliegen zu haben, die sowohl für die Eltern und insbesondere für die Mitarbeiter einen Leitfaden darstellt.

An dieser Stelle wird ein Leitfaden zur Erstellung einer Kita-Konzeption vorgestellt. Zu folgenden Punkten sollten Aussagen bzw. Beschreibungen in der Konzeption getätigt werden:

1. Rahmenbedingungen
- Träger
- Öffnungszeiten
- Plätze und Platzarten
- pädagogisches Team
- Platzvergabe
- besonderes Profil der Einrichtung

2. Pädagogisches Handlungskonzept
- Leitbild
- Teamphilosophie
- pädagogische Arbeit (Ist sie orientiert an bestimmten pädagogischen Ansätzen?)
- Bild vom Kind
- Bildungsverständnis
- Raumgestaltung
- Tagesstruktur
- Umsetzung des länderspezifischen Bildungsprogramms
- Rolle der pädagogischen Fachkraft
- Übergänge und Eingewöhnung
- Kooperation Kindergarten und Grundschule
- Beobachten und Dokumentieren
- Zusammenarbeit mit Eltern
- Portfolio

3. Leitungsmanagement
- Sicherung von Fort- und Weiterbildung
- Öffentlichkeitsarbeit

- Netzwerkarbeit
- Kooperation mit anderen Institutionen
- Qualitätsmanagement

1.16 Zusammenfassung

Die pädagogische Konzeption ist das »Aushängeschild« einer Kindertagesstätte. Sie ist das Instrument, um die pädagogische und inhaltliche Arbeit zu entwickeln, zu sichern und transparent zu machen. Die Professionalität des Teams wird durch die Konzeption dargestellt, und neuen Mitarbeiterinnen und Kollegen wird ein Orientierungsrahmen gegeben. Die Konzeption sollte als Grundlage für eine kontinuierliche Weiterentwicklung der Qualität gesehen werden. Das Entwickeln einer Konzeption ist ein komplexer Prozess, an dem alle Akteur/innen, die in der Kindertagesstätte arbeiten und leben, beteiligt werden sollten. Jede Kindertagesstätte sollte ein individuelles Konzept haben, das den Bedürfnissen ihrer Kunden entspricht (Einzugsgebiet), wissenschaftliche Erkenntnisse über Entwicklung und Bildung berücksichtigt und sich an den Bildungsplänen der jeweiligen Länder orientiert. Dabei sollte jede Einrichtung ihre eigenen Besonderheiten, Schwerpunkte und Rahmenbedingungen in der Konzeption transparent machen. Eine Konzeptionsentwicklung wird daher immer zu unterschiedlichen Ergebnissen führen, jedoch in jedem Fall eine Aufwertung der pädagogischen Arbeit zur Folge haben, da sich alle Verantwortlichen – Träger, Leitung, Team, alle Mitarbeiterinnen und Mitarbeiter und vor allem die Eltern – bewusst mit Inhalt, Rahmenbedingungen, Einzugsgebiet und Bildungsplänen auseinandersetzen. Das vorgestellte inhaltliche Gerüst ist als Anregung zu verstehen (Schlummer 2003, S. 39 f.).

Eine gute Möglichkeit, die gelungene Umsetzung von Konzepten in der Praxis zu erleben, bietet das Modell der Konsultationseinrichtung. In fast allen Bundesländern gibt es Kindertagesstätten, die in der Umsetzung von Bildungsplänen und pädagogischen Ansätzen vorbildlich sind. Hier besteht für pädagogische Fachkräfte, die sich noch in der Ausbildung befinden, sowie für pädagogische Teams die Möglichkeit, von der Praxis für die Praxis zu lernen. Erfahrungen aus dem Saarland zeigen, dass dieses Angebot einer starken Nachfrage unterliegt. Einen gelungenen Transfer von wissenschaftlichen Erkenntnissen in Form fundierter Konzepte in der Praxis zu erleben ist ein sehr hoher Motivator, um in der eigenen Einrichtung das gleiche pädagogische Niveau zu erreichen.

Jede pädagogische Konzeption einer Kindertagesstätte muss alle Kinder in die Betreuung, Erziehung und Bildung mit einbeziehen und ebenso spezifische Gruppen von Kindern, die besondere Schwierigkeiten bei der Aneignung von Sprache und Schrift haben, einbeziehen. Dazu gehören sozial vernachlässigte Kinder aus bildungsfernen Familien, auffällige und behinderte Kinder, hochbegabte Kinder und die Gruppe derjenigen Kinder, die aus anderen Ländern, Kulturen und Sprachgemeinschaften zu uns kommen. Es ist die Aufgabe der pädagogischen Konzeption und der Didaktik, diese Ziele zu verfolgen und in die Praxis umzusetzen.

 Evaluationsbogen

1. In der Einrichtung besteht innerhalb des Teams eine Teamphilosophie, die von Team, Eltern und Träger entwickelt worden ist.

    ☐ trifft zu
    ☐ trifft nur bedingt zu
    ☐ trifft nicht zu

2. Die Konzeption der Einrichtung existiert

    ☐ als schriftliches, aktualisiertes Dokument
    ☐ als unfertiges Dokument auf dem Computer
    ☐ überhaupt nicht

3. Wer war bei der Entwicklung der Konzeption beteiligt?

    ☐ Mitarbeiter
    ☐ Leitung
    ☐ Träger
    ☐ Kinder
    ☐ Eltern

4. Die Konzeption ist für Mitarbeiter, Träger und Eltern jederzeit zugänglich und verfügbar.

    ☐ trifft zu
    ☐ trifft nur bedingt zu
    ☐ trifft nicht zu

5. Die Konzeption macht Aussagen

☐ zum Leitbild
☐ zur Teamphilosophie
☐ zur fachlichen Zielen
☐ zu Strategien der Umsetzung

6. Welche Inhalte des vorgestellten Leitfadens finden sich nicht in der hier vorge-
legten Konzeption?

_____

_____

7. Sind die Sprachbildung und Schriftaneignung als durchgängiges Konzept innerhalb der Konzeption erkennbar?

_____

_____

8. Warum finde ich persönlich, dass das Vorhandensein einer pädagogischen Konzeption im Hinblick auf eine hohe pädagogische Qualität notwendig ist?

_____

_____

2.   Expertenwissen der Fachkräfte als Orientierungsgrundlage

Leitbild

Fundiertes Wissen und wissenschaftliche Erkenntnisse sichern die Qualität der pädagogischen Arbeit. Halbwissen hingegen gefährdet diese pädagogische Qualität,
führt zu falschen Ansätzen und bedient häufig Vorurteile und Klischees. Die pädagogischen Fachkräfte brauchen Fachwissen, Kompetenzen, klare Begriffe und eine
gemeinsame Fachsprache.

 Selbstversuch: Info-Test

Was weiß ich über den Spracherwerb des Kindes und die Sprachbildung in der Kita?

☐   Brainstorming!
☐   Keinen Namen angeben!
☐   Einfach nur nachdenken und aufschreiben!

1.   Was verstehe ich unter dem Begriff » Sprache «?

_____

_____

2.   Was verstehe ich unter dem Begriff » Sprechen «?

_____

_____

3.   Wie verläuft die Sprachentwicklung beim Kind? Welche Meilensteine sind mir
     bekannt?

_____

_____

4.   Welches Leitbild vom Kind wird in meiner Einrichtung umgesetzt?

_____

_____

5. Was meint der Begriff »Schrift« im frühkindlichen Lebensalter?

_____

_____

6. Wann beginnt der Erwerb der Schrift? Wie verläuft die Entwicklung des Lesens
   und des Schreibens?

_____

_____

7. Warum brauchen wir überhaupt eine Didaktik für die Kita? Ist das nicht erst die
   Aufgabe der Grundschule?

_____

_____

2.1 Sprache und Schrift – ein Thema für die Kita?

Die frühkindliche Bildung ist in den Fokus unserer Lern- und Wissensgesellschaft
gerückt und damit in die aktuelle Diskussion der Gesellschaft, in die Forschung
und Wissenschaft sowie in die Didaktik der Elementarpädagogik. Sprache und
Schrift stellen wichtige handlungsbezogene Fähigkeiten und Fertigkeiten dar, die
notwendig sind, damit sich das Kind die Welt, in der es lebt, aneignen kann. Auf
dem Weg zur Persönlichkeit muss sich das Kind die frühen Kommunikations-
erfahrungen im Alltag, die Hör- und Medienerfahrungen aus seiner Lebenswelt
sowie die familiären Vorleseerfahrungen zunutze machen. Die gesprochene Sprache und die frühen Schrifterfahrungen des Kindes spielen in seiner sprachlichen,
sozialen und kognitiven Entwicklung eine bedeutende Rolle. Daher müssen die
menschliche Sprache sowie das Lesen und Schreiben als Kulturtechniken als Bildungspaket betrachtet werden. Sie müssen als Einheit verknüpft gesehen und in
die Praxis der Kita-Arbeit umgesetzt werden. Dabei sollten pädagogische Fachkräfte folgende Aspekte bewusster als bisher wahrnehmen:

2.1.1 Gesprochene Sprache – Lautsprache

Die Sprache des Kindes wird in der Fachliteratur auch als gesprochene Sprache,
mündliche Sprache, Sprechsprache oder Lautsprache bezeichnet und unter dem
Begriff der Mündlichkeit betrachtet. Der Begriff der Sprachbildung wird bewusst
gewählt und benutzt, weil er zum einen alle Kinder einbeziehen und zum anderen

den Blick nicht nur auf die Defizite der schwächeren Kinder und deren Förderbedürfnisse lenken will.

2.1.2   Geschriebene Sprache – Schriftsprache

Die Schrift wird in Fachkreisen ebenso als geschriebene Sprache, schriftliche Sprache oder Schriftsprache deklariert und unter dem Terminus der Schriftlichkeit benutzt. Der Begriff der Schriftaneignung wird hier nicht verstanden als eine in die Kita vorgezogene Beschulung, sondern als ein notwendiger Beitrag zur frühkindlichen Bildung, die Kinder auf dem Weg zur Schrift zu unterstützen und sie bei ihrer Entdeckungsreise hin zum Lesen und Schreiben zu begleiten und zu ermutigen. Die Sprache und die Schrift gehören mit ihren kommunikativen Aufgaben zu den Schlüsselqualifikationen unserer Wissensgesellschaft und sollten damit früh in die Lebenswelt der Kinder getragen und kindgerecht aufgebaut und vermittelt werden.

2.1.3   Entwicklungsprozesse

Die Entwicklung der Sprache und die der Schrift werden in Entwicklungsmodellen erklärt und beschrieben. Während die gesprochene Sprache unmittelbar nach der Geburt mit dem ersten Schreien beginnt, setzen sowohl das Lesen als auch das Schreiben in der Regel ab etwa zwei Jahren beim Kind ein. Beide Vorgänge laufen im Gehirn fast gleichzeitig ab, obwohl sie beim Lernen und Aneignen teilweise unterschiedliche Leistungen vom Kind fordern. Das Schreibenlernen ist komplizierter, schwieriger und zeitaufwendiger als das Lesenlernen. In der folgenden Gegenüberstellung wird diese Problematik angedeutet (Grünewald 1991):

LESEN	SCHREIBEN
Die Schrift wird in Sprache umcodiert.	Die Sprache wird in Schrift umcodiert.
Das Schriftbild steht am Anfang des Lesenlernens.	Das Schriftbild ist das Endprodukt des Schreibens.
Beim Lesen werden die Wörter wie ein Bild wahrgenommen und analytisch betrachtet.	Das Schreiben verläuft sukzessive und wird synthetisch aufgebaut.
Das zu lesende Wort muss nicht einzeln gelernt werden, sondern nur die Strategie, das Wort zu entschlüsseln.	Das zu schreibende Wort wird jeweils neu geschrieben und zwar hinsichtlich der Reihenfolge der Buchstaben und der grafischen Gestaltung.
Beim Lesen eines Textes ist die Reihenfolge der Buchstaben und Wörter vorgegeben.	Beim Schreiben muss die Reihenfolge der Buchstaben und Wörter im Satz immer wieder neu zusammengestellt werden.
Das Lesen geht schneller und flüssiger als das Schreiben.	Das Schreiben eines Wortes oder Satzes zwingt zu einer exakten Wiedergabe.

Tab. 1: Lesen- und Schreibenlernen als komplexe Prozesse

2.1.4 *Zusammenhänge*

Sprache und Schrift hängen sehr eng zusammen, weil sie aufgrund der Evolution hierarchisch aufeinander aufbauen und voneinander abhängig sind. Die gesprochene Sprache geht immer der geschriebenen Sprache voraus. Von daher ist die Sprache die unabdingbare Grundlage und Voraussetzung für das Lesen- und Schreibenlernen. In der folgenden Vier-Felder-Tafel sollen noch einmal die wichtigen und grundlegenden Zusammenhänge übersichtlich dargestellt werden:

LESEN
Vorlesen
interaktives Lesen
Als-ob-Lesen
Bilderbuchlesen

SCHREIBEN
frühes Kritzeln und Malen
erstes Schreiben
Schönschreiben
richtig schreiben

HÖREN
Lauschen
Zuhören
Verstehen
Sprachverarbeitung

SPRECHEN
korrektes Sprechen von Wörtern
Wortschatz
Wörter verbinden
Sätze sprechen

Tab. 2: Bedeutende Zusammenhänge von Sprache und Schrift

Sprache und Schrift sind keine autonomen und unabhängigen Prozesse, sie sind eingebettet in die Gesamtheit der Entwicklungsbedingungen und Lernvoraussetzungen des Kindes.

2.1.5 Wechselwirkungen

Aus der dargestellten Tabelle können wir leicht einige Wechselwirkungen ableiten und für die praktische Arbeit in der Kita nutzen. Die Lust auf die Sprache und die Schrift muss bei den Kindern geweckt und aktiviert werden, und erst über interessierte, engagierte und gesprächsbereite Personen, wie z. B. die pädagogischen Fachkräfte in der Kita, und geeignete Alltagssituationen kann das Kind zum freien und spontanen Sprechen geführt werden. So sind das organische Hören und das aktive Zuhören eine Grundvoraussetzung für das Sprechen des Kindes. Das Kind ist damit immer gleichzeitig Sprecher und Hörer bzw. Hörer und Sprecher. Es hört nicht nur, was die anderen Kinder und Erwachsene zu ihm sagen, es hört sich beim Sprechen auch stets selbst. Doch gerade dieser sogenannte »intrapersonelle Hörkreislauf« – sozusagen das Sich-selber-Hören – muss trainiert und gefördert werden. So entsteht dann nach und nach ein individuelles Sprachgefühl beim Kind, das künftig seine Sprache und sein Sprechen lenkt und steuert. Ähnlich verhält es sich mit dem Sprechen des Kindes und dem Lesen und Schreiben. Auch beim lauten Als-ob-Lesen des Kindes im Alter von drei oder vier Jahren ist es auf das Sprechen angewiesen, weil es beim Lesen laut spricht. Ebenso gibt es eine sehr enge Wechselbeziehung zum Schreiben. Oft beobachten wir beim freien und spontanen Kritzeln, Malen oder Schreiben von ersten Namen und Wörtern, dass die Kinder ihr Schreiben mit lautem Sprechen begleiten. Sprechen übernimmt hier eine Art

»Pilotsprache«. Lesen und Schreiben bzw. Schreiben und Lesen wechseln sich ab und können sich gegenseitig bei ihrer Entwicklung stützen.

2.1.6 Unterschiede

Neben den erwähnten Zusammenhängen und Wechselwirkungen gibt es aber auch große Unterschiede in den Konzepten der Mündlichkeit und Schriftlichkeit. So sind das Lesen- und das Schreibenlernen nicht nur äußerlich beobachtbare Vorgänge, sondern hier spielen auch mehr und mehr geistige und kognitive Prozesse eine entscheidende Rolle. Dabei verlaufen Lesen und Schreiben als Denkentwicklung teilweise sukzessive und teilweise linear (Wildemann 2010, S. 72). Die Aneignung der Schrift stützt sich auf Hypothesen – also auf Spekulationen und Vermutungen – und will konkrete Probleme im Alltag des Kindes lösen. Je mehr sich das Kind nun das Lesen und Schreiben aneignet, umso mehr und umso besser kann es die Probleme lösen. Wir haben es bei der Darstellung der Unterschiede mit zwei verschiedenen Konzepten zu tun:

Mündlichkeit	Schriftlichkeit
gesprochene Sprache Lautsprache Sprechsprache	geschriebene Sprache Schriftsprache Schreibsprache
Sprechsprache: Laute, Wörter, Sätze, Texte werden laut hörbar gesprochen.	Schriftsprache: Buchstaben, Wörter, Sätze, Texte werden mit der Hand geschrieben
große Nähe zum Gesprächspartner, Face-to-Face-Kommunikation; man spricht mit dem Gegenüber.	Distanz zum Partner; weder räumliche noch zeitliche Nähe und Präsenz sind notwendig.
Regeln der Aussprache im Deutschen und Gesprächsregeln; Zweiergespräch, Gespräch mit der Erzieherin, Erzählung, kurze Rede in oder vor der Gruppe	Regeln der Grammatik, Rechtschreibung und Zeichensetzung; SMS, Mails, Brief, Text, Kommentar, Zeitungsbericht, Stellungnahme, Vortrag
unvollständige Sätze, Füllwörter möglich; Wiederholungen und Gedankensprünge kommen immer wieder vor	vollständige Sätze, grammatikalisch korrekt, keine Füllwörter, Wiederholungen vermeiden

Tab. 3: Mündlichkeit und Schriftlichkeit

Die Sprechsprache produziert Klangbilder, die mit der Stimme sowie den zuständigen Sprechorganen, wie z. B. den Lippen, den Zähnen und der Zunge, gebildet werden und aus dem Mund kommen. Diese Klangbilder können in Buchstabenbilder umgewandelt und damit verschlüsselt werden. Der Mund und die Ohren des Kindes sind hier gefragt.

Die Schriftsprache produziert mit der Hand bzw. den Fingern Schriftbilder, die aus einzelnen Buchstaben und Wörtern bestehen. Daraus können Texte entstehen. Diese Schriftbilder sind sichtbar und können beim lauten Lesen in Klangbilder umgewandelt (umcodiert) werden.

Zentrale Aufgaben der Kita Die Leitidee der Entwicklung der Sprach- und Schriftkultur führt in der Kita zu den grundlegenden Kompetenzen im Sprechen, Lesen und Schreiben. Die vor einigen Jahren für die Grundschule aufgestellten Bildungsstandards müssen nun in begreifbare und vermittelbare Inhalte und Themen überführt werden. Die zentralen Kompetenzen als Vorbereitung für die spätere sprachliche Arbeit in der Grundschule sind das Sprechen einschließlich des Zuhörens, das Lesen inklusive des Umgangs mit Texten und Medien, das Schreiben und das Sprachbewusstsein als wichtige Voraussetzung für die Schriftsprache und den Erwerb weiterer Sprachen.

Sprache und Sprechen Das Kind weiß, dass die Sprache aus dem Mund kommt. Beim Sprechen geht es um die feinkoordinierte Abstimmung der zuständigen Sprechorgane und notwendigen Funktionen, wie z. B. Zunge, Lippen, Zähne, Wangen, Gaumen, Zäpfchen, Kehlkopf, Atmung oder Stimmgebung.

Vorlesen und Vorbereitung des Lesens Das Kind sieht Bilder und Texte. Zunächst geht es um das Vorlesen, erst danach um das eigentliche Lesen von Wörtern und das Verstehen von Texten. Vorlesen meint, sich etwas anzuschauen, Bilder bewusst zu sehen, dazu zu erzählen, das Bilderbuch in einer interaktiven Situation mit einem anderen Kind oder der pädagogischen Fachkraft zu betrachten, gemeinsam darüber zu sprechen, die Bilder sprechen zu lassen, Dialoge entstehen zu lassen und den Gang der Geschichte zu verstehen. Erst danach kommen das Lesen von Wörtern und das Erkennen von Buchstaben. Die Kita sollte ein breites und interessantes Bücherangebot bereithalten, damit eine Lesekultur entstehen kann.

Spuren, Kritzeln, Malen und Schreiben Das Kind produziert etwas mit seiner Hand. Es hinterlässt Spuren, kritzelt, malt, und danach kommt das eigentliche Schreiben. Schreiben bedeutet, einem anderen Kind oder einem anderen Erwachsenen etwas mitteilen zu wollen, wie z. B. mit seinem Namen und der Unterschrift zu sagen: »Ich bin/war heute in der Kita!« Die Kinder lernen so, dass Zeichen,

Spuren und Buchstaben nachhaltige Botschaften übermitteln können. Sie erkennen nach und nach die Bedeutsamkeit von Schrift. Malen und Kritzeln sind als Vorstadien des Schreibens zu sehen, das Schritt für Schritt von den Kindern selbst und eigenverantwortlich erlernt wird.

Sprachbewusstheit Das Kind beschäftigt sich bewusst und gezielt mit den formalen Strukturen der Sprache. Diese Fähigkeit sollte erst kurz vor der Einschulung bewusst und gezielt geübt werden. Dann soll das Kind lernen, dass der Inhalt des Gesprochenen von den Klangbildern zu trennen ist. Es geht dabei um die formalen Strukturen der Sprache. Dies kann spielerisch durch Reime und Verse eingeübt werden. Die Kinder sollen erfahren, dass es lange und kurze Wörter gibt, dass die Wörter aus Silben bestehen und dass das einzelne Wort verändert werden kann. Jedes Wort hat einen Anlaut, einen Auslaut und Laute im Innern des Wortes.

Diese Bereiche werden hier getrennt genannt und beschrieben, in der Realität gehören sie jedoch aufs Engste zusammen und überschneiden sich in vielen Alltagssituationen der Kita. Die pädagogischen Fachkräfte sollten der bestehenden Gefahr der Zersplitterung und der Angebote sprachlicher Inhalte durch externe Sprachförderkräfte entgegentreten und die Kompetenzen und dazugehörenden Inhalte selbst im Alltag der Kita aufgreifen und ganzheitlich und mit allen Sinnen im Sinne einer umfassenden Sprachkompetenz vermitteln (Wespel 2004, S. 7).

2.2   Träger und Leitungen der Einrichtungen

Bei der Vermittlung von Fachwissen und neuen wissenschaftlichen Erkenntnissen zur Sprachbildung und zur Annäherung an die Schrift und zur Frage, wie man die Qualität der geleisteten pädagogischen Arbeit in den Kitas überprüft, kontrolliert und dokumentiert, unterscheiden wir die folgenden drei hierarchisch abgestuften Ebenen: Träger, Kita-Leitung und pädagogische Fachkräfte.

2.2.1   Die Träger der Kitas

Die Kindergärten einschließlich der Kinderkrippen werden von Trägern geplant, eingerichtet und unterhalten. Ebenso ist der Träger für die Einholung der Betriebserlaubnis beim zuständigen Landesjugendamt oder der zuständigen Behörde verantwortlich. Der Träger kümmert sich um die Räume, die Gestaltung und Ausstattung der Kita (innen und außen), stellt die notwendigen finanziellen Mittel zur Personalisierung zur Verfügung, ist hauptverantwortlich für die korrekte Betriebsführung der Einrichtung und ist darüber hinaus Arbeitgeber. Im »Achten Buch der Sozialgesetzgebung« (SGB VIII) – in Fachkreisen auch Kinder- und Jugendhilfegesetz (KJHG) genannt – wird geklärt, wer im Bereich der Jugend- hilfe aktiv und tätig sein darf. Dabei verfolgt der Gesetzgeber die Umsetzung der Vielfalt von Trägern unterschiedlicher Wertorientierungen, Haltungen, Leitbilder, Methoden und Arbeitsformen (§ 3 SGB VIII). Wir unterscheiden in Deutschland zwischen den öffentlichen und den freien Trägern, die zum Wohl der Kinder und deren Familien eng und partnerschaftlich zusammenarbeiten sollen (§ 4, Abs. 1 SGB VIII).

Öffentliche Träger sind zum einen örtliche und zum anderen überörtliche Trä- ger, wobei die Landkreise und kreisfreien Städte als örtliche Träger definiert wer- den. Überörtlicher Träger ist z. B. das Landesjugendamt eines Bundeslandes (Nie- sel/Griebel 2010, S. 443).

Die freien Träger können einerseits juristische Personen, d. h. Organisationen, sein, die eine eigene Beschlussfähigkeit besitzen, andererseits aber auch Personen- vereinigungen, wenn sie auf dem Gebiet der Jugendhilfe aktiv sind, gemeinnüt- zige Zwecke und Ziel verfolgen und aufgrund ihrer finanziellen und personellen Voraussetzungen erwarten lassen, dass sie die gestellten Aufgaben der Jugendhilfe erfüllen können.

2.2.2 Die Kita-Leitungen

Die Kita-Leitungen sind letztlich verantwortlich dafür, dass die Anforderungen der Eltern, der Träger, der Kommunen und des jeweiligen Bundeslandes wahr- genommen, diskutiert, gebündelt, systematisiert und umgesetzt werden. Eine der wichtigsten Aufgaben ist dabei das Personalmanagement. Dieses Management umfasst die Personalisierung, die Personalentwicklung und die kontrollierte und differenzierte Auseinandersetzung mit einer Gruppe oder einzelnen Mitgliedern des Personals. Eine weitere wichtige Aufgabe ist die Implementierung des Bil- dungsplans, der die Grundlage einer pädagogischen Konzeption darstellen sollte. Sowohl das Konfliktmanagement als auch die partnerschaftliche Kooperation mit den Kolleginnen und Kollegen und den Eltern sind äußerst bedeutsam für die Qualität der Bildungsangebote und der zu erwartenden Ergebnisse.

Eine gute Qualität in der Betreuung, Erziehung und Bildung kann nur im Rah- men eines umfassenden gesamten Bildungssystems erfolgen, d. h. alle Instanzen, wie z. B. die Familie, und die Institutionen, wie z. B. die Kita und die Grundschule, müssen an einem Strang ziehen und differenzierte und für die Kinder passge- naue Angebote aus einem Guss anbieten (Bertelsmann Stiftung 2013, S. 6). Wir sprechen heutzutage vom »kompetenten System«, d. h. die Qualität der Bildung ist nicht das Resultat einer einzelnen Person, sondern das Produkt des Zusammenwirkens verschiedener Akteure und der zuständigen und verantwortlichen Ebenen. So müssen die eingeleiteten Reformen der letzten Jahre, wie beispielsweise der U3-Ausbau, die Programme und Maßnahmen zur Sprach- und Leseförderung, die Umsetzung und Verankerung der Bildungsprogramme in den einzelnen Bundesländern und die Förderung der Familie durch die »frühen Hilfen« der Familienzentren zusammenwachsen und nachhaltige und wirksame Effekte erzeugen.

Die eingeleiteten Maßnahmen und Trends müssen sorgfältig, aber dennoch zielorientiert nach vorn getragen werden (Bertelsmann Stiftung 2013, S. 6 ff.):
- Bildungsbeteiligung der Kinder in der Kita-Betreuung
- Sicherung der sozialen Teilhabe aller Kinder
- Gewährung und Einhaltung der vertraglich vereinbarten Betreuungszeiten
- Eingliederungshilfe für Kinder mit Behinderungen
- Bildungsbeteiligung der Kinder in Hort oder schulischer Ganztagsbetreuung
- Steigerung des Qualifikationsniveaus des pädagogischen Personals in Kitas
- Klärung des Beschäftigungsumfangs und der Personalschlüssel
- landeseinheitliche Regelungen zur Personalausstattung bei Kita-Leitungen
- Klärung der Freistellungspraxis in den Kitas

2.2.3   Die pädagogischen Fachkräfte

In den letzten Jahren haben sich die personellen Ressourcen, Kompetenzen und Qualifikationen der Mitarbeiter/innen in Kitas qualitativ verbessert. Immer mehr pädagogische Fachkräfte bilden sich intern und extern fort, studieren an Fachhochschulen und Universitäten, erzielen weitere Zertifikate und Abschlüsse und schaffen somit gute Bedingungen, um pädagogische Qualität in den Kitas umzusetzen. Die pädagogischen Teams werden zunehmend multiprofessionell, d. h. die Teams setzen sich nicht mehr ausschließlich aus Erzieherinnen zusammen. Verschiedene Professionen arbeiten innerhalb eines pädagogischen Teams zusammen. Dies ist nicht zuletzt eine Reaktion auf die wachsenden und vielseitigen Anforderungen im Elementarbereich. Außerdem verlangt ein professionelles pädagogisches Handeln oftmals das Erkennen von Grenzen der eigenen Möglichkeiten und als Konsequenz die Einbeziehung externer Experten. In diesem Sinne unterscheidet man im Bereich der frühkindlichen Bildung zwei Arten von multiprofessionellen Teams: das interne und das externe multiprofessionelle Team.

Das interne multiprofessionelle Team Ein internes multiprofessionelles Team meint ein pädagogisches Team, in dem Menschen mit unterschiedlichen Professionen und Qualifikationen innerhalb der Einrichtung zusammenarbeiten. Besonders häufig vertreten sind dabei:

- staatlich anerkannte Erzieher/innen
- staatlich anerkannte Kinderpfleger/innen
- Integrationspädagog/innen
- Pädagog/innen der frühen Kindheit (B. A.)
- Sozialarbeiter/innen (B. A.)
- Diplom-Sozialarbeiter/innen

Durch die Heterogenität der pädagogischen Fachkräfte hinsichtlich der beruflichen Ausbildung und der akademischen Qualifikation wird die inhaltliche Diskussion in den pädagogischen Teams gesteigert.

Das externe multiprofessionelle Team Ein externes multiprofessionelles Team setzt sich dann zusammen, wenn eine Unterstützung von außen, sprich das Einbeziehen weiterer Expert/innen, sinnvoll ist. Hier wird wiederum unterschieden zwischen:

- *Zusammentreffen der Akteur/innen, die die Entwicklung des Kindes begleiten*
  Erhält ein Kind viele therapeutische Zusatzförderungen, ist es für seine Entwicklung immer von Vorteil, wenn die Akteure, die sie begleiten, in gewissen Zeitabständen zusammentreffen und sich über den Entwicklungsstand des Kindes austauschen. Zusatzförderungen können Maßnahmen wie etwa Ergotherapie, Logopädie oder psychologische Begleitung sein. Natürlich muss im Vorfeld immer eine Schweigepflichtentbindung vonseiten der Eltern ausgesprochen und dokumentiert werden. Die Treffen werden im Idealfall von der Kindertagesstätte initiiert.
- *Hinzuziehen von Expert/innen, die das pädagogische Team unterstützen*
  Ist eine Schweigepflichtentbindung vonseiten der Eltern nicht ausgesprochen und das pädagogische Team kommt an seine Wirkungsgrenzen, besteht die Möglichkeit, sich eine anonyme psychologische, logopädische oder ergotherapeutische Beratung zu nehmen. Das heißt, ein besonderer Fall wird mit diesen Experten besprochen, und Handlungsstrategien werden erarbeitet. Der Name des Kindes bleibt jedoch anonym. In den meisten Bundesländern stellt die Lebensberatung hierzu eine kostenlose Beratung zur Verfügung. Die meisten Ergotherapeut/innen oder Logopäd/innen geben gern auch ehrenamtlich Auskunft. Um eine Teamkultur zu stärken und ressourcenorientiert zu arbeiten, ist die Unterstützung durch eine Supervisorin oder einen Supervisor von Vorteil. In gewissen Zeitabständen sollte sie/er als externe Kraft gruppendynamische Prozesse im Team beleuchten und Handlungsstrategien aufzeigen.

2.3 Gute pädagogische Qualität in der Kita

Gute, nachhaltige und wirkungsvolle Sprachbildung setzt Standards zur Qualitätsentwicklung und -sicherung voraus. Damit wir uns in der Kita auf den Weg machen können, brauchen wir eine verständliche Klärung des Begriffs »Qualität«. Was ist also Qualität in der Sprachbildung? Zur Beschreibung des Qualitätsbegriffs wird für die Arbeit mit Kindern die von Donabedian (1966) in die Medizin und die Pflege eingeführte Formulierung übernommen, die sich auf die drei Qualitätsdimensionen Strukturqualität, Prozessqualität und Ergebnisqualität beschränkt. Dieser Qualitätsbegriff kann auf die sozialpädagogische Arbeit im Rahmen der Sprachbildung mit Kindern übertragen werden, da die Wissenschaftsdisziplinen der Medizin, der Neurobiologie, der Phoniatrie und der Neuropsychologie zur Erklärung und Förderung der Phänomene herangezogen werden. Dabei werden die drei bereits genannten Qualitätsdimensionen um zwei weitere ergänzt: Orientierungsqualität und Assessmentqualität (Bundesministerium für Gesundheit 2008, S. 7 ff.).

- *Orientierungsqualität* bezeichnet das Leit- und Menschenbild, das Bild vom Kind, alle gesetzlichen Vorgaben, das vorhandene Fachwissen, die Kernkompetenzen und die bildungspolitischen Pläne, die der Erzieherin für die künftige Arbeit eine wichtige pädagogische Weichenstellung erlauben.
- *Strukturqualität* konzentriert sich auf die personelle, räumliche und sachliche Ausstattung der Kita und die (durch die pädagogische Konzeption eingeführte) Organisationsstruktur durch die Leitung und das pädagogische Team der Einrichtung. Hierzu zählen die vorhandenen Kooperationen mit anderen Einrichtungen, Vereinen, der Stadt, der Gemeinde, mit den Kolleginnen in der wöchentlichen oder monatlichen Teamsitzung, die Gestaltung der Lernumgebung und die pädagogischen Angebote.
- *Assessmentqualität* beschäftigt sich mit der Ermittlung des Bedarfs, d. h. es geht um eine gründliche Analyse der Lernvoraussetzungen und Vorläuferfertigkeiten. Dabei geht es einerseits um objektive Problemlagen (Entwicklungsberichte und Vorsorgeuntersuchungen des Arztes) bzw. rechtliche, kulturelle und politische Rahmenbedingungen der Familie (Erwerbstätigkeit, Empfänger von Transferleistungen, Kinderarmut) oder der Kita (beengte Räumlichkeiten, unzureichende Personalisierung) und andererseits um die subjektiven Bedürfnisse der Kinder (Probleme mit der Sprache und dem Sprachgebrauch) und zu planende Interventionen (Sprachbildung in der Kita).
- *Prozessqualität* umfasst all die pädagogischen Maßnahmen und sozialen Interaktionen, die notwendig sind, um das bisher Geplante auch umzusetzen. Dazu gehören die sprachliche Bildung in der Gruppe oder in der Einzelförderung und der Umgang mit Streit, Konflikten und Stress ebenso wie das Wohlbefinden der

Kinder, der Eltern und der Erzieher/innen, die Diskussion der Umsetzung und die notwendige Dokumentation.

- *Ergebnisqualität* konzentriert sich auf die messbaren Resultate des pädagogischen Angebots der Sprachbildung, wie z. B. das Erstellen von Materialien (Hörspaziergang aufnehmen, Bilder malen und beschreiben, Handposter zeichnen, Namen aufschreiben), die Anzahl der an der Sprachbildung teilnehmenden Kinder und eventuell der betroffenen Eltern mit Migrationshintergrund sowie die erkennbare und spürbare Verbesserung der Aussprache von Wörtern oder das korrekte Bilden einfacher Sätze.

Bei den dargestellten Dimensionen der pädagogischen Qualität in der Kita sollten wir uns an einem Kreislaufmodell oder »action cycle« orientieren. In diesen Kreislauf werden wir immer wieder hineingeraten, sodass die einzelnen Dimensionen bzw. Qualitätsstufen immer wiederkehren werden.

2.4   Das Team und ich

Die pädagogische Fachkraft ist die entscheidende Variable für eine gelingende und positiv verlaufende Entwicklung des Kindes in der Kinderkrippe und der Kita. Trotz dieser verantwortungsvollen Aufgabe fehlt dieser Berufsgruppe immer noch die gesellschaftliche Anerkennung. Jedoch ist in den letzten Jahren die Tendenz zu beobachten, dass Frühpädagog/innen immer selbstbewusster und fachlich fundierter ihre pädagogische Arbeit ausführen und vertreten. Das ist gut so, denn wir brauchen pädagogische Fachkräfte, die selbstbewusst und reflektiert die wichtige Aufgabe der institutionellen frühkindlichen Bildung übernehmen. Die Anerkennung durch die Gesellschaft hat zwar noch ein hohes Entwicklungspotenzial, die Motivation der meisten pädagogischen Fachkräfte, »best practice« in Kindertagesstätten zu leisten, jedoch nicht. Dies ist mitunter an der hohen Nachfrage nach pädagogischen Fort- und Weiterbildungen zu erkennen. Dieses Konzept möchte Frühpädagog/innen weitere Instrumente, Methoden und Fachwissen zur Verfügung stellen, um besonders im Bereich der Sprachbildung eine qualitativ gute Arbeit zu leisten. Deren positiver Verlauf hat einen entscheidenden Einfluss auf die gesamte Bildungsbiografie des Kindes. Wichtige Leitgedanken können hierbei sein:

- Ich als einzelne pädagogische Fachkraft kann die Entwicklung des Kindes entscheidend positiv beeinflussen.
- Durch mein Fachwissen und meine methodischen Kompetenzen schaffe ich Räume für individuelle Bildungsgelegenheiten. Ich kann etwas bewirken!
- Das Team ist die organisatorische Einheit, in die die Erzieherin eingebunden ist. Hierbei ist eine funktionierende Teamkultur eine wichtige Basis, damit alle

Verantwortlichen neben dem bereits angesprochenen »Ich-Gefühl« ein starkes »Wir-Gefühl« entwickeln und ausbauen.

Entscheidend sind hier das Entwickeln einer eigenen Teamphilosophie und einer Haltung zum Kind sowie ein Bildungsverständnis, das sich an neuesten wohl fundierten wissenschaftlichen Erkenntnissen orientiert. Leitgedanken für die Leitung, die einzelne Erzieherin und das gesamte pädagogische Team können hierbei sein:

- Wir leisten bereits eine gute pädagogische Arbeit.
- Wir entwickeln uns immer weiter und setzen uns mit wissenschaftlichen Erkenntnissen über frühkindliche Bildungsprozesse auseinander.
- Wir können vieles bewegen und die Entwicklung von Kindern positiv beeinflussen.
- Wir wirken gegen eine Ausweitung der Kluft zwischen Arm und Reich.

Der Erziehungs- und Bildungsplan des jeweiligen Bundeslandes, das pädagogische Konzept der Einrichtung sowie die personellen und organisatorischen Möglichkeiten des Teams bieten den Orientierungsrahmen. Die pädagogische Qualität des Teams ist ein wesentlicher Faktor für die Einhaltung und Umsetzung der Standards zur Sicherung des Kindeswohls. Mehrere Menschen, die zusammenarbeiten, bilden nicht automatisch ein Team. Die Entstehung eines Teams, das konstruktiv zusammenarbeitet und eine eigene Teamphilosophie hat, ist ein Prozess, ein Teamentwicklungsprozess. Die Bemühungen um die Etablierung des Themas »Teamentwicklung« sollten vorangetrieben werden. Nur ein gut entwickeltes Team kann den sozialen und pädagogischen Herausforderungen gerecht werden, die von Kindern und Eltern an es gestellt werden. Es gilt, passende Methoden und Instrumente einzusetzen, die die Teamentwicklung professionell vorantreiben können. Pädagogische Tage beispielsweise können Initialzündungen sein und kreative Kräfte, die eine systematische und kontinuierliche Teamentwicklung anbahnen, vertiefen und möglicherweise zu einer Um- oder Neuorientierung beitragen.

- Das pädagogische Team der Kindertagesstätte ist die entscheidende Größe für die Planung, Durchführung, Umsetzung und Dokumentation der Bildungsaktivitäten in den ersten Lebensjahren. Damit im Team eng zusammengearbeitet werden kann, sollten die Frühpädagog/innen auf einem annähernd gleichen fachlichen Stand sein. Außerdem ist eine gute Kommunikationskultur untereinander sowie mit allen weiteren Akteur/innen, die die Entwicklung des Kindes begleiten, eine wichtige Voraussetzung, um gute Arbeit zu leisten. Ausgehend von einer kritischen Bestandsaufnahme mit dem Ziel der Standortbestimmung, sind folgende Fragen im Team zu klären:

Teamfragen:
1. Wo finden sich im Alltag Möglichkeiten für Kinder, sich mit Sprache und Schrift auseinanderzusetzen?
2. Wo setzen wir Impulse zu diesem Bildungsbereich?
3. Welche Ziele haben wir bisher im Bereich der Sprachbildung und Schriftaneignung erreicht?
4. Was könnte man verbessern?

Eine Teamentwicklung ist dann erfolgreich, wenn sie …
- die Qualität der Förderung und Bildung steigert und absichert.
- die anvertrauten Kinder in der Krippe und in der Kita erreicht,
- die Eltern partnerschaftlich anspricht und als Expert/innen mit einbezieht,
- das vorhandene Wissen überprüft und durch neues Fachwissen anreichert,
- langfristig über mehrere Jahre hinweg angelegt ist,
- die Einrichtung als lernende Organisation betrachtet,
- bereit ist, die gesteckten Ziele zu überprüfen und zu evaluieren,
- aus den gewonnenen Erkenntnissen die notwendigen Konsequenzen ableitet,
- die Berufszufriedenheit im Team bei allen Kolleg/innen steigert und schließlich
- längerfristig durch Korrekturen und Veränderungen zu Entlastungen führt.

Die drei Säulen *Bildungsentwicklung, Personalentwicklung* und *Organisationsentwicklung* greifen ineinander und stützen sich gegenseitig ab.

Bildungsentwicklung	Personalentwicklung	Organisationsentwicklung
Vorläuferfertigkeiten	Kooperation	Funktionsräume
Sprachbildung	Kommunikation	Klima in der Kita
Schriftaneignung	Teamgeist	PC und Internet
Literacy-Activities	Fortbildungsplan	Kita und Elternhaus
Evaluation	Wissensaneignung	Außenbeziehungen
Dokumentation	Hospitationen	Dokumentationen
Gruppenklima	Supervisionen	Evaluation

Tab. 4: Drei Säulen der Kita-Entwicklung

2.5   Sprachwissen und Grundgesetze der Kommunikation

In diesem Teil der frühkindlichen Didaktik wird auf das Sprachwissen und die zwischenmenschliche Kommunikation eingegangen: welche Bausteine die deutsche Sprache besitzt, welche bedeutenden Gesetze die zwischenmenschliche Kommunikation prägen und wie sich die Kinder der Schrift annähern. Hier soll auch darauf hingearbeitet werden, dass sich die Sprache und die Schrift ergänzen und unterstützen; sie bilden eine integrative Einheit. Dabei soll es nicht um den Erwerb von Fremdsprachen gehen.

2.5.1   Bausteine der deutschen Sprache

Unsere menschliche Sprache ist hierarchisch organisiert und nach bestimmten Ebenen strukturiert (Suchodoletz 2003, S. 1). Als Grundbausteine der Sprache fungieren die Laute – auch Phoneme genannt. In der deutschen Sprache kennen wir etwa 40 Laute. Sie werden nach bestimmten Regeln zu Grundwörtern zusammengefügt. Der Bestand im Deutschen liegt bei einigen Tausend Grundwörtern; Schätzungen zufolge sind es etwa 5 000. Diese Grundwörter werden auch Morpheme genannt; sie sind die kleinsten bedeutungstragenden Einheiten unserer Sprache. Diese Morpheme tragen den Sinn und die Bedeutung eines Wortes. Aus diesen Grundwörtern werden dann einige Hunderttausend Wörter abgeleitet und gebildet. In der deutschen Sprache verfügt der gebildete Erwachsene (im passiven Wortschatz) im günstigsten Fall über circa 500 000 Wörter. Aus diesen Wörtern können Sätze gebildet und diese wiederum zu Texten kombiniert werden. Die Zahl der Sätze und damit auch der möglichen Texte ist unbegrenzt und abhängig von der individuellen Sprachkompetenz des einzelnen Kindes. Darin unterscheidet sich die Sprache des Menschen von der Sprache der Tiere.

Weiterhin können wir verschiedene Ebenen unterscheiden:

- Auf der *Lautebene* wird unterschieden zwischen der Fähigkeit zur Produktion einzelner Laute (phonetische Fähigkeit) und zur korrekten Bildung von Wörtern aus Lauten (phonologische Fähigkeit);
- auf der *Wortebene* zwischen der Fähigkeit zur Aufnahme von Wörtern in den Wortschatz (lexikalische Fähigkeit) und zur Zuordnung zu deren Bedeutung (semantische Fähigkeit);
- auf der *Satzebene* zwischen der grammatisch korrekten Bildung von Wortformen (morphologische Fähigkeit) und der Reihenfolge von Wörtern in Sätzen (syntaktische Fähigkeit).
- Auf der *Sprachgebrauchsebene* werden Rhythmus, Stimmgebung, Akzent und Sprechmelodie (prosodische Fähigkeit), die sozialen Interaktionsformen (Mo-

nolog, Dialog, Gespräch) und die zwischenmenschliche Kommunikation (pragmatische Fähigkeit) unterschieden.

● Auf all den genannten Ebenen können bei Problemen mit der Sprache oder dem Sprechen das Sprachverständnis zum einen und die Sprachproduktion zum anderen gestört oder beeinträchtigt sein.

2.5.2   Grundregeln der zwischenmenschlichen Kommunikation

Der Kommunikationsforscher Paul Watzlawick (1953) erkannte grundlegende Regeln der zwischenmenschlichen Kommunikation. Missverständnisse durch Kommunikationsprobleme treten häufig auf, wenn verschiedene Menschen miteinander kommunizieren – natürlich auch in Kindertagesstätten, zwischen Kolleg/innen, pädagogischen Fachkräften und Kindern oder zwischen pädagogischen Fachkräften und Eltern. Hier sollte das Team in einer eigens angesetzten internen Fortbildung bereits vorhandenes Wissen wieder vertiefen. Die folgenden drei Regeln bzw. Axiome machen deutlich, warum es in der zwischenmenschlichen Kommunikation immer wieder zu Missverständnissen kommen kann. Daher sind das Erlernen und Einhalten der Gesprächsregeln sowohl für die pädagogischen Fachkräfte als auch für die Kinder von größter Bedeutung.

Regel 1: »Man kann nicht nicht kommunizieren!« Die Kommunikation können wir nicht ausschalten; sie ist immer gegenwärtig. Die Nichtbeachtung dieses ersten Gesetzes führt zur ersten Fehlerquelle bei allen Kommunikationsschwierigkeiten und Missverständnissen im Umgang mit anderen Menschen. In jeder Situation, ob laut gesprochen wird oder nicht, wird untereinander und miteinander kommuniziert – ob wir das wollen oder nicht. Konkretes Beispiel: Der Blickkontakt der Erzieherin, das Zeigen mit der Hand, das Aufstehen in der Tischgruppe, das Sichbewegen im Raum, das Stirnrunzeln des Kindes sind Akte der Kommunikation.

Regel 2: »Wahr ist nicht, was A sagt, sondern was B versteht!« Jede ankommende Nachricht weckt beim Gegenüber Gefühle und rüttelt alte Erfahrungen wach. Kein Mensch empfindet als Empfänger einer Botschaft B den Inhalt des Gesagten genau so, wie es der Sender A gemeint und gewollt hat. Konkretes Beispiel: Wahr ist nicht, was die Erzieherin zu dem Kind sagt, sondern was das Kind versteht. Wenn das Kind die Anweisung der Fachkraft nicht versteht, kann es zum einen sein, dass sich die Fachkraft nicht besonders gut und geschickt ausgedrückt hat, oder aber, dass das Kind Probleme mit dem Verstehen der Sprache hat.

Regel 3: »Jede Kommunikation hat einen Inhaltsaspekt und einen Beziehungs-aspekt, derart, dass Letzterer den Ersteren bestimmt.« Entscheidend ist also nicht, *was* die Fachkraft zum Kind sagt, sondern *wie* sie es sagt. Die Gefühls- und Beziehungsebene dominieren über den Inhalt des Gesagten, über die Botschaft. Die Förderung in der Kindergartengruppe sollte daher so ausgerichtet sein, dass die Beziehungsebene bei den Kindern ankommt und überzeugt. Respekt und Toleranz der Frühpädagog/innen sind die Basis für den Dialog mit dem Kind. Konkretes Beispiel: Wenn die Erzieherin das Kind anschreit, kommt die Botschaft anders an, als wenn sie es in ruhiger und entspannter Atmosphäre anspricht.

Diese Regeln sollten im Team der Kita besprochen und diskutiert werden, weil sie Tag für Tag im Umgang der Erzieher/innen untereinander eine wichtige Rolle beim Verstehen der Sprache spielen und zum Verständnis untereinander beitragen können. Das Arbeits- und das Gesprächsklima können dadurch verbessert werden.

2.5.3 Leichte Sprache

Die »leichte Sprache« ist im Gegensatz zur »schweren Sprache« eine von der Ausdrucksweise, den Satzstrukturen und dem Wortschatz her betrachtete einfache und für alle verständliche Sprache. Sie erleichtert weniger sprachkompetenten Menschen das Verstehen von Wörtern, Sätzen und längeren Texten. Seit 2006 gibt es eine Arbeitsgruppe, die sich als »Netzwerk leichte Sprache« bezeichnet und sich für die Belange von Menschen einsetzt, die die deutsche Sprache beispielsweise auf Fahrplänen der Bahn, Buslinien oder auf Formularen und Anträgen von Behörden nur schwer oder gar nicht verstehen. Hier werden insbesondere längere Wörter, zusammengesetzte Wörter, Fremdwörter, Fachbegriffe, Anglizismen und lange Sätze kritisiert und in die einfache Sprache übersetzt. Der Arbeitskreis schreibt für die Menschen Texte in leichter Sprache oder übersetzt schwere Texte in leichte und verständliche Sprache.

Besonders hilfreich ist die »leichte Sprache« für Menschen, die Deutsch als Zweitsprache erlernen oder Schwierigkeiten im kognitiven und sprachlichen Bereich haben. Das »Netzwerk leichte Sprache« (mit Sitz in Hamburg) hat Grundsätze und Regeln aufgestellt, wie die »leichte Sprache« konstruiert sein soll:

- Es werden nur kurze Sätze verwendet.
- Jeder Satz enthält nur *eine* zentrale Aussage.
- Der Konjunktiv wird grundsätzlich vermieden.
- Abstrakte Begriffe werden vermieden; wo sie notwendig sind, werden sie durch anschauliche Beispiele oder Vergleiche erklärt.

- Wenn Fremdwörter oder Fachwörter vorkommen, dann werden sie erklärt.
- Bei langen Zusammensetzungen wird durch Bindestriche deutlich gemacht, aus welchen Wörtern die Zusammensetzungen bestehen.
- Abkürzungen werden beim ersten Vorkommen durch die ausgeschriebene Form erklärt.
- Es wird aber keine Babysprache oder Kindersprache verwendet.
- Bilder, CDs, DVDs oder Filme helfen, einen Text besser zu verstehen.
- Wörter werden nicht in durchgehenden Großbuchstaben geschrieben. Kursive Schrift wird nicht verwendet. Stattdessen werden klare Druckbuchstaben benutzt.
- Texte werden hinsichtlich der Schriftart und Schriftgröße in Heften, auf Tafeln oder in Büchern übersichtlich gestaltet.

Der Gebrauch der »leichten Sprache« ist in vielen Kitas eine wichtige Voraussetzung, um mit zugewanderten, wenig sprachkompetenten, teilweise Lese-Rechtschreib-schwachen und bildungsfernen Eltern ins Gespräch zu kommen. Sie ist ein Instrument, um während der gesamten Kita-Zeit im Dialog mit den Familien zu bleiben. Von daher sollten die herausgegebenen Elternbriefe, die Aushänge am »Schwarzen Brett« sowie die Informationen der Kita-Leitung und des Trägers in einer einfachen und damit verständlichen Sprache gehalten sein. Dies gilt natürlich ebenso für die pädagogische Konzeption der Kita, die Bildungspläne und die für die Kinder erstellten Förderpläne.

Sprachausschuss Eine Möglichkeit, »leichte Sprache« in der Kita umzusetzen, ist die Gründung eines Sprachausschusses, der sich mit der Umsetzung beschäftigt. Eine Erzieherin mit deutscher Muttersprache, eine Erzieherin mit Migrationshintergrund sowie je ein Elternpaar mit und ohne Migrationshintergrund wären hierbei eine optimale Besetzung. So besteht die Möglichkeit, sich nicht nur mit dem Thema zu beschäftigen, sondern auch konkret sprechen und schreiben zu können. »Leichte Sprache« ist eine einfache Sprache, die vermutlich alle Eltern verstehen.

2.5.4 Sprache als existenzielle Kompetenz des Menschen

Der aufrechte Gang, das Bewusstsein und die Sprache unterscheiden den Menschen von allen anderen Lebewesen. Die Sprachfähigkeit ist ein Wesensmerkmal und Alleinstellungsmerkmal des Menschen als eines sozialen Wesens. Damit der Mensch sozial handeln kann, ist er ausschließlich auf die Sprache angewiesen. Die Sprachfähigkeit ist angeboren und entwickelt sich je nach Anregungen durch die soziale Umwelt in dem durch die genetischen Dispositionen gesteckten Rahmen. Der Mensch muss wie das Laufen auch die Sprache erwerben. In der Regel geschieht das ohne Probleme in den ersten sechs Lebensjahren; Abweichungen und individuelle Probleme können durchaus auftreten und den geregelten und unkomplizierten Spracherwerb und Sprachgebrauch erschweren. Die Existenz der Sprache macht den Menschen erst handlungsfähig und ermöglicht ihm die Aufnahme und Pflege sozialer Beziehungen zu anderen Menschen. Sprache und soziales Handeln gehören unmittelbar und unauflöslich zusammen. Diese Vorgänge sind lebenswichtig und werden als soziale Prozesse bezeichnet (Esser 1993, S. 87). Diese Prozesse sind eine Abfolge von Aktivitäten des Menschen im täglichen Umgang mit anderen: in der Familie, in der Nachbarschaft, im Wohnbezirk, im Dorf, in der Stadt, in der Kita, in der Schule, in den Peergroups, in den Vereinen und in allen anderen Strukturen unserer Gesellschaft. Die Sprache ist das Instrument des Denkens, das Vehikel, um soziale Prozesse zu planen und umzusetzen, und eine verlässliche Orientierungsgrundlage (Huinink/Schröder 2008, S. 12).

Die gesprochene Sprache ist mit Abstand das wichtigste Mittel der zwischenmenschlichen Kommunikation überhaupt. Sprache hat eine existenzielle Überlebensfunktion, strukturiert unser Denken, steuert unser soziales Handeln in allen Lebenslagen und in jedem Lebensalter. Die Sprache ist daher kein Bildungsbereich, sondern steht zentral und fundamental über allen Handlungsfeldern des Kindes und des heranwachsenden jungen Menschen. Daher bedarf es einer pädagogischen und vor allem didaktischen Neuausrichtung und Justierung innerhalb der frühkindlichen Bildung. Der Grad der Beherrschung einer Sprache zeigt an, zu welcher Sprachgemeinschaft und welchem Kulturraum ein Kind gehört, und gleichzeitig, ob es bei uns als Fremder, als Ausländer oder als Dazugehörender betrachtet und akzeptiert wird.

Entscheidend ist heutzutage der Umgang mit der Mehrsprachigkeit, die Kenntnis und Akzeptanz, dass mehrere Sprachen gebraucht werden. Der Mehrsprachenerwerb wird damit pädagogisch und vor allem didaktisch zu einer großen Herausforderung in allen Bildungseinrichtungen unserer Gesellschaft. Der »monolinguale Habitus« der Einsprachigkeit wird mehr und mehr in der Gesellschaft, aber auch in den Bildungseinrichtungen, dem »multilingualen Habitus« der Mehrsprachigkeit weichen (Gogolin 1994). Wir müssen endlich erstens zur Kenntnis nehmen, dass es immer mehr gesprochene Sprachen in unserer Gesellschaft gibt, zweitens diese Sprachen als vollwertig und als Bereicherung akzeptieren und drittens vom Wahn des Perfektionismus der Sprachbeherrschung abrücken. Das heißt, es werden keine perfekten Kenntnisse erwartet, sondern man geht von abgestuften Sprachkenntnissen als völlig ausreichend aus (Kugler 1999). Kinder und Jugendliche werden immer mehr die verschiedenen sprachlichen Register und Varianten schätzen und kennenlernen und so in ihrem persönlichen Sprachgebrauch zwischen verschiedenen Varianten hin- und herschalten. Dabei müssen wir davon abrücken, den gemischten Sprachgebrauch als Defizit zu betrachten oder gar das Gesagte vor anderen Kindern und Jugendlichen aus Angst vor Diskriminierung zu verbergen (Montanari 2002, S. 173).

Mehrsprachigkeit ist mittlerweile ein Faktum in unserer Gesellschaft und wird in den kommenden Jahren in quantitativer und qualitativer Hinsicht zunehmen. In Deutschland wird jetzt und künftig nicht nur die deutsche Sprache gesprochen, sondern es werden zunehmend andere, fremde Sprachen gesprochen. Diese sprachliche Pluralität müssen wir in den Kitas und Schulen zur Kenntnis nehmen, ohne dabei die deutsche Sprache als Bildungssprache zu vernachlässigen – und ohne in allen Situationen versuchen, die Standardsprache anzustreben (Dirim/ Mecherik 2010, S. 115).

Die Lebensgeschichte des heranwachsenden Kindes macht deutlich, dass wir verschiedene Sprachvarianten kennen und gebrauchen – beispielsweise Dialekte, die Umgangssprache und die Standardsprache, aber auch neue Varianten, wie z. B. Deutsch als Zweitsprache, die Fremdsprachen oder aber auch Abweichungen (z. B. die »Kiezsprache«). Wir müssen sie sehen, ertragen, akzeptieren und sprachlich damit umgehen. Der Wandel der deutschen Sprache durch die Einflüsse anderer Länder, Kulturen und Sprachgemeinschaften geht immer weiter und wird zu weiteren Veränderungen führen. Dabei können in Anlehnung an Suchodoletz (2013, S. 16) folgende Einflussfaktoren auf den erfolgreichen Ablauf des Mehrsprachenerwerbs genannt werden:
1. Menge und Qualität der Sprachanregungen
2. Sprachbegabung und Motivation des Kindes, Sprachen zu erlernen
3. Wertschätzung und Akzeptanz der Sprachen durch das soziale Umfeld

Im Folgenden sollen die sprachlich auftretenden Varianten, die für das Kind möglich sind, kurz angesprochen und beschrieben werden. Dabei gehen wir vom natürlichen, nicht organisierten und nicht vermeidbaren Erwerb einer Muttersprache – hier des Deutschen – aus.

Erstsprache Die Erstsprache ist die erste Sprache, die ein Kind erwirbt; dies hängt zumeist auch von der sozialen Umgebung des Kindes und von den Lebensumständen, unter denen es aufwächst, ab. Die Erstsprache ist zumeist auch die starke und sozial dominante Sprache des Menschen. Die Sprache, die das Kind als erste Sprache unmittelbar nach der Geburt – in der Regel von der eigenen Mutter – erwirbt, wird als Erstsprache bzw. Muttersprache bezeichnet; manche Autoren sprechen auch von dem »Mutterischen«. Die Muttersprache wird auf ganz natürliche und unkomplizierte Art und Weise erworben. Folgende Sprachvarianten können vom Kind im Elternhaus und später in Kita und Schule erworben werden und werden je nach Bildungsstand der Eltern und sozialer Schichtzugehörigkeit benutzt.

Dialekte Die in Deutschland bekannten und verbreiteten Dialekte sind vollwertige Sprachen. Dialekte schaffen sozialen Zusammenhalt, verbinden und unterstreichen die Identität und die Verbundenheit mit der Heimat bzw. Region (Suchodoletz 2013, S. 16). Viele Kinder wachsen Dialekt sprechend auf und beherrschen zunächst nur den lokalen und regionalen Dialekt. Einen Dialekt zu sprechen ist für das Kind legitim und erstrebenswert. Der Erwerb der Standardsprache Deutsch ist für das Dialekt sprechende Kind eine erste große soziale und sprachliche Herausforderung und für Kita und Schule eine schwierige didaktische Aufgabe. Die kommunikative Reichweite der Dialekte ist sehr begrenzt.

Umgangssprache Der soziale Umgang wird durch die Umgangssprache bestimmt. Die Umgangssprache ist die Vermischung von Dialekten bzw. lokalen Mundarten und der Standardsprache, d. h. der Sprecher gebraucht eine Sprache, die sich vom Dialekt löst und freimacht und sich sehr stark der Standardsprache annähert. Diese Umgangssprache wird vor allem in den einzelnen sozialen Milieus der Sprecher/innen benutzt. Das Kind benutzt die Umgangssprache in der Kita, in der Familie und in vielen Alltagssituationen.

Standardsprache In der Kita, in der Schule, in der Ausbildung, im Studium, im Berufsleben, in der Kultur, in den Medien wird in der Regel die Benutzung der Standardsprache – auch Hochsprache genannt – erwartet. In der Praxis der täglichen Bildungsarbeit stellen wir aber fest, dass diese Erwartung nicht immer den Tatsachen entspricht. Nicht wenige Erzieher/innen und Lehrer/innen sprechen eine dialektgefärbte Sprache. Nur wenige Menschen beherrschen die deutsche Sprache korrekt und standardgemäß.

Deutsch als Zweitsprache Unter einer Zweitsprache verstehen wir jede Sprache, die nach der Erstsprache erworben bzw. erlernt wird. Diese Sprache dient in vielen Fällen der Bewältigung aktueller und konkreter Alltagssituationen. Sie kann entweder natürlich im situativen sozialen Kontext oder durch künstlich bereitgestellte und strukturierte Situationen erlernt werden. Zugewanderte Kinder aus anderen Ländern und Kulturen eignen sich (teilweise) in der Familie, im gesamten Freizeitbereich und natürlich in den Bildungseinrichtungen (wie Kinderkrippe und Kita) die deutsche Sprache als zweite Sprache an. In den ersten Lebensjahren werden somit die Grundlagen des sprachlichen Handelns in der Familiensprache gelegt; dies sind in den meisten Fällen die Herkunftssprache und die deutsche Sprache, so gut es eben geht (Rheinland-Pfalz 2012, S. 7).

Herkunftssprache Neuerdings spricht man auch von der Herkunftssprache der zugewanderten Kinder aus anderen Ländern; hierzu gehören Sprachen wie Griechisch, Portugiesisch und Spanisch, ebenso Türkisch und Russisch, die durch die wirtschaftliche Bedeutung an Wertschätzung gewonnen haben (Rheinland-Pfalz 2012). In den Familien und Freundeskreisen der zugewanderten Menschen wird die Herkunftssprache gesprochen, die nach und nach eine eigene stimmliche Färbung und sprachliche Struktur erhält. So entfernt sie sich immer mehr von den Normen und Standards der ursprünglichen Herkunftssprache. Die Förderung und Entwicklung der Herkunftssprache, der Bildungssprache Deutsch und der Fremdsprachen sind nicht als sich ausschließende Handlungsfelder, sondern als sich ergänzend und unterstützend zu betrachten.

Fremdsprachen Das frühe Fremdsprachenlernen – auch bekannt als bilinguales Konzept – wird in den Krippen und Kitas angeboten und hat je nach Bundesland eine durch die Landesgrenzen geprägte Ausrichtung. Die pädagogische Qualität weist hierbei jedoch noch erhebliche Unterschiede auf. Das frühe Fremdsprachenlernen ist eine Antwort auf die Anforderungen unserer Zeit.

Bildungssprache In neuerer Literatur und aktueller Sprachforschung findet man häufig den Begriff »Bildungssprache«. Die Bildungssprache ist nach Gogolin u. a. (2013) eine Sprache mit spezifischen sprachlichen Fähigkeiten in enger Anlehnung an die deutsche Standardsprache, die von allen pädagogisch Verantwortlichen gesprochen werden soll. Die Bildungssprache unterscheidet sich und grenzt sich ab von den (oft in den bildungsferneren Familien) verbreiteten Dialekten und der Umgangssprache.

Alle Sprachen tragen zur politisch und gesellschaftlich erwünschten Mehrsprachenkompetenz bei, die auch seit Jahrzehnten vom Europarat in seinem »Gemeinsamen europäischen Referenzrahmen für Sprachen« (GeR) gefordert wird.

2.5.5   Entwicklungsrisiken

Es gibt immer wieder Gefahren, die die Entwicklung des Kindes in irgendeiner Form beeinträchtigen und erschweren können. Diese Gefahren müssen wir als pädagogische Fachkräfte früh erkennen, genau beschreiben und versuchen, entsprechende pädagogische Gegenmaßnahmen zu ergreifen. Einige wenige Kinder können aufgrund ihrer Resilienz und Robustheit diesen Gefahren selbst mit eigener Kraft und Energie entgegentreten. Alle anderen brauchen unsere Hilfe und Unterstützung – gerade beim Erwerb der basalen Kompetenzen Sprache und Schrift.
  Beim Erwerb der Muttersprache, von Deutsch als Zweitsprache und anderen Sprachlernformen kommt es immer wieder zu Problemen und Schwierigkeiten.

Entweder reichen die zur Verfügung stehende Entwicklungs- und Lernzeit nicht aus, um die Sprache zu lernen, oder aber die Vorbilder sind nicht besonders gut geeignet und hinsichtlich des Sprachenlernens nicht qualifiziert. Auf den Erwerb und den Aufbau der Sprache bezogen bedeutet das, dass die Entwicklung der Sprache nicht wie erwartet verläuft. Risiken treten auf und können zu Sprachstörungen führen.

Solche Risiken können wir heute bereits im frühen Kindesalter entdecken. Dabei bieten sich die kostenlosen Vorsorgeuntersuchungen durch die Haus- und Kinderärzte an. Hier eignen sich insbesondere die U7a im Alter von etwa drei, die U8 im Alter von etwa vier und die U9 im Alter von etwa fünf Jahren. Schließlich werden die Kinder auch im Zuge der Einschulung erneut von den Schulärzt/innen untersucht. Dabei stehen das Hören und Sehen, die Grob- und Feinmotorik, die Bewegungs- und Gleichgewichtskoordination sowie die Sprache im Zentrum der Untersuchungen. In Anlehnung an die vom Bundesministerium für Familie, Senioren, Frauen und Jugend jährlich herausgegebenen Berichte und Bulletins können wir folgende Risikofaktoren in der Übersicht nennen:

Biologische Faktoren	Psychologische Faktoren	Soziale Faktoren
Stress in der Schwangerschaft	Geringe Intelligenz (weniger als 85 IQ)	Unsichere und fehlende Bindungen
Ungünstige Lebensbedingungen (Rauchen, ungesunde Ernährung, wenig Schlaf)	Motorische Defizite	Ungünstiges Erziehungsverhalten
Konsum von Drogen, Alkohol und Medikamenten	Mangelnde Aufmerksamkeit und geringe Konzentrationsspanne	Ungünstige Eltern- Kind-Interaktionen
Frühgeburt und sonstige Probleme bei der Geburt	Mangelnde Gefühlssteuerung, Gefühlsausbrüche, keine Impulskontrolle	Niedriges Bildungsniveau und sozioökonomischer Status
Chronische Erkrankungen (Neurodermitis)	Einsatz von Aggressionen zur Lösung von Problemen	Psychische Erkrankungen innerhalb der Familie
Störungen oder gar Behinderungen	Sprachliche Probleme mit der Grammatik und dem Wortschatz	Ehelicher und familiärer Stress

Tab. 5: Risikofaktoren

Die genannten Faktoren zeigen sich zumeist nicht isoliert, sondern treten oft nur in der Kombination auf. Sie sind daher nur schwer auszumachen, zu analysieren und zu beschreiben. Allerdings ist die Kenntnis dieser Faktoren eminent wichtig für mögliche präventive Maßnahmen (Günther 2010, S. 127).

2.5.6 Risikofaktoren

Es ist die Aufgabe der Analyse und Diagnostik, Kinder mit einen erhöhten Risikopotenzial früh zu erkennen und geeignete Gegenmaßnahmen zu ergreifen. Die Gruppe derjenigen Kinder, die von Risikofaktoren in der frühen Kindheit betroffen sind, macht in der Regel gut ein Drittel eines Altersjahrgangs aus. Folgende Risikofaktoren werden hier genauer in den Blick genommen (Straßburg 2000, S. 101):

Late Talker Darunter verstehen wir all jene Kinder, die zeitlich stark verspätet und verzögert die Muttersprache erwerben. Hierunter fallen Kinder, die mit 24 Monaten weniger als 50 Wörter sprechen und auch keine Zweiwort- oder Dreiwortsätze bilden (Grohnfeldt 2007, S. 181). Dabei lassen sich zunächst auf Anhieb keine besonderen Schwierigkeiten erkennen. Zwischen zehn und 15 Prozent eines Altersjahrgangs haben ohne ersichtlichen Grund Schwierigkeiten, ihre Muttersprache zu erlernen. Diese Kinder werden zumeist weder von den Eltern noch von den Fachkräften frühzeitig entdeckt. Die Hälfte dieser Gruppe schafft den Anschluss wieder von allein im Zuge der Selbstheilungstendenz des Kindes, die andere Hälfte wird spät erkannt und entwickelt eine spezifische Sprachentwicklungsstörung, die dann oft nur schwer zu therapieren ist.

Geschlechtszugehörigkeit Immer wieder hören und lesen wir in der Fachliteratur und in aktuellen Studien, dass die Jungen zu den sogenannten »Bildungsverlierern« gehören, wenn man die Bildungserfolge der Mädchen denen der Jungen gegenüberstellt. In allen Negativrankings liegen zurzeit die Jungen vorn: bei den Einschulungen, beim Sitzenbleiben und bei der Anzahl der Förderschüler. Bei den sprachauffälligen und sprachgestörten Kindern machen die Jungen zwei Drittel aller Kinder aus. Beim Zuhören, frühen Sprechen, Erzählen, Diskutieren, Kommentieren und Argumentieren liegen die Mädchen vorn. Nicht wenige Wissenschaftler/innen und Praktiker/innen fordern daher eine besondere Zuwendung zu den Jungen innerhalb der Sprachbildung und speziell der Leseförderung in der Kita.

Mehrlinge Zwillinge und Mehrlinge stellen an Eltern und Familien von Beginn an erhöhte Anforderungen, weil sie zum einen in größerer Anzahl Hilfe und Unterstützung brauchen und zum anderen zumeist gleichzeitig die gleichen Entwicklungsschritte vollziehen und somit die gleiche Unterstützung benötigen. Daher spielen die gerechte Zuwendung und die Verteilung der zur Verfügung stehenden Zeit auch beim Erwerb der Sprache, beim Erzählen und Vorlesen eine wichtige Rolle. Nicht selten entwickeln gerade Zwillinge eine eigene Zwillingssprache, die zumeist nur von der leiblichen Mutter verstanden wird. In der Kita stellt das auch die pädagogischen Fachkräfte vor zusätzliche Herausforderungen. Häufig benötigen diese Kinder mehr Zeit und Aufmerksamkeit beim Zuhören und Sprechen.

Zuwanderung Darunter verstehen wir all jene Kinder, die in anderen Ländern geboren wurden und aus anderen Nationen und Sprachgemeinschaften zu uns nach Deutschland eingewandert sind. Sie haben einen Migrationshintergrund, weil sie ihren Lebensmittelpunkt nach Deutschland verlagert haben. Diese zugewanderten Kinder sprechen eine Herkunftssprache – Polnisch, Russisch, Türkisch, Spanisch, Griechisch, Portugiesisch o. Ä. – und erlernen die deutsche Sprache in ihrer Umwelt, in der Kita und in ihrer Freizeit als Zweitsprache.

Familiäre Belastung Risikofaktoren bestehen auch für Kinder, die in Familien oder Lebensgemeinschaften aufwachsen, in denen den Eltern die Zeit fehlt, sie adäquat in ihrer Schrift- und Sprachentwicklung zu begleiten. Auch ein geringes Bildungsniveau der Eltern kann zur Folge haben, dass Kinder nur unzureichend in ihrer Sprach- und Schriftentwicklung begleitet werden können. Kinder der ersten Gruppe, weisen häufig auch eine emotionale Vernachlässigung auf, die zumeist eine Störung im Bindungsverhalten zur Folge hat. Hier spielt ein gelungener Bindungsaufbau zu den pädagogischen Mitarbeiter/innen in der Kindertagesstätte eine ganz besonders wichtige Rolle.

Legasthenie Legasthenie ist eine Entwicklungsstörung der Lese-Rechtschreib-Fertigkeiten bei normaler Intelligenz. Das heißt, Kinder, die an Legasthenie leiden, sind nicht weniger intelligent als andere Kinder. Sie zeigen lediglich in einem Kompetenzbereich einen erhöhten Förderbedarf. Wissenschaftler/innen sind sich heute einig, dass die Ursachen einer Legasthenie als einer neurobiologisch bedingten Erscheinung sehr unterschiedlich sein können. Zum größten Teil scheinen die Ursachen genetisch bedingt zu sein. Die Störung tritt meistens familiär gehäuft auf. Ist ein Elternteil betroffen, weist in mehr als 40 Prozent der Fälle ein Kind – wenn nicht mehrere Kinder – ebenfalls diese Störung auf. Eine der gängigsten Hypothesen zur Ursache geht davon aus, dass das phonologische Bewusstsein unzureichend entwickelt ist. Betroffenen fällt die Zuordnung des gesprochenen Lauts zum geschrieben schwer. Eine mögliche Erklärung dafür wäre, dass ihre Gehirne ähnlich klingende Laute schlecht voneinander unterscheiden können. Viele

Kinder zeigen bereits im Kindergarten phonologische Schwächen. Aktuell wird erforscht, welche Störungen der Sprachinformation bei Legasthenikern auftreten. Hirnforscher/innen arbeiten zurzeit daran, neue Testverfahren zu entwickeln, die es ermöglichen, Legasthenie bestenfalls schon vor Eintritt in die Schule zu erkennen (zwischen fünf und zehn Prozent aller Schulkinder sind von Legasthenie betroffen). Je rechtzeitiger die Veranlagung erkannt wird, desto früher kann mit einer Förderung begonnen werden.

Es ist möglich, die neuronale Besonderheit im Gehirn bereits bei Vierjährigen durch ein EEG festzustellen. Die Früherkennung und entsprechende Förderung können eine Voraussetzung zum gelingenden Übergang von der Kita zur Grundschule darstellen und des Weiteren natürlich die gesamte Bildungsbiografie eines betroffenen Kindes positiv beeinflussen. Das Beherrschen der Rechtschreibung gilt in unserem Schulsystem als ein Leistungsfaktor, der sich in fast allen Schulen bewertend auf die gesamte Fächerbreite auswirkt. In vielen Schulen wird die Rechtschreibung bei jeder schriftlichen Arbeit in den naturwissenschaftlichen Fächern mitbewertet. Somit haben Kinder, die von Legasthenie betroffen sind, trotz normal ausgebildeter Intelligenz oft verminderte Chancen, im deutschen Bildungssystem zu bestehen. Darum sollten die pädagogischen Fachkräfte einen professionellen, fachlichen Blick und entsprechende Instrumente zur Verfügung haben, um gegebenenfalls Auffälligkeiten zu erkennen und an Experten verweisen zu können.

2.6   Aktuelle Forschungsergebnisse

Im Folgenden werden wichtige Erkenntnisse der zuständigen Forschung und Wissenschaft zum Thema »Sprachbildung und Schriftaneignung in der Kita« zusammengefasst.

2.6.1   Zuständige Wissenschaftsdisziplinen

Wissenschaftlich betrachtet, ist das Thema »Sprachbildung und Schriftaneignung« ein typisches Querschnittsthema. Dabei sind folgende sechs Wissenschaftsdisziplinen in der Verantwortung

- Die *Linguistik* – auch als Sprachwissenschaft bezeichnet – kümmert sich um das System der Sprache und das physiologische Sprechen des Kindes, außerdem um den Zusammenhang von gesprochener und geschriebener Sprache (= Schrift).
- Die *Pädagogik* – auch als Erziehungswissenschaft bezeichnet – fokussiert die Lehre vom Begleiten, Erziehen und Bilden des Kindes in der Kita und in der Schule.

- Die *Psychologie* als Lehre vom Verhalten des Menschen, von seinen Merkmalen und seiner Psyche bzw. von seinen Gefühlen stellt die Persönlichkeit des Kindes ins Zentrum.
- Die *Soziologie* als Lehre von der Struktur der Gesellschaft und den Beziehungen untereinander konzentriert sich vor allem auf die Eltern, die Familie und das soziale Umfeld, wenn es um nachhaltige und erfolgreiche Sprachbildung und Schriftaneignung geht.
- Die *Medizin* als die Lehre von den organischen Voraussetzungen kümmert sich um die medizinische Vorsorge (z. B. beim Hören und Sehen), wie z. B. die Vorsorgeuntersuchungen und den Einsatz von Logopäd/innen.
- Die *Neurobiologie* befasst sich mit den Strukturen und Prozessen des menschlichen Gehirns und weiß um die Bedeutung der menschlichen Sprache und der Schrift für die sprachliche, emotionale, soziale und kognitive Entwicklung des Kindes.
- Die empirische *Bildungsforschung* erlebt seit den großen internationalen und nationalen Studien (z. B. PISA, TIMMS und IGLU) eine Renaissance. In den folgenden Darstellungen liegt der Fokus auf dem Bereich der frühkindlichen Bildung – vor allem auf der Bedeutung der empirischen Bildungsforschung hinsichtlich der Entwicklung, Planung, Durchführung und Auswertung von Sprachförderprogrammen. Beispiele sind etwa »Sag mal was« (Baden-Württemberg) oder »Früh Deutsch lernen« (Saarland). Dabei gibt es hinsichtlich der nachhaltigen Wirkungen erhebliche Defizite und auch ernüchternde Resultate. Gute und valide Forschungsergebnisse haben oft eine lange Vorlaufzeit; nicht selten vergehen Jahre, um gesicherte Erkenntnisse und Wissen zu generieren.

2.6.2 Bindungsforschung

Die Bindungstheorie geht auf den britischen Kinderpsychiater John Bowlby (1907–1996) sowie die kanadische Psychologin Mary Ainsworth (1913–1999) zurück. Es handelt sich dabei um eine psychologische Theorie, die auf der Annahme beruht, dass Menschen ein angeborenes Bedürfnis haben, enge Kontakte und intensive Beziehungen zu Mitmenschen aufzubauen. Das Streben nach Bindung und Sicherheit einerseits und der angeborene Drang der Neugier und des Erkundungsstrebens andererseits sind die wichtigsten Grundlagen zum Überleben des Menschen. Sie sind eine wichtige Grundlage für die Entwicklung und Bildung von Kindern und für den sozialen Prozess der Sprachbildung.

Jedes Kind hat dieses Bedürfnis von Geburt an und versucht zunächst, zur Mutter und zum Vater, später zu den Geschwistern sowie zu engen Verwandten und Bezugspersonen eine von intimen Gefühlen getragene Beziehungsstruktur aufzubauen. Grundlage all dieser Prozesse und Bemühungen ist die Mutter-Kind-Beziehung, die bei Heimkindern oder adoptierten Kindern zumeist fehlt oder gestört sein kann. Das Kind baut seine Bindungen zu bestimmten eng vertrauten und später weniger vertrauten Personen nach und nach auf. Hier können wir dann eine Hierarchie der Bindungen erkennen, wobei die Mutter in der Regel die wichtigste und engste Bezugsperson des Kindes ist und bleibt. Allerdings sollten dabei auch die Wechselwirkungen und das Zusammenspiel mit dem Neugier- bzw. Erkundungsverhalten berücksichtigt werden. Hat das Kind enge und vertraute Bezugspersonen, kann es seinem Drang nach neueren Dingen in der Welt nachgehen. Vertrauen ist die Grundlage für das sichere Bindungsstreben des Kindes und gleichzeitig Ausgangspunkt für das Neugierverhalten in seiner Umwelt. Diese Bedingungen der kindlichen Entwicklung und Bildung müssen in die pädagogischen Planungen der Krippe und Kita immer wieder neu einfließen.

Insbesondere für Kleinkinder im ersten und zweiten Lebensjahr in der Familie und in der Krippe sind diese ersten Bindungserfahrungen dann wichtig, wenn erste Prozesse und Phasen des Loslösens von bekannten Personen und Strukturen erfolgen. Bisher haben sie erfahren, dass bestimmte Personen ständig für sie präsent sind. Jetzt müssen sie lernen, dass es »fremde«, nicht vertraute Situationen gibt, in denen diese festen Bezugspersonen nicht gegenwärtig sind. Wie eine Schnecke im Schneckenhaus sollten sich die Kinder nach außen wagen, neugierig sein, aber immer wieder das Gefühl und die Sicherheit haben, in die Familie zurückzukehren.

Das Fremdeln ist eine wichtige Erfahrung für die weitere soziale Entwicklung des Kindes. Eine behutsame Loslösung und gleichzeitige Eingewöhnung in die Krippe oder Kita und die vertrauensvolle Akzeptanz der Erzieherin sind weitere wichtige Schritte. Im Zuge des Berliner Eingewöhnungsmodells wird die Bezugserzieherin damit zu einer wichtigen Person. Sie sollte folgende Aufgaben bewältigen (Becker-Stoll/Niesel/Wertfein 2010, S. 48):

- Vertrauen und Zuwendung geben
- Sicherheit und Wohlfühlen ermöglichen
- Unterstützung der kindlichen Neugier
- Hilfe und Unterstützung in neuen Situationen
- Vermeidung bzw. Bewältigung von Stress und Konflikten

Längere Trennungsphasen – verursacht durch Krankheit, Mutterschaft, Urlaub, Fortbildung oder Arbeitsplatzwechsel – führen zu erheblichen emotionalen Belastungen im Alltag der Krippe und Kita. Sie belasten daher auch die Entwicklung der Sprache und des Sprechens. Im Folgenden wird exemplarisch ein Modell der Eingewöhnung in die Kinderkrippe und Kita vorgestellt.

Eingewöhnung Der Übergang vom Elternhaus in eine Kindertagestätte bedeutet für alle Beteiligten eine Herausforderung, die mit hohen Anforderungen an das Kind und die Eltern verbunden ist. Es geht zunächst um einen Beziehungsaufbau zu fremden Personen und um den (zeitweiligen) Verzicht auf vertraute Bezugspersonen. Zusätzlich muss eine neue Umgebung erschlossen werden (Lautstärke, Geruch, Räume). Es gibt andere Nahrungsmittel und zumeist einen weiteren Schlafplatz. Eine besondere Herausforderung für das Kind ist es, sich in einer Gruppe mit anderen Kindern zu erleben und die Rituale und Regeln der Einrichtung kennenzulernen.

Um Kindern die Sicherheit zu geben, die sie benötigen um die »Welt« zu erkunden, ist es wichtig, die Bindungsfähigkeit des Kindes zu unterstützen. Der Begriff meint das emotionale Band zwischen dem Kind und seinen Hauptbezugspersonen, das sich von Geburt an in einer zuverlässigen Beziehung für das Kind entwickeln sollte. Dies ist eine Grundvoraussetzung für die soziale, emotionale und kognitive Entwicklung eines Kindes. Die Bindungsfähigkeit kann erweitert werden, wenn das Kind die Möglichkeit bekommt, nach seinem Tempo eine neue Bindung zu einer neuen Person aufzubauen. Darum sollte die Eingewöhnung in die Kita in Begleitung eines Elternteils oder einer anderen wichtigen Bezugsperson stattfinden.

Das Bindungsverhalten ist aktiviert, wenn Kinder signalisieren, dass sie Nähe und Trost brauchen, dass sie beruhigt werden möchten, dass sie die schützende Nähe zu einer vertrauten Person herstellen wollen. Dieses Grundbedürfnis haben Kinder in alltäglichen Situationen, beispielsweise wenn sie müde sind oder etwas Neues/Unbekanntes erleben. Das Kind möchte in dem Moment das Gefühl der Sicherheit zurückhaben und braucht seine Bezugsperson. Kinder, die sich sicher und wohl fühlen, erkunden ihr Umfeld und spielen. Stabile Beziehungen zwischen Kind und Erwachsenen sind die Grundlage von Bildungsprozessen.

Eltern brauchen das Vertrauen, dass ihr Kind gut aufgehoben ist. Sie gehen eine Erziehungspartnerschaft ein und lassen zu, dass ihr Kind Nähe und Zuneigung durch eine Erzieherin der Kita erfährt. Wichtig ist, dass Eltern wissen, dass sie die Hauptbezugspersonen sind und bleiben. Sie sind die Expert/innen für ihr Kind und können nicht ersetzt werden. Pädagogische Fachkräfte können der Eingewöhnung einen professionellen Rahmen geben, indem sie nach wissenschaftlich fundierten Eingewöhnungsmodellen die Eingewöhnung des Kindes mit den Eltern gestalten. Im Folgenden wird ein solches Modell vorgestellt. Das »Berliner Eingewöhnungsmodell« ist auf der Grundlage aktueller Bindungsforschungsergebnisse entstanden.

2.6.3 Das Berliner Eingewöhnungsmodell

Beginn: Dreitägige Grundphase Der Aufbau einer neuen Beziehung dauert in der Regel zwischen sechs und 14 Tagen. Die Eltern bleiben die Hauptbindungspersonen des Kindes. Am ersten Tag begleitet ein Elternteil das Kind in den Raum, in dem die Eingewöhnung stattfindet. Anhand eines Fragebogens werden Informationen über die Gewohnheiten und Rituale des Kindes schriftlich festgehalten. Bereits in diesem Gespräch ist das Kind sensibel dafür, dass eine Interaktion zwischen dem Elternteil und der Erzieherin stattfindet. In diesen ersten drei Tagen bleibt der Elternteil etwa zwei Stunden mit dem Kind in der neuen Umgebung. Hierbei ist wesentlich, dass die pädagogische Fachkraft die Eltern im Umgang mit ihrem Kind erlebt, um dem Kind später vertraute Gewohnheiten zu ermöglichen.

In dieser Grundphase nimmt die pädagogische Fachkraft vorsichtig Kontakt zu dem Kind auf – jedoch, ohne es zu drängen. Körperkontakt findet erst dann statt, wenn das Kind dies wünscht und signalisiert. Zunehmend übernimmt der Elternteil eine passive Rolle. In dieser Zeit findet kein Trennungsversuch statt. Pflegerische Handlungen werden vom Elternteil übernommen.

Erster Trennungsversuch am vierten Tag Wenn das Kind spielt und beschäftigt ist, verabschiedet sich die Begleitperson offensichtlich, bleibt aber in der Einrichtung. Die erste Trennung dauert etwa eine halbe Stunde. Wenn das Kind akzeptiert, dass die Begleitperson den Raum verlassen hat, und sich beruhigen lässt, ist der erste Trennungsversuch gelungen. Lässt das Kind sich nicht beruhigen, nachdem die Begleitperson den Raum verlassen hat, kehrt diese zurück. Erst nach drei Tagen wird ein weiterer Trennungsversuch unternommen.

Stabilisierungsphase ab dem fünften Tag Ist der erste Trennungsversuch gelungen, wird die Trennungsphase ausgedehnt. Fühlt das Kind sich wohl und macht es einen ausgeglichenen Eindruck, übernimmt die Erzieherin die pflegerische Handlung. In der zweiten Woche wird der Aufenthalt weiter ausgedehnt, und der Zeitraum ohne Elternteil vergrößert sich. Der Elternteil bleibt in der Einrichtung.

Schlussphase Das Hinlegen und Wachwerden wurden vom Elternteil begleitet, ein bewusstes Verabschieden gelingt. Der Elternteil verlässt die Einrichtung, ist aber erreichbar. Individuell wird besprochen, welche Zeiten für das Kind ausreichend sind. Wenn das Kind sich Schritt für Schritt dem Rhythmus der Kita anpassen kann und die Erzieherin als sichere Basis akzeptiert wird, ist die Eingewöhnung erfolgreich abgeschlossen.

Eltern können ihr Kind bei der Eingewöhnung unterstützen, indem sie es nicht unter Zeitdruck setzen und regelmäßige Bring- und Abholsituationen geschaffen werden, die dem Kind einen strukturierten Tagesablauf ermöglichen. Übergangs-objekte wie Schnuller, Schmusetuch oder Kuscheltier sind erwünscht und helfen dem Kind beim Übergang. Ein »Wandertagebuch« (Krippe) dient dem Informa-tionsaustausch über die Grundbedürfnisse des Kindes zwischen den Eltern und der Erzieherin. Es ist eine Ergänzung für eine offene Kommunikation.

Zielsetzung Ziel der individuellen Eingewöhnung ist es, dem Kind die neue Si-tuation zu erleichtern, indem es eine sichere Bindung zu neuen Bezugspersonen in Begleitung eines Elternteils aufbauen kann. Das Kind wird mit seinen Beson-derheiten kennengelernt und behutsam in die Gruppe integriert. Dabei wird ein Grundstein für die vertrauensvolle Zusammenarbeit zwischen den pädagogischen Fachkräften und den Eltern gelegt.

2.6.4 *Entwicklungspsychologie*

Die Entwicklungspsychologie beschäftigt sich mit den Veränderungen im mensch-lichen Verhalten und Erleben. Der Grundsatz der Entwicklungspsychologie lautet:

Eindruck schafft Erleben, und Erleben führt zum Ausdruck in Form von Mimik (Blick und Mundbewegungen), Gestik (Zeigen mit den Händen und Fingern), der ersten Wörter und später der Annäherung an das Lesen und Schreiben als die Kernkompetenzen und grund-legenden Kulturtechniken.

In den ersten sechs Lebensjahren erleben wir gerade im zentralen und basalen Bereich der Sprache eine rasante Entwicklung. Wir nehmen bestimmte Entwick-lungsmodelle an, die durch die genetische Anlage und die Umwelt weitgehend bestimmt werden, und einzelne Entwicklungsstufen – insbesondere bei der Ent-wicklung der Sprache. Der Spracherwerb ist eingebunden in emotionale, körperli-che, soziale, kognitive, interaktive und kommunikative Entwicklungen und basale Sinnesleistungen, wie z. B. das Hören und Sehen. So braucht das Neugeborene viel Zuneigung und Zuwendung der Mutter oder einer Pflegeperson. Dies ist eine le-bensnotwendige Phase in den ersten Tagen, Wochen und Monaten. Jetzt werden bereits Signale aus der Umwelt aufgenommen und verarbeitet: Die soziale Inter-aktion wird in Gang gesetzt, die rhythmische Stimulation, wie z. B. das Schau-keln und Wiegen, kann bereits beruhigen, das Gesicht und die Körpersprache der Mutter werden bewusst registriert, und die Stimme der Mutter spielt eine wichtige Rolle. Diese Zuwendung ist für das Kind und die Entwicklung der Sprache unbe-dingt notwendig.

Über das Schreien und Lallen im ersten Lebensjahr gelangt das Kind in der Regel vor dem ersten Geburtstag zum ersten Wort. Jetzt nehmen die Länge und Komplexität der sprachlichen Äußerungen zu: Zweiwortsätze, dann Dreiwortsätze. Der Spracherwerb folgt damit weitgehend einem universellen Plan des Gehirns sowie einem innengesteuerten Muster, wie etwa das Laufenlernen (Rossmann 1996, S. 80). Mit 16 Monaten verfügt das Kind über etwa zehn verständlich gesprochene Wörter, mit 18 Monaten über 20 Wörter, und mit etwa 21 Monaten erleben wir eine Beschleunigung des aktiven Wortschatzes von 50 neuen Wörtern. Am Ende des zweiten Lebensjahres werden 200 Wörter beherrscht, verstanden und gesprochen. Zweijährige bilden auch in der Regel Zweiwortsätze mit Subjekt und Verb (z. B. »Ball schießt«), Objekt und Verb (z. B. »Puppe haben«) oder Subjekt und Objekt (z. B. »Papa Auto«) (Rossmann 1996, S. 81). Das passive Sprachverständnis ist immer größer als das aktive und die ersten Sprachproduktionen. Kinder verstehen im Lauf des zweiten und des dritten Lebensjahres längere und komplexere sprachliche Äußerungen von Erwachsenen, als sie selbst produzieren und als wir annehmen. Die zwei- und dreijährigen Kinder verstehen durchaus die Umgangssprache, obwohl sie selbst nur in Zweitwort- oder vielleicht Dreiwortsätzen sprechen. Die Kinder verstehen Wörter, die sie selbst noch nie gesprochen und gehört haben. In Bezug auf die Sprachentwicklung erleben wir jedoch große individuelle Unterschiede zwischen den einzelnen Kindern, den Geschlechtern und innerhalb der sozialen Milieus, in denen die Kinder aufwachsen.

Die Sprachentwicklung schreitet in den ersten Lebensjahren unaufhaltsam und in der Regel ohne größere Probleme voran. Zum einen entwickelt sich rasant die Grammatik, und zum Zweiten bildet sich der Wortschatz schnell aus. So sprechen Zweijährige Zweiwortsätze, mit zweieinhalb Jahren sprechen die Kinder die ersten Dreiwortsätze, und mit dreieinhalb bis vier Jahren bilden die Kinder erste korrekte und teilweise grammatikalisch komplexe Sätze. Mit fünf Jahren sprechen die Kinder längere Sätze, können Wünsche und Gedanken formulieren, Fragen stellen, teilweise Antworten liefern und sogar selbst Begründungen abgeben. Was die Entwicklung des Wortschatzes angeht, so kann die folgende Tabelle in Anlehnung an die Untersuchungen von Bendict (1979) und Rossmann (1996, S. 95) weiterhelfen. Dabei wird die schnelle und rasante Entwicklung deutlich; doch handelt es sich hier um durchaus realistische Annäherungswerte.

10 bis 12 Monate	Einige wenige Worte
16 bis 18 Monate	20 Worte
21 Monate	50 Worte
24 Monate	200 Worte
36 Monate	300 Worte
48 Monate	400 Worte
Fünfjährige	500
Einschulungsalter	Bis zu 2 500 Worte

Tab. 6: Entwicklung des Wortschatzes

Ein gebildeter Mensch in unserer heutigen Lern- und Wissensgesellschaft benutzt im aktiven Wortschatz etwa 20 000 bis 25 000 Wörter in seiner eigenen Muttersprache. Dabei kann in den ersten Monaten und Jahren durchaus noch gezählt werden, im weiteren Verlauf jedoch sind wir auf Schätzungen von Expert/innen angewiesen.

2.6.5 Lernforschung

Lernen ist ein zentraler Grundbegriff der heutigen Lern- und Wissensgesellschaft und gleichzeitig ein genuin menschlicher Wesens- und Charakterzug. Lernen meint die Änderung des eigenen Verhaltens aufgrund von Interaktionen mit der Umwelt. Kontakte zu anderen Kindern, Beziehungen und Freundschaften zu anderen erwachsenen Menschen sind der wahre Nährboden für den Spracherwerb. Sprache erfolgt in sozialen Bezügen. Dabei versetzt das Lernen das Gehirn in Aktion und hinterlässt seine Spuren; wir sprechen bei erfolgreichen Lernvorgängen von »nachhaltigem Lernen«.

Dabei werden zwei Arten des Lernens unterschieden: zum einen Lernen als Verhaltensänderung durch Aneignung und kumulatives Ansammeln von Wissen und zum anderen als Verhaltensänderung aufgrund von Interaktionen mit der belebten und unbelebten Umwelt des Kindes. Das Lernen hat in der Diskussion der letzten zehn Jahre an Gewicht und Bedeutsamkeit gewonnen. In seiner großen und weltweit bekannten Studie hat der Neuseeländer John Hattie (2011) Faktoren herausgearbeitet, die das Lernen des Kindes positiv beeinflussen können. Er unterscheidet diejenigen Faktoren, die außerhalb der Bildungseinrichtung liegen, und solche, die innerhalb der Einrichtung liegen. Für die Vorhersage des erfolgreichen Lernens sind demnach das vorhandene Wissen sowie die kognitiven Grundfähigkeiten des Kindes von Bedeutung. Großen Einfluss auf das erfolgreiche Lernen in einer Einrichtung haben die pädagogischen Fachkräfte. Von der Kompetenz der Fachkraft hängt es ab, ob die Kinder ihre Potenziale und Möglichkeiten voll ausschöpfen können. Dabei sind das professionelle Feedback und das reziproke Lernen zu nennen.

Die Kinder brauchen zum einen eine direkte Rückmeldung über das eigene Lernen, und zum anderen sollten sie mit anderen Kindern oder ihren Eltern über die Sache, das Thema, den Gegenstand sprechen und diskutieren. Die Kinder sollten den Erzieher/innen den Lernvorgang sprachlich erklären; dann wird deutlich, dass sie den Lerngegenstand verstanden haben. Doch was schadet dem Lernen des Kindes?

1. überzogener und erhöhter Medienkonsum von mehreren Stunden pro Tag (z. B. der mehrstündige tägliche Fernsehkonsum). Hier wird empfohlen: Ein dreijähriges Kind sollte maximal 30 Minuten, ein vierjähriges 40 Minuten, ein fünfjähriges 50 Minuten fernsehen (www.schau-hin.info).
2. Ungesunde Ernährung, wenig Bewegung an der frischen Luft, keine Zeit für Muße, Nichtstun und Faulenzen sowie wenig Schlaf, Krankheiten oder Allergien behindern die Lernleistung und ebenso die Gedächtnisfunktionen, die für das Abspeichern und Behalten von Wissen unbedingt erforderlich sind.
3. wenig kompetente und engagierte Fachkräfte mit wenig Empathie und zu wenig Bildungszeit in den Krippen und Kitas.

Beim Lernen als aktivem Vorgang können folgende Lernformen unterschieden werden, wobei es durchaus fließende Übergänge und Überschneidungen gibt: das spielerische Lernen, das entdeckende Lernen, das ganzheitliche Lernen, das selbstgesteuerte Lernen, das kreative Lernen, das kognitive Lernen, das abstrakte Lernen, das frühe Lernen, das lebenslange Lernen.

2.6.6 Zur Mehrsprachigkeit

Kinder erwerben zunächst ohne große Mühe und besonderes Zutun durch die Fachkräfte ihre Muttersprache. Wenn ein Kind jedoch nach Deutschland zugewandert ist und die deutsche Sprache als Zweitsprache erlernen muss, dann haben wir es mit einer besonderen Herausforderung zu tun, die im Bereich des Kindes liegt, wie z. B. der Motivation, die deutsche Sprache zu erlernen, und den Rahmenbedingungen, unter denen gelernt werden muss. Es macht einen signifikanten Unterschied, ob ein Kind täglich die Krippe oder Kita besucht und durch den Kontakt mit deutschen Kindern die Sprache erwirbt oder ob ein Kind in der Familie betreut und erzogen wird. Die sprechenden Vorbilder innerhalb der eigenen Familie, die sozialen Zugänge in der Freizeit zu anderen Kindern und erwachsenen Gesprächspartnern und die vielseitigen Angebote durch Bilderbuchbetrachten und dialogisches Vorlesen können das Erlernen der Zweitsprache beflügeln oder aber auch erheblich behindern. Ebenso spielen die soziale Herkunft der Familie bzw. der Eltern, das Bildungsniveau, der Schulabschluss der Eltern, die Erwerbstätigkeit sowie die wirtschaftlichen und finanziellen Verhältnisse der Familie beim Erwerb von Deutsch als Zweitsprache eine ganz entscheidende Rolle. Hier kann durch die Veränderungder Rahmenbedingungen, wie z.B. den Rechtsanspruch auf einen Krippen- und Kita-Platz, die Chancengerechtigkeit verbessert werden.

Der moderne EU-Bürger sollte nach Auffassung der Europäischen Union ein mehrsprachiger Bürger sein, d.h. die Einsprachigkeit ist die Ausnahme, und die Mehrsprachigkeit sollte künftig die Regel sein. Dazu können auch die Versuche der bilingualen Erziehung in den Kitas einen wesentlichen Beitrag leisten, sofern es zu einer besseren inhaltlichen und konzeptionellen Abstimmung zwischen den einzelnen Kitas untereinander und zwischen den Kitas und den Schulen kommt. Hier gibt es weiterhin großen Diskussionsbedarf. Soll der Kindergarten vorrangig die Muttersprache des Kindes und Deutsch als Zweitsprache fördern, oder soll er gleichzeitig oder zeitlich versetzt die bilinguale Erziehung mit Muttersprachler/innen in der Kita anbieten? Eine schwierige Frage, die von der Leitung und vom pädagogischen Team zu treffen ist. Die geografische Lage der Kita (z.B. in einer grenznahen Region zu einem anderen europäischen Land), das Einzugsgebiet (z.B. Stadt oder Land) und die Elternschaft sind hier wichtige Aspekte, die gegeneinander abzuwägen und auszuloten sind. Fest steht, dass im Gehirn des Kindes gleichzeitig für mehrere Sprachen Platz ist, sofern die personellen (Personalschlüssel und Qualifikation des Personals), die sachlichen (Materialien und Medien), räumlichen (geeignete schallgeschützte Förderräume mit der Möglichkeit zur Hörerziehung) und die konzeptionellen Rahmenbedingungen (in sich schlüssiges und abgestimmtes Konzept der Sprachbildung) stimmig sind.

2.6.7 Wirkungsforschung

Die Wirkung der durchgeführten Sprachbildung und Leseförderung, d.h. die nachhaltige und längere Zeit andauernde Wirkung, wurde lange nicht wissenschaftlich begleitet und erforscht. Daher gibt es erst seit einigen Jahren Evaluationsstudien, die die kompensatorischen Effekte der Sprachförderung untersucht haben. In Baden-Württemberg wurde das über fast ein Jahrzehnt durchgeführte Programm

»Sag mal was – Sprachförderung für Vorschulkinder« durch die Pädagogischen Hochschulen in Weingarten und Heidelberg untersucht. Teilweise werden interindividuelle, spärliche Fortschritte auch bei Kindern mit Migrationshintergrund dokumentiert, andererseits wird eine gewisse Förderresistenz diagnostiziert. Immer wieder wird darauf aufmerksam gemacht, dass die soziale Herkunft der Kinder die größte Varianzaufklärung bietet und die Förderung über mehrere Jahre Effekte zeigen kann. Häufig kommt der Hinweis, dass vor überzogenen Erwartungen gewarnt werden soll. Die geförderten Kinder profitieren durchaus von der Förderung, es kommt aber nicht zu einer ausreichenden Kompensation der vorliegenden Defizite.

So kann die vorschulische Sprachförderung in der Kita insbesondere die Kinder aus sozialen Brennpunkten und mit Migrationshintergrund nicht vor Bildungsbrüchen, Zurückstellung bei der Einschulung, Klassenwiederholung und Überweisung in die Förderschulen schützen. Die Qualität der Bildungseinrichtung Kita und die Kompetenzen des Fachpersonals sind entscheidende Faktoren für eine erfolgreiche und nachhaltige Wirkung der Sprachförderung. Aus dem bisher Dargestellten und dem Studium der zugehörigen Wirkungsforschung der letzten Jahre sollten wir folgende Überlegungen ernst nehmen:

- *Zeit:* Sprachbildung braucht mehr Zeit als bisher angenommen; wir brauchen bei Kindern mit deutscher Muttersprache mindestens zwei bis drei Jahre vor der Einschulung, um nachweisbare Effekte zu erzielen.
- *Implementierung:* Wir sollten eine in die pädagogische Konzeption der Kita implementierte Sprachbildung und Schriftaneignung anbieten, die »rund um die Uhr« angeboten und von den Fachkräften praktiziert wird.
- *Kontinuierliche Weiterführung:* Bei Kindern mit Migrationshintergrund reicht in der Regel die Kita-Zeit nicht aus, um alle Probleme mit Sprache und Schrift zu meistern. Diese Kinder brauchen gerade in den ersten zwei Grundschuljahren eine kontinuierliche Fortsetzung der eingeleiteten Aktivitäten.
- *Familie:* Grundsätzlich wissen wir aus den großen amerikanischen Vorschulstudien der 60er-Jahre des 20. Jahrhunderts, dass die nachhaltige Wirkung und Qualität der sprachlichen und kognitiven Entwicklung in ganz entscheidendem Maße abhängig sind von der Mitarbeit der Eltern bzw. der Familie und der direkten Einbindung des sozialen Umfeldes in die Bildungsmaßnahmen.

2.6.8 Konzept zur Aneignung von Sprache und Schrift

Die pädagogischen Fachkräfte brauchen in der Kita ein solides, praktikables und zeitlich ökonomisches Konzept, um den Kindern das notwendige Wissen, bestimmte Inhalte und Themen zu vermitteln. Diese didaktisch-methodische Strategie soll die Vermittlung erleichtern, aber auch gleichzeitig die Fachkräfte im Alltag entlasten.

Die kindliche Aneignung von Sprache und Schrift wird nach dem russischen Psychologen und Pädagogen Pjotr J. Galperin (1967) in drei Phasen beschrieben. Für die pädagogischen Fachkräfte ergibt sich hinsichtlich der Planung und Durchführung folgender Handlungsablauf:

1. *Die Phase der Orientierung* am Bildungsplan des jeweiligen Bundeslandes, an der pädagogischen Konzeption der Einrichtung und am im Team vertretenen Leitbild vom Kind. Hier stellt sich die Frage: Wo will ich eigentlich hin? Das Kind ist von Geburt an auf die Sprache hin angelegt und will so schnell wie möglich Sprache und später Schrift erwerben. Das Kind orientiert sich zunächst an der gesprochenen Sprache der Mutter, des Vaters und später an den Normen der Erzieher/innen in der Kita. Von daher ist es wichtig, dass die Erzieher/innen die Standardsprache sprechen. Die erstellte pädagogische Konzeption ist der rote Faden für die praktische Arbeit in der Gruppe.

2. *Die Phase der Bildungsaktivitäten* betrachtet den konkreten Gebrauch der Sprache des Kindes in der Kita und die Entdeckungsmöglichkeiten der Schrift im Alltag. Hier stellt sich die Frage: Welche Prozesse muss ich in Gang bringen? Die eigentliche Handlung in der Gruppe sind der Gebrauch der Sprache bzw. der Gebrauch mehrerer Sprachen, das tägliche Sprechen im Alltag, die konkrete Tätigkeit des Kindes im direkten Umgang mit anderen Menschen. Das Kind benutzt Signale, Wörter, halbe und in Ansätzen bereits vollständige Sätze, um eigene Gedanken, Vorstellungen und Wünsche zu äußern und damit seine Welt aufzubauen. Die Sprache ist für das Kind sein persönliches Werkzeug, mit dem es sich in der Welt zurechtfindet und seine Neugier befriedigen kann.

3. *Die Phase der Kontrolle* versteht sich als die schriftliche und transparente Dokumentation der Entwicklungsfortschritte des Kindes im Portfolio und in der Entwicklungsakte. Hier stellt sich die Frage: Was hat das alles gebracht? Die Sprache des Kindes wird zum einen durch die Eltern als die wichtigsten Bezugspersonen und später durch sein eigenes Überwachungssystem, das Sprachgefühl, überwacht und gesteuert. Durch das externe Feedback von Eltern, Geschwistern, Freunden, Bekannten und der Erzieherin wird die Sprache immer wieder verbessert, an die Standardsprache herangeführt, gesteuert und positiv verändert. Ebenso können die frühen Leseversuche und die ersten Schreibaktivitäten beobachtet und entsprechend eingeordnet werden.

Diese drei Phasen können der pädagogischen Fachkraft bei der gedanklichen Strukturierung der geplanten Bildungsmaßnahme, der Vorbesprechung und Vorbereitung der geplanten Bildungsprozesse im Team und im Gespräch mit den Eltern eine wichtige Hilfe sein. Sie dienen gleichzeitig der Kontrolle der eigenen

Arbeit und liefern eine für alle pädagogisch Verantwortlichen wichtige und notwendige Transparenz.

2.7   Zusammenfassung

Die »geballte« Kompetenz der pädagogischen Fachkräfte prägt die pädagogische Arbeit mit den Kindern. Dabei sind die folgenden Aspekte von Bedeutung:

- Die pädagogische Haltung gegenüber einer neuen Sprach- und Schriftkultur im Elementarbereich muss bewusst nach außen getragen werden.
- das systematische Grundlagenwissen über die Sprache und die Schrift, über Zusammenhänge, Unterschiede und Wechselwirkungen. Weiterhin sind organisatorische, logistische und juristische Kenntnisse notwendig, um eine optimale Qualität der pädagogischen Arbeit in den Kitas zu erreichen.
- die neuesten wissenschaftlichen Erkenntnisse zur Diagnostik, hier als Analyse bezeichnet, und die empirischen Befunde, wie z. B. der enge Zusammenhang zwischen sozialer Herkunft und Bildungserfolg
- fachdidaktisches Wissen über die Analyse der Lernvoraussetzungen und die abgestimmte pädagogische Gestaltung und Dokumentation der notwendigen Bildungsaktivitäten des Kindes. Es geht zum einen um die positive Begleitung der Sprachentwicklung aller Kinder im Sinn Wilhelm von Humboldts und zum anderen um die Unterstützung bestimmter Kinder mit spezifischen Sprachförderbedürfnissen, wie z. B. behinderter Kinder, von Kindern aus bildungsfernen und sozial schwachen Familien oder Kindern mit Migrationshintergrund.
- Eingehende pädagogische Erfahrungen mit den Kleinen in der Krippe, den Drei- bis Sechsjährigen im Kindergarten und den Vorschulkindern sind eine gute Grundlage für die Beobachtung der Kinder und die Auswahl der pädagogischen Inhalte.
- die Erkenntnis, dass die Eltern bzw. die Familie die wichtigsten Expert/innen ihrer Kinder sind. Daher erhalten die Familien- und Elternbildung ein neues Gewicht für die Arbeit in der Kita. Ebenso sollten wir den Sozialraum der Kita mit der spezifischen Infrastruktur sowie die Lebenswelt der Kinder besser kennen und in die Sprachbildung und Schriftaneignung einbinden.

Erst die Zusammenführung der genannten Aspekte führt zur »geballten Kompetenz« der pädagogischen Fachkräfte und damit zu einer guten pädagogischen Qualität in der Kita, die insbesondere durch die Vorbildfunktion, die pädagogische Liebe und Zuwendung gekennzeichnet ist.

Evaluationsbogen

Träger, Leitung und Team arbeiten konstruktiv zusammen, die Arbeitsinhalte sind für alle transparent.

☐ trifft zu
☐ trifft teilweise zu
☐ trifft nicht zu

Träger und Leitung sind sich ihrer Verantwortung gegenüber der Einrichtung bewusst und erfüllen ihre Aufgaben.

☐ tr fft zu
☐ tr fft teilweise zu
☐ trifft nicht zu

Die drei Qualitätsebenen »Orientierung«, »Struktur« und »Prozessqualität« sind in unsrer Einrichtung erkennbar.

☐ trifft zu
☐ trifft teilweise zu
☐ trifft nicht zu

Was verstehe ich unter Didaktik?

_____

_____

Die gesetzlichen Grundlagen, die in diesem Kapitel aufgeführt worden sind, sind mir und meinem Team bekannt.

☐ trifft zu
☐ trifft teilweise zu
☐ trifft nicht zu

In unsrer Einrichtung existieren bereits Schweigepflichtentbindungen, die die Arbeit in multiprofessionellen Teams erleichtern.

☐ t ifft zu
☐ t ifft teilweise zu
☐ t ifft nicht zu

Mindestens fünf der Kriterien, die eine erfolgreiche Teamentwicklung garantieren, treffen auf unser Team zu.

☐ trifft zu
☐ trifft teilweise zu
☐ trifft nicht zu

Gewöhnen wir in der Kindertagestätte nach einem Eingewöhnungsmodell ein, das auf wissenschaftlichen Erkenntnissen beruht?

_____

_____

Welche Auswirkung haben die Kenntnisse über Kommunikation auf meine pädagogische Arbeit?

_____

_____

Welche Auswirkungen könnten die vorgestellten Forschungsergebnisse auf meine pädagogisch inhaltliche Arbeit haben (z. B. im Hinblick auf Eingewöhnung, Bilingualität, Medienkompetenz)?

_____

_____

3.   Lebenswelt Kita und Familie

Leitbild

Die Lebenswelt ist die Welt, in der das Kind lebt, spielt, lernt, aufwächst, betreut, gebildet und erzogen wird. In und durch die Lebenswelt des Kindes werden kulturelle Werte, soziale und sittliche Normen und Rollenvorstellungen vermittelt und beigebracht.

Das sprachliche Verhalten eines Kindes ist immer das Produkt von Person und Umfeld. Daher sind die Einblicke in die Lebenswelt der Kita und die Lebenswelt der Familie ganz besonders wichtig. Dabei spielen die Bezugspersonen des Kindes, seine Freunde und Bekannte, die entscheidende Rolle.

Selbstversuch: Info-Test

Was weiß ich über den Sozialraum der Kita und die Lebenswelt der Familie?

- ☐ Brainstorming!
- ☐ Keine Namen angeben!
- ☐ Einfach nur nachdenken und aufschreiben!

1. Was bedeutet Sozialraum der Kita?

_____

_____

2. Manche Kitas sind auf dem Weg zu einem Familienzentrum. Macht das Sinn?

_____

_____

3. Bringen die Zusammenarbeit und Vernetzung mit anderen Institutionen (z. B. der Schule, der Gemeinde) mehr Dynamik und Vorteile für die pädagogische Arbeit?

_____

_____

4. Welches Leitbild wird in unserer Einrichtung umgesetzt?

_____

_____

5. Wie erkläre ich den engen Zusammenhang zwischen der sozialen Herkunft des Kindes und seiner Sprache?

_____

_____

6. Hat die soziale Herkunft des Kindes Auswirkungen auf seine sprachlichen Kompetenzen?

_____

_____

7. Wie kann ich konkret die Entwicklungspotenziale des Kindes in Zusammenarbeit mit der Familie bzw. den Eltern positiv beeinflussen?

_____

_____

Abb. 1: Kinderzeichnung

3.1 Zur Lebenswelt des Kindes

Die Lebenswelt des Kindes versteht sich als die Welt, in der das Kind zum jeweiligen Zeitpunkt lebt/wohnt, seine Familie, Verwandte, Bekannte und Freunde hat. Hier eignet es sich – zumeist unbewusst – die notwendigen Kompetenzen und das Wissen über seine Lebenswelt an. Die Lebenswelt des Kindes ist sehr individuell und unterscheidet sich erheblich von den Lebenswelten anderer Kinder. Die Sprache benötigt stets einen Kontext, damit sie gesprochen und verstanden werden kann. Hinsichtlich der Sprachkultur können folgende größere Bereiche der Lebenswelt des Kindes unterschieden werden:

- *der private Bereich des Kindes:* Familie, Geschwister, Verwandte, Bekannte, Freunde, Kinderzimmer; hier erfolgen die ersten sozialen Kontakte und Freundschaften. Die Familie ist die erste und wichtigste Lern- und Bildungsstätte des Kindes.
- *der Wohnbereich als täglicher Aufenthaltsort:* Wohnung, Haus, Straße, Nachbarschaft, Wohnbezirk, Stadtviertel, Geschäfte mit den vielfältigen Einkaufsmöglichkeiten
- *der Freizeitbereich mit den Freizeitaktivitäten:* Spielplatz, Vereine, informelle Gruppen wie Spielenachmittag, kulturelle Angebote wie Theater, Musik, Kunst und der Umgang mit den vielfältigen Medien, insbesondere Fernsehen, Handy und Computer
- *der Bildungsbereich als institutioneller Bereich:* Krippe, Kindergarten und Schule; hier laufen die ersten systematisch angeleiteten Bildungsaktivitäten ab.

Mit dem Eintritt in die Kinderkrippe oder Kita begibt sich das Kind in eine neue Kulturform und damit auch in eine neue Sprachkultur. Hier erlebt es neue Interaktionsformen und Kommunikationsstrukturen. Die pädagogische Fachkraft sollte daher genau hinschauen und beobachten, aus welcher Familie das Kind kommt. Die Eltern müssen ebenso genau hinschauen, um zu sehen, was das Kind in der Kita erwartet.Die Familiensprache und die Kitasprache unterscheiden sich meistens (Kühn 2013, S. 28).

Neue Medien Die Digitalisierung unseres Lebens schreitet unaufhaltsam voran; diese Entwicklungen haben entscheidenden Einfluss auf das zwischenmenschliche Verhalten der heranwachsenden Kinder, auf ihr Kommunikationsverhalten und damit auf das Lernen, die Bildung und die Entwicklung des einzelnen Kindes. Die Neuen Medien durchsetzen in allen Alltagssituationen unser Leben. Wir telefonieren permanent in allen Lebenslagen, wir fotografieren, was uns wichtig und interessant erscheint, wir senden uns ständig Textnachrichten und E-Mails, wir entwickeln neue soziale Netzwerke, wir beschaffen uns über den Computer

Wissen, wir schlagen Begriffe nach, wir gestalten Präsentationen und vieles mehr. Bereits im Kindergarten müssen wir erkennen, dass vieles auch in natürlicher Form möglich ist: das Schreiben mit der Hand, das Vorlesen aus einem Buch, das gemeinsame Besprechen eines Bilderbuchs, das Gespräch zu zweit oder in einer kleinen Gruppe, das Malen von Bildern und das Fertigen einfacher Skizzen mit Bleistift und Papier. Die neuen virtuellen Welten bieten uns nicht nur Chancen und eröffnen neue Möglichkeiten, sie beinhalten auch Gefahren und haben nicht unwesentliche Nebenwirkungen. Darauf, wie man diesen begegnet, sollte bereits im pädagogischen Team und in der praktischen Arbeit des Alltags hingearbeitet werden (Gummert 2014).

Dennoch gibt es in fast allen Bundesländern Kitas, die keinen Computer haben und ebenso nicht wenige pädagogische Fachkräfte, die ohne einen PC ihre tägliche Arbeit planen, umsetzen, modifizieren, kontrollieren und handschriftlich dokumentieren. In vielen Familien gehört jedoch der Computer, das Tablet oder der Laptop zum Alltag. Die Eltern brauchen konkrete Hilfestellungen, wie sie mit den neuen Medien umgehen sollen und wie sie ihre Kinder an die (Neuen) Medien heranführen sollen.

3.2   Zusammenhang von Lebenswelt und Sprache

Im Folgenden soll die Bedeutung der Lebenswelt für die kindliche Entwicklung im Allgemeinen und für die Entwicklung der Sprache im Besonderen herausgearbeitet werden. Zunächst können wir davon ausgehen, dass das neugeborene Kind nur unzulänglich auf die neue Welt bzw. Umwelt vorbereitet ist. Das Kind braucht geeignete soziokulturelle Rahmenbedingungen. Zu den wichtigsten dieser Rahmenbedingungen gehört ein besonderes soziales Umfeld, aus dem heraus es seine Lebensfähigkeit entfalten und entwickeln kann. Für den neugeborenen Menschen besteht sein soziales Umfeld anfangs aus einem kleinen Kreis von Personen, die sich um ihn kümmern, sowie aus deren Lebensumständen. Die um das Kind gruppierten Bezugspersonen bilden ein vielschichtiges Beziehungsnetz mit unterschiedlichen Lebensanschauungen und erprobten Umgangsformen. Dieses Beziehungsnetz ist eingebunden in andere umfassendere soziale Netzwerke und mit ihnen verflochten. Diese sozialen Netzwerke sind nicht zu trennen von den jeweiligen Lebensumständen, in die sie eingebettet sind.

Die Lebenswelt des Kindes besteht aus der Familie, den ersten und frühen Kindergemeinschaften, den lockeren und von der Familie arrangierten Spielgemeinschaften, den ersten Freundschaftsbeziehungen, den Kontakten und Beziehungen in der Krippe, in der Kita und in der Grundschule. Es geht um alle im Umfeld des Kindes agierenden Personen, die Verantwortung für das Wohlbefinden des

Kindes und seine Persönlichkeitsstärkung tragen, und um alle Vereine, wie z. B. den Sport- oder Musikverein. Das soziale Umfeld eines Kindes wird insbesondere von den Lebens- und Arbeitsbedingungen, vom Einkommensniveau und vom Bildungshintergrund der Eltern und von der Familiensituation sowie der Zugehörigkeit zu einzelnen Gemeinschaften geprägt. All diese Faktoren beeinflussen die Gesundheit nicht unerheblich. Die großen Unterschiede im Bildungsstand der Bevölkerung sind unter anderem auf die sehr unterschiedlichen sozialen Umfelder in den einzelnen Bundesländern zurückzuführen. Auch hinsichtlich der Sprachkompetenzen lassen sich erhebliche Unterschiede feststellen.

Das soziale Umfeld des Kindes ist die Welt, in der es zum jeweiligen Zeitpunkt lebt, spielt, wohnt und aufwächst; dies kann sich beim Umzug innerhalb eines Bundeslandes oder Deutschlands oder auch beim Zuzug aus einem anderen Land sehr schnell ändern. Dabei können wir positive und negative Rahmenbedingungen im direkten und mittelbaren Umfeld des Kindes ausmachen. Man spricht auch von »individuellen Lebenslagen«, ja Risikolagen, in denen sich das Kind vorübergehend oder aber auch immer befindet. So gilt es, die negativen Bedingungen zu identifizieren und auszuschalten. Bei der Entwicklung der Sprache sind solche negative Bedingungen beispielsweise keine oder unzureichende Sprachvorbilder. Daneben gilt es, die positiven Voraussetzungen weiter zu fördern und auszubauen – zum Wohl des Kindes. Positive Bedingungen beim Spracherwerb sind etwa geeignete Vorbilder und passende Verstärker in der Familie oder in der Kita. Vorrang hat immer das Kindeswohl als Maßstab jeglichen Handelns.

Die Umgebungssprache des Kindes ist die Sprache, die in der unmittelbaren Umgebung des Kindes gesprochen wird. Sprechen die zugewanderten Kinder weder die Herkunftssprache bzw. Muttersprache (z. B. Polnisch, Russisch oder Türkisch) korrekt und verständlich noch die deutsche Sprache als Zweitsprache, dann sprechen die Wissenschaftler/innen von »Halbsprachigkeit«. Dadurch kommt es zu massiven Problemen in der täglichen Kommunikation mit anderen Kindern und Erwachsenen. Das soziale Umfeld ist ein geeigneter Nährboden und gleichzeitig ein wichtiger Verstärker, um die Erstsprache sowie eine Zweit- und Drittsprache zu erwerben. Je größer das soziale Netz mit vielfältigen und intensiven Beziehungen, umso leichter können die Sprachen erlernt werden. Sprache zu erlernen ist ein äußerst aktives Geschäft – je mehr und häufiger man eine Sprache im Alltag spricht, umso besser kann man sie erlernen und verwenden. Hier eignen sich die Familienmitglieder, Verwandte, Bekannte, Freunde, Spielgruppen und Vereine bestens, um die Sprache gut und schnell zur Entfaltung zu bringen. Daher sind Muttersprachler in Krippe, Kita und Schule bestens geeignet, um die Kinder beim Erwerb einer neuen Sprache zu unterstützen. Die Lebenswelt des Kindes hat sich in den vergangenen Jahren erheblich verändert; in diesem Zusammenhang werden die Begriffe Lebensfeld, Lebensraum oder Lebensstätte synonym gebraucht. Die Lebenswelt versteht sich als das soziale Feld, die Wirklichkeit, in der das Kind zum jeweiligen Zeitpunkt lebt bzw. bis dahin gelebt hat (z. B. bei zugewanderten Kindern aus anderen Herkunftsländern, Sprachgemeinschaften und Kulturräumen). Dabei spielen in erster Linie die Familie, die Nachbarschaft, der Wohnbezirk und der Stadtteil eine herausragende Rolle. Weiterhin sind es soziale Gruppen, in denen das Kind lebt, wie z. B. in freien oder organisierten Spielnachmittagen und Freizeitgemeinschaften oder in Vereinen. Schließlich betrifft es natürlich auch die Systeme und Einrichtungen der außerfamiliären Betreuung, wie z. B. die Krippe, die Kita, die Tagesbetreuung (in welcher Form auch immer) und die Schule.

In diesem Zusammenhang werden auch die Begriffe »Lebensraum«, »Lebensstätte«, »Lebenswelt« und »Alltagswelt« verwendet. Es ist jedoch nicht eindeutig, wie die einzelnen Begriffe voneinander abzugrenzen sind – deshalb werden wir uns hier auch dieser Problematik nicht zuwenden (Deutscher Verein für öffentliche und private Fürsorge e. V. 2010, S. 561). Der lebensweltbezogene Ansatz versucht, die Lebenswelt wissenschaftlich zu beschreiben, zu erklären und wertvolle Hinweise für die Praxis zu liefern.

Dazu, dass wir die Lebenswelt, in der das Kind lebt/wohnt, spielt, lernt und in die Kita geht, besser verstehen und künftig noch mehr Möglichkeiten erhalten, diese Lebenswelt positiv zu gestalten, kann die passende Netzwerk- und Öffentlichkeitsarbeit einen wichtigen Beitrag leisten.

3.2.1 Netzwerkarbeit und Öffentlichkeitsarbeit

Netzwerkarbeit und Öffentlichkeitsarbeit stehen in einem engen Zusammenhang bzw. bedingen sie sich gegenseitig. Netzwerkarbeit führt dazu, dass die eigene Arbeit einer gewissen Öffentlichkeit transparent gemacht wird; die Öffentlichkeitsarbeit führt in der Regel zu neuen Netzwerken. Beide Arbeitsformen können dafür genutzt werden, die Arbeit und Qualität einer Kindertagesstätte transparent zu machen und zu verbessern. Eine kurze Vorstellung beider Arbeitsformen folgt an dieser Stelle.

Netzwerkarbeit Bezogen auf Institutionen ist mit dem Begriff »Netzwerk« die Verbindung und Kooperation mit anderen Institutionen gemeint. Die Netzwerkverbindungen einer Kindertagesstätte sind für ein ganzheitliches pädagogisches und professionelles Arbeiten unerlässlich. Ein Beispiel hierfür ist, dass ein kontinuierlicher Austausch mit Expert/innen, wie Psycholog/innen, Ergotherapeut/innen und Logopäd/innen, für Kinder mit Entwicklungsverzögerungen oder Behinderungen geschaffen wird, um deren Entwicklungspotenziale optimal zu unterstützen. Eine gelungene Kooperation zwischen Kindergarten und Grundschule ermöglicht Kindern einen sanften Übergang von einer Bildungsinstitution zur folgenden. Viele Netzwerkkontakte ermöglichen einen breit gefächerten Informationsaustausch und schaffen verschiedene Perspektiven auf Situationen und Menschen. Grundsätzlich sollte ein Netzwerk gepflegt und an seinen eigenen Zielen gemessen werden. Darüber hinaus sollte es einen kritischen Blick auf die eigene Arbeit gewährleisten (Weltzien 2006/2010, S. 87). Als Beispiel eines Netzwerks dient das folgende Schaubild:

Schaubild des Netzwerkes der Evangelischen Kindertagesstätte Saarlouis

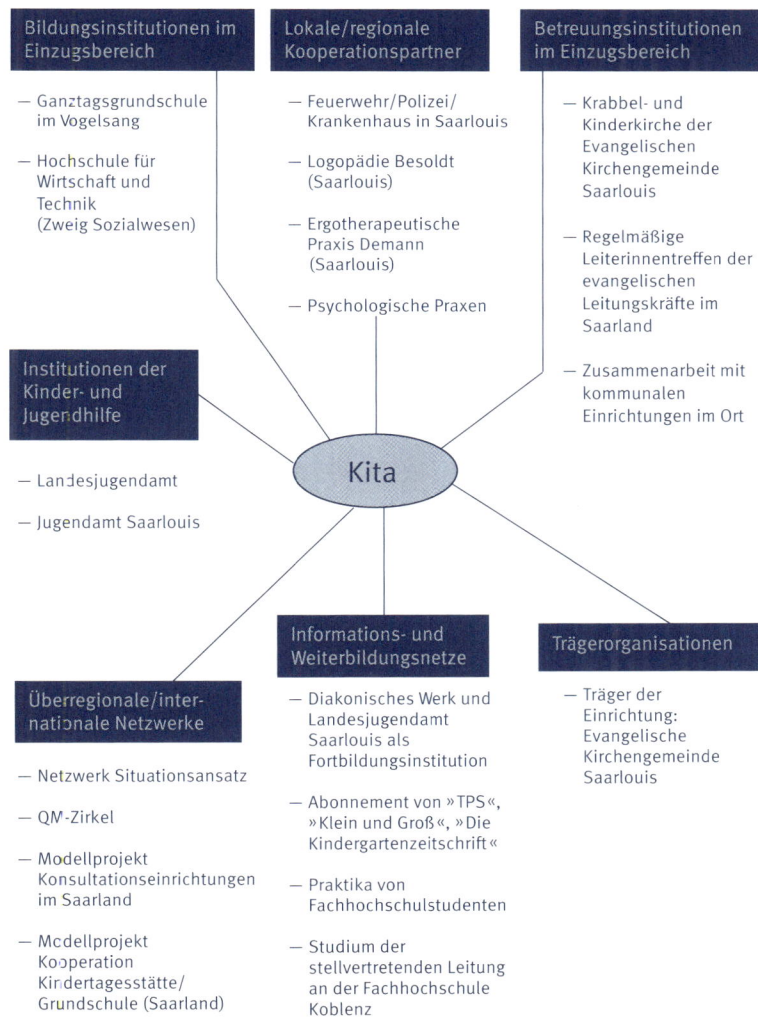

Abb. 2: Netzwerkarbeit der evangelischen Kindertagesstätten

Insbesondere für Kinder, die in ihren Bildungschancen benachteiligt sind, ist es wichtig, dass es neben der Kindertagestätte noch weitere Institutionen gibt, die die Entwicklung des Kindes positiv beeinflussen und die Eltern bei ihrem Erziehungsauftrag unterstützen können.

Öffentlichkeitsarbeit Demografischer Wandel, Ausbau von Krippenplätzen und aktuelle bildungspolitische Diskussionen stellen Bildungsinstitutionen wie Kindertagesstätten vor veränderte Anforderungen. Es ist notwendig geworden, eine Kindertagesstätte am Markt zu positionieren und Qualitätsstandards in der Öffentlichkeit transparent zu machen.

Doch wie kann eine effektive Öffentlichkeitsarbeit von Kindertagesstätten aussehen? Zunächst ist hierzu das Entwickeln eines Leitbildes notwendig, das die Qualität der Einrichtung klar definiert. Das pädagogische Team ist in der Verantwortung, dieses gemeinsam zu entwickeln. Das Leitbild muss deutlich machen, was die besondere Qualität dieser Einrichtung ist, welche Werte vertreten werden und wie diese Standards und Werte erkennbar sind. Welche pädagogischen Standards in der frühkindlichen Bildung verlangen wissenschaftliche Erkenntnisse, und wie kann ich beides miteinander verbinden?

Ist ein Leitbild entwickelt, sollte es für die Öffentlichkeit transparent gemacht werden. Hierbei kann mit verschiedenen Instrumenten gearbeitet werden. Eine Website, die die Einrichtung mit ihren Besonderheiten vorstellt, ist eine Möglichkeit. Wichtig ist hierbei, dass die Website in regelmäßigen Abständen aktualisiert wird. Die Leitung der Einrichtung sollte immer über fachöffentliche Diskussionen im frühkindlichen Bildungsbereich informiert sein und nach Möglichkeit eigene Standpunkte in der Öffentlichkeit vertreten.

Die Konzeption sollte als fertiges Manuskript in der Einrichtung vorliegen. Zu empfehlen ist ein Kurzkonzept, das interessierten Eltern jederzeit mitgegeben werden kann. Wird nach einem bestimmten Eingewöhnungsmodell gearbeitet, ist es sinnvoll, dies in der Kurzkonzeption zu erläutern oder sogar einen eigenen Flyer zur Eingewöhnung zu entwickeln. Das ist das Thema, das die neuen Eltern besonders interessiert.

Die Art und Weise, wie Eltern über die inhaltliche Arbeit im Kindergarten informiert werden, ist eine Form von Öffentlichkeitsarbeit. Verschiedene Fachzeitschriften bieten Möglichkeiten, die eigene Arbeit vorzustellen oder zu gewissen Themen Stellung zu beziehen. Es gibt noch viele andere Möglichkeiten, die Einrichtung wirkungsvoll einer breiten Öffentlichkeit zu präsentieren.

Beide Arbeitsformen, die Öffentlichkeitsarbeit und die Netzwerkarbeit, können und sollten dafür genutzt werden, die Einrichtung Kindertagesstätte am Markt zu positionieren und Alleinstellungsmerkmale hervorzuheben.

3.3   Lebenswelt Familie

Leitbild zur Familie
Die Familie ist der früheste, natürlichste und wichtigste Lern- und Bildungsort. Wir müssen die Familien in ihrer Verantwortungsbereitschaft stärken und die fehlenden Ressourcen bereitstellen, um die nötigen Kompetenzen zu erlangen. Wir sollten die Eltern und Familien bei der Entwicklung und Förderung ihrer Kinder begleiten und unterstützen.

Selbstversuch: Info-Test

1. Was ist eine Familie und welche Bedeutung hat sie für das Kind und seine Bildung?

2. Welche Formen des familiären Zusammenlebens sind in der Kita und speziell in meiner Gruppe vertreten?

3. Sind in meiner Gruppe mehr Kinder mit deutschen oder ausländischen Familien?

4. Welche Sprache wird in der Familie gesprochen? Bei deutschen Kindern Dialekt oder Hochsprache, bei ausländischen Kindern die Muttersprache oder Deutsch?

5. Welches Bildungsniveau bzw. welchen Schulabschluss bringen die Eltern mit?

6. Sind die Eltern zu einer engen Zusammenarbeit mit mir zeitlich fähig und auch wirklich bereit?

3.3.1 Soziale Herkunft und sprachliche Bildung

Der Zusammenhang zwischen der sozialen Herkunft des Kindes, dem allgemeinen Bildungszuwachs und natürlich insbesondere der Sprachentwicklung ist ganz eng. Die erste PISA-Studie aus dem Jahr 2001 hat auf diesen Zusammenhang hingewiesen. Viele weitere Studien und Forscher/innen haben diesen Befund immer wieder bestätigt.

Der Bildungsforscher Hans-Peter Blossfeld geht sogar so weit, dass er die soziale Herkunft zu den hartnäckigsten Prädiktoren des Bildungserfolgs zählt (Deißner 2013, S. 12). Der Einfluss der Herkunft hat sich seit den 1960er-Jahren trotz vielfacher politischer und gesellschaftlicher Bildungsanstrengungen nur sehr geringfügig reduziert. Andere Einflussgrößen, wie z. B. das Geschlecht, die Religion oder die Region, haben sich in dieser Wechselwirkung zum Positiven hin verändert. Das führt gerade in der Krippe und in der Kita dazu, dass wir tagtäglich mit einer Bildungsungleichheit und Bildungsungerechtigkeit zu tun haben.

Der Soziologe Boudon (1974) hat zwischen primären und sekundären Herkunftseffekten unterschieden. Dabei wirken sich zwei Mechanismen beim Einfluss der sozialen Herkunft auf die Bildungschancen eines Kindes aus.

Zum einen sind es die kulturellen Unterschiede in und zwischen den Familien, differenzierte schulische Unterstützungsangebote und Hilfen durch die Eltern, milieuspezifische Sozialisationsprozesse und die unterschiedliche genetische Begabung. Daher haben die Kinder aus den unteren sozialen Schichten weniger Förderungsmöglichkeiten als solche, deren Familien einen höheren Sozialstatus und ein höheres Bildungsniveau aufweisen. Diesen engen Zusammenhang bezeichnet Boudon als primären Herkunftseffekt (Deißner 2013, S. 44).

Zum anderen wirkt ein sekundärer Herkunftseffekt, der darauf hinweist, dass in Abhängigkeit vom sozialen Hintergrund und Bildungsniveau Familien Kosten und Nutzen höherer Schulzweige unterschiedlich einschätzen und bewerten. Familien haben stets ein hohes Interesse daran, den eigenen sozialen Status zu erhalten. Daher sind Familien mit einem höheren Sozialstatus bestrebt, ihren Kindern die bestmögliche Bildung und Schulbildung zu vermitteln, um einen Statusverlust zu vermeiden. Eltern mit niedrigerer Bildung schätzen die Bedeutung einer höheren oder akademischen Bildung niedriger ein, da sie selbst diese Schulform nicht kennen (Deißner 2013, S. 44).

Wir können im Alltag davon ausgehen, dass ein Kind, das in einer sozial schwachen und wirtschaftlich belasteten Familie aufwächst, nicht die gleichen Bildungschancen hat (z. B. Besuch eines Gymnasiums) wie ein vergleichbares Kind aus der Mittel- oder Oberschicht. Hier sollte die frühkindliche Bildung immer wieder darauf hinweisen und die kompensatorische Sprachbildung in den Fokus ihrer pädagogischen Anstrengungen legen. Dabei finden wir durchaus in den (deutschen und zugewanderten) Familien der niedrigeren Bildungsschichten einen gewissen Bildungsehrgeiz und Aufstiegsambitionen (»Mein Kind soll es einmal besser haben als ich!«). Allerdings wissen wir, dass der Aufstieg im Hinblick auf Bildung und Sprache für Kinder, die in einem Milieu aufwachsen, in dem Bildung wenig zählt, sie keine oder nur geringe Unterstützung und Hilfe erleben und die Eltern mit dem Schulsystem nicht vertraut sind und Investitionen in die Bildung scheuen, sehr schwierig ist. Schon beim Schuleintritt haben diese Kinder oft erhebliche soziale, sprachliche und kognitive Nachteile.

Die soziale Herkunft als ein einerseits externer und andererseits zufälliger Faktor sollte nicht über die Bildung, die Sprache, die Talente und Neigungen eines Kindes entscheiden. Die große Gefahr besteht darin, dass sozial Benachteiligte über Generationen hinweg nicht nur generell benachteiligt sind, sondern sich selbst auch nach einiger Zeit als solches verstehen und erleben. So gesehen werden die sozialen Machtverhältnisse in einer Großgruppe oder Gesellschaft nicht nur durch die materielle und finanzielle Ungleichheit stabilisiert und weitergegeben, sondern auch durch die Verinnerlichung der eigenen soziale Rolle (Deißner 2013, S. 17). Die Möglichkeiten der Veränderung sind sehr begrenzt – dennoch sollten wir die geringen Chancen auch in der täglichen Kita-Arbeit sehen, erkennen und entsprechend nutzen. Möglichkeiten für praktische Interventionen sind:

1. Eltern auf Augenhöhe partnerschaftlich ansprechen und informieren; dazu gehört, Informationen in den entsprechenden Sprachen herauszugeben (Eltern können als Dolmetscher fungieren).
2. Eltern für das Mitmachen an der sprachlichen Bildung gewinnen, indem wir sie als Expert/innen ihrer eigenen Kinder betrachten.
3. Risikoscheue und bildungsferne Familien durch entsprechende Unterstützungsangebote sprachlicher und finanzieller Art (Anreizsysteme) für die sprachliche Bildung ermutigen.

Die Schichtzugehörigkeit und das Bildungsniveau der Eltern spielen eine wesentliche Rolle. Kinder, deren Eltern einen akademischen Abschluss haben, erreichen oft einen höheren Schulabschluss und Bildungserfolg als Kinder, deren Eltern keinen Hochschulabschluss aufweisen. Dies wird damit erklärt, dass die Kinder akademischer Eltern über einen Mehrwert an Kultur, Sprachkompetenz, ökonomischem Kapital, Sozialkompetenz und Bildungsniveau verfügen als nicht akademisierte Eltern. Kinder aus sozial vernachlässigten und bildungsfernen Familien haben bereits vor ihrer Geburt schlechtere Startbedingungen als andere Kinder. Wir wissen heute aus Studien, dass Kinder aus bildungsfernen Familien seltener in die Kita gehen, weiterhin im späteren Lebensalter, d. h. erst mit vier oder gar erst fünf Jahren und meist nicht in Vollzeit, sondern maximal vier Stunden pro Tag. Wir wissen aber auch aus Langzeitstudien, dass gerade diese Kinder von einem frühen Kita-Besuch und einer frühen Bildung, insbesondere der Sprachbildung und Leseförderung, profitieren würden.

Ein weiterer Befund zeigt auf, dass hier eine Reihe von Benachteiligungen auf die Kinder einströmt und sich negativ auf ihre Entwicklung auswirken kann. Gerade die Eltern aus sozial schlechter gestellten Migrantenfamilien sprechen mit ihren Kindern zumeist nicht so viel und intensiv und darüber hinaus häufig auch kein Deutsch. Die Familienpolitik muss ihre Zielsetzungen verändern und zwar dahin gehend, dass neben der wirtschaftlichen Stabilität und Vereinbarkeit von Familie und Beruf die Förderung und Bildung von Kindern ganz oben auf der täglichen Agenda stehen. Eltern sind die Expert/innen für ihre Kinder – unabhängig von ihrer sozialen Herkunft.

- Viele Eltern, besonders junge Familien, sind, wenn ihre Kinder in die Krippe oder den Kindergarten eintreten, in ihrer Elternrolle noch ganz neu. Die Praxiserfahrung zeigt, dass diese Eltern oft eine große Verunsicherung in Erziehungsfragen zeigen. Dabei spielen viele unterschiedliche Faktoren eine Rolle. Zum einen führen die großen Bildungsdiskussionen der letzten zehn Jahre zu Verunsicherungen: »Wie und wo kann mein Kind seine Talente am besten entwickeln, um später auf dem immer anspruchsvolleren Arbeitsmarkt zu bestehen?«
- »Welche Anforderung stellt eine multikulturelle Gesellschaft?«
- »Wie lernt mein Kind einen kompetenten Umgang mit Medien?«
- »Was bedeutet eigentlich bilinguales Aufwachsen, was muss ich berücksichtigen?«

Die Kindertagesstätte ist eine Anlaufstelle, um solche Themen aufzugreifen und sich beraten zu lassen. Eltern wünschen sich häufig Hilfe und Beratung für ihren Erziehungsalltag. Diese kann durch das pädagogische Personal der Kita allerdings nur bedingt zur Verfügung gestellt werden. Zum einen hat das mit zeitlichen Ressourcen zu tun, zum anderen mit der Ausbildung der pädagogischen Fachkräfte.

Es verlangt ein großes Maß an Professionalität des Fachpersonals, die eigenen Grenzen zu erkennen und gegebenenfalls weitere Expert/innen bei der Elternberatung einzubeziehen. Gleichzeitig ist es dringend notwendig, Fachkräfte für die Zukunft mit entsprechendem Wissen und Handwerkszeug auszurüsten, um den Anforderungen in der Zusammenarbeit mit den Eltern gerecht werden zu können.

Auch hier sind die Haltung und das Bild von den Eltern der entscheidende Punkt. Eltern müssen, egal aus welchen Kulturen, Bildungsgeschichten oder Lebenslagen sie stammen, als Expert/innen für ihre Kinder erkannt und anerkannt werden. Dabei muss deutlich unterschieden werden zwischen pädagogischem Fachwissen, über das die Mitarbeiter einer Kindertagesstätte verfügen, und dem spezialisierten Expertenwissen der Eltern über ihre Kinder. Denn jede Familie und jedes Kind ist individuell verschieden. Das Kind erfährt in seiner Familie die primäre und nachhaltigste soziale Prägung. Um also die Handlungsweisen des Kindes verstehen und nachvollziehen zu können, ist es wichtig, die Familie, ihre Lebenslage, ihre Einstellungen und Haltungen zu kennen. Jede Familie muss in ihrer Besonderheit angenommen werden. Erst nachdem dieses Annehmen auch für die Familien transparent ist, kann im gegebenen Fall mit Beratung begonnen werden. Diese sollte immer die Lebenslage der Familie im Fokus haben. Besonders bei Familien mit anderem kulturellem und ethnischem Hintergrund gilt es, als pädagogische Fachkraft die eigenen Werte zunächst außen vor zu lassen und sich auf die Lebenssituation der Familie einzulassen.

Welche Werte, Ziele, Herausforderungen hat die jeweilige Familie? Wie kann man die Entwicklung des Kindes gemeinsam positiv begleiten? Wichtig ist zunächst, den kleinsten gemeinsamen Nenner zu finden, um so ein gemeinsames Konzept für die Zusammenarbeit zu entwickeln. Ein vorurteilsfreies Denken und Handeln sind hier gefragt. Besonders beim Vorhandensein von Sprachbarrieren müssen Wege der offenen Kommunikation gefunden werden.

Eltern und Erzieher/innen – im Idealfall alle Akteur/innen, die die Entwicklung des Kindes begleiten – sollten zusammenarbeiten, auch wenn Erziehungsziele voneinander abweichen. Genau hier ist die pädagogische Professionalität gefragt, um einen gemeinsamen Weg zu finden (http://www.familienbildung.de/elternberaterin/index.php).

3.3.2 *Familie als soziales Feld*

Die Familie zeigt sich uns als soziales Feld heute in verschiedenen Facetten und Formen und damit auch in sehr multiplen, vielfältigen Interaktionen und Kommunikationsstrategien. Weitere soziologische Felder sind die Kita, der Freizeitbereich und die Schule. Daraus ergeben sich vielfältige Fragen: Wie sind die Beziehungen aufeinander abgestimmt? Wie ist die Dosierung der sozialen Kontakte und welche Spannungen und Konflikte müssen die Kinder in der Familie aushalten? Dabei sollten bereits im Vorfeld geeignete Fragen an die Familienmitglieder gestellt werden, was ihre Haltungen und Einstellungen gegenüber anderen Mitgliedern angeht. So können die sozialen Netzwerke der Familie dokumentiert und nachgezeichnet und damit die Position des Kindes in der Familie bestimmt werden. Hier spielen gerade in Migrantenfamilien sprachliche, kulturelle und vor allem religiöse Momente eine entscheidende Rolle.

Die pädagogische Fachkraft muss die sozialen Beziehungen der Kinder untereinander kennen, und so können bewusste und unbewusste Macht- und Gewaltpositionen, soziale Rollenmuster sowie Sympathiestrukturen herausgearbeitet werden. Die Einteilung der Kinder in Kleingruppen im Rahmen der Förderung – und hier speziell der sprachlichen Bildung – sollte folgende Aspekte berücksichtigen:

1. *Anzahl der Kinder:* Die ideale Größe der Kleingruppe zur sprachlichen Bildung liegt erfahrungsgemäß bei fünf Kindern, die sich im kleinen Sitzkreis um die pädagogische Fachkraft gruppieren; Blickkontakte sind wichtig, Körperkontakte beim Begrüßen und Sprechen sind notwendig, ebenso das Sitzen auf einer Ebene bzw. in Augenhöhe.

2. *Altersspanne der Gruppe:* Der Altersunterschied der Kleingruppe, die sprachlich gefördert werden soll, kann zwischen zwei Jahren pendeln, damit auch die Perspektive und sprachliche Empathie, d. h., die Position des Gegenübers zu verstehen und entsprechend sprachlich zu reagieren, eingenommen werden können.

3. *Geschlecht:* Aus der Erfahrung heraus und aus vielen empirischen Studien wissen wir, dass die Jungen einen höheren Förderbedarf haben als die Mädchen. Bei Sprachstörungen, wie z. B. Stammeln, Stottern und Poltern, ist ein Verhältnis von 3:1 zwischen Jungen und Mädchen zu registrieren. Daher wird eine Mischung der Geschlechter vorgeschlagen.

4. *Individuelle Sprachkompetenzen:* Die Sprache ist ein sehr wichtiges Instrument der Persönlichkeitsentwicklung, des Denkens, der sozialen Interaktionen mit anderen Kindern und der zwischenmenschlichen Kommunikation in der Familie und der Kita-Gruppe. Dabei steht zunächst die Muttersprache im Vordergrund der sprachlichen Bildung. Wichtig ist auch die Kenntnis darüber, wer mit den Kindern zu Hause spricht und welche Sprachform benutzt wird: Hochsprache, Dialekte oder Umgangssprache; bei zugewanderten Kindern ist es oft die Herkunftssprache, also die Muttersprache. Es ist für die weitere Entwicklung des Kindes günstig, wenn sowohl die Muttersprache als auch die Herkunftssprache gefördert werden. Darüber hinaus sollte in der Kita Deutsch als Bildungssprache gesprochen werden, um vielfältige Vorbilder zu präsentieren und geeignete Sprachangebote zu machen. Wichtig ist auch die Kenntnis darüber, welche Sprache in der natürlichen Umgebung – Umgebungssprache genannt – am Nachmittag und im Freizeitbereich gesprochen wird.

5. *Intellektuelle Befähigung:* Die Intelligenz eines Kindes ist eine wichtige Basis und Plattform der weiteren Förderung, insbesondere der sprachlichen Bildung. Wir können keinen engen Kausalzusammenhang zwischen der Intelligenz und der sprachlichen Kompetenz feststellen, doch gibt es Hinweise, dass die intellektuelle Befähigung im Rahmen der sprachlichen Bildung eine Rolle spielt. So können geeignete Sprachanregungen und Impulse gesetzt werden, ohne das Kind zu unterfordern oder zu überfordern. Es geht um die Motivation und das Interesse an Sprache, aber auch um die individuell abgestimmte Dosierung und Passung zwischen den Angeboten und um die Leistungsmöglichkeiten im Denken und in der Sprache.

6. *Bildungsniveau der Eltern:* Erwerbstätigkeit und Bildungsniveau der Eltern stehen in einem ähnlichen engen Verhältnis und Zusammenhang wie die soziale Herkunft der Familie und Eltern und die schulischen Bildungschancen der Kinder. Wir müssen alles Mögliche daransetzen, damit wir die Bildungschancen der sozial schwachen und materiell benachteiligten Kinder ebenso wie die der Kinder aus Familien mit Migrationshintergrund sehen, die Kinder und deren Familien erkennen, mit ihnen ins Gespräch kommen und dann die notwendigen Bildungsmaßnahmen einleiten. Die bildungsfernen Eltern brauchen bei der Erziehung und Bildung ihrer Kinder unsere Hilfe und Unterstützung.

3.3.3 Identifikation der familiären Risikolagen

Ein erster Blick auf die familiäre Situation und das direkte Umfeld, in dem das Kind lebt, reicht meistens schon aus, um einen ersten groben Überblick über die Familiensituation zu erhalten:

- emotional-soziale Risikolage, d. h. kein Elternteil oder nur ein Elternteil ist erwerbstätig, und dadurch können emotionale Spannungen zwischen den Eltern und den Kindern und soziale Konflikte in der Familie auftreten, d. h. es »knallt« in verschiedenen Stresssituationen, oder die Familie besteht den familiären »Stresstest« nicht. Das persönliche Wohlbefinden aller Familienmitglieder sollte im Lot sein.
- kulturell-intellektuelle Risikolage, d. h. kein Elternteil verfügt über einen mittleren oder höheren Bildungs- bzw. Ausbildungsabschluss, und den Kindern wird eine anregungsreiche Umwelt, wie z. B. das regelmäßige Bilderbuchbetrachten, das gemeinsame Vorlesen, Singen usw., vorenthalten.
- wirtschaftlich-materielle Risikolage, d. h. das finanzielle Einkommen der Familie liegt unter der berechneten und statistischen Armutsgrenze, und dadurch sind materielle Entbehrungen die Folge, die sich im Freizeitbereich (z. B. Vereinsmitgliedschaft in Sportvereinen, Kino- oder Theaterbesuch, Klassenfahrt oder sonstige kulturelle Veranstaltungen) negativ für die Kinder auswirken können.

Solche Risikolagen können isoliert, zumeist aber im Bündel, zu Beeinträchtigungen der kindlichen Entwicklung führen und damit auch den Spracherwerb und die Sprachentwicklung treffen. Wir sollten daher bereits in der Familie die wichtigen Informationen verbreiten und Vertrauen schaffen, damit die betroffenen Eltern und die gesamte Familie als Frühwarnsystem funktionieren und wichtige Hinweise zur Gefährdung der kindlichen Entwicklung geben. Hoch belastete Familien zeichnen sich durch das Vorhandensein mehrerer Verursachungsmomente aus und sind aus eigener Kraft nicht in der Lage, sich aus diesen Situationen zu befreien. Zur Unterstützungbenötigen wir aber gezielte Hinweise auf die Bedingungen, unter denen das betroffene Kind aufwächst. Hierzu gibt es verschiedene Fragebögen und Skalen, wie z. B. die »Heidelberger Belastungs-Skala«, die folgende drei Bereiche abdeckt:

1. *Kind:* Es geht um die individuellen Entwicklungsvoraussetzungen, den sprachlichen Entwicklungsstand mit möglichen biologischen und psychosozialen Risikofaktoren sowie die erlebten Migrationserfahrungen im sprachlichen und sozialen Bereich.
2. *Eltern:* Im Mittelpunkt stehen hier die elterlichen Kompetenzen in den Bereichen der Erziehung, Bildung und Sprachförderung (z. B. der elterliche Erziehungsstil, die praktizierten Sanktionen in der Familie, die genutzten Kommunikationsstile und der aktuelle tägliche Sprachgebrauch).
3. *Beziehungen:* Es handelt sich um die tatsächlichen Eltern-Kind-Interaktionen in der Familie, mit den Geschwistern, den Freunden, den Bekannten, den Verwandten und den Bezugspersonen in der Freizeit, wie z. B. ehrenamtlichen Übungsleitern und Trainern in den Sportvereinen wie Fußball, Turnen oder Handball.

3.3.4 *Instrumente zur Identifikation*

Generell können wir drei Instrumente einsetzen, um belastbare Daten zur familiären Situation zu erhalten:

- *Fremdeinschätzung durch Dritte:* Gemeint ist hier der gezielte Einsatz von Expert/innen, wie z. B. des Pädagogen als geschulten Beobachters, des intervenierenden Psychologen, des untersuchenden Haus- bzw. Kinder- oder Hals-Nasen-Ohrenarztes.
- *mündliche und schriftliche Auskunft:* Darunter verstehen wir die fachkundige und sehr persönliche Auskunft durch die betroffenen Eltern als Experten ihres eigenen Kindes anhand von Fragebögen und standardisierten Interviews.
- *Einschätzung durch externe Expert/innen:* Darunter subsumieren wir pädagogische (Erzieher/innen und Lehrer/innen), sozialpädagogische (Sozialarbeiter/innen und Sozialpädagog/innen), psychologische (Kinder- und Schulpsycholog/innen) und medizinische Fachkräfte (Facharzt/innen), die Interaktionen in standardisierten und videografierten Untersuchungssituationen beobachten, dokumentieren, analysieren und bewerten (»Keiner fällt durchs Netz« 2011).

Im Rahmen verschiedener Studien der frühkindlichen Erziehung und Entwicklung wurden fünf Bereiche im Hinblick auf Langzeitfolgen hinsichtlich der Gesundheit, der sprachlichen Entwicklung und der sozialen Eingliederung in die Gesellschaft identifiziert (Staach 2007). Diese fünf Bereiche sind auch ein Hilfsmittel, um die persönliche, soziale und wirtschaftliche Situation der zugewanderten Eltern und der Familie zu durchleuchten:

Belastungen der Eltern
- frühzeitige Gründung einer Familie oder familienähnlichen Partnerschaft
- minderjährige und überforderte Mütter
- Depressionen, Ängste, Süchte der Mütter und/oder Väter
- Überforderung der Mutter in Sachen häusliche Pflege, Erziehung und Bildung
- Störungen der Beziehungen und Kontakte innerhalb der Familienmitglieder
- Nichtakzeptanz von Normen, Werten und Tugenden wie Pünktlichkeit, Genauigkeit, Verantwortungsbewusstsein

Belastungen des Klein- und Vorschulkindes
- Auffälligkeiten im Verhalten wie Aufmerksamkeitsdefizitprobleme, Störungen beim Sprechen oder gar Behinderungen in der geistigen Entwicklung (einzeln oder in Kombination)
- Frühgeburt oder sonstige Probleme rund um die Geburt
- hohe Anfälligkeit für Krankheiten oder chronische Erkrankungen wie Neurodermitis, Asthma oder Stimmstörungen

Belastungen der Familie
- Ein-Eltern-Familien
- großer Altersabstand zwischen den Kindern (zumeist größer als zwei Jahre)
- chronische Erkrankungen innerhalb der Familie
- permanente Konflikte und Streitereien in der Familie:
  - Scheidung oder Trennungen
  - Gewaltanwendung der Eltern untereinander oder im Umgang mit den Kindern

Soziale Belastungen
- dissoziales Umfeld, umgangssprachlich auch asoziales Umfeld genannt
- geringe soziale Integrationsfähigkeit und Motivation, sich ein- und unterzuordnen
- umfangreicher Migrationshintergrund und unterschiedliche Migrationserfahrungen

Witschaftlich-ökonomische Belastungen
- Arbeitslosigkeit bei Alleinerziehenden und bei beiden Elternteilen führt zu finanziellen Engpässen und damit zu familiären Konflikten und Stresssituationen.

- Wohnraumenge führt zu persönlichen, sozialen, emotionalen Belastungen, die Auswirkungen auf die weitere soziale und sprachliche Entwicklung haben.
- Finanzielle Nöte und Sorgen führen zu Ungleichheiten beim Besuch der Krippe, des Kindergartens und später der Schule, weil finanzielle Engpässe den Bildungsgang erschweren.

3.4   Interkulturelle Familienbildung

Familien mit Migrationshintergrund befinden sich oft in schwierigen Lebenslagen und haben meist Probleme mit sich selbst, mit und in ihren Familien, aber auch und insbesondere mit den Bildungseinrichtungen Krippe, Kita und Schule. Zumeist ist es für diese Familien, »die erste Institution, zu der sie intensive und tägliche Kontakte haben« (Kuyumc 2010, S. 35). Oft durchschauen sie nicht die komplexen und komplizierten Strukturen und sind nicht in der Lage, das »Beste« für ihr Kind »herauszuholen«, weil ihnen das Wissen und der Durchblick fehlen. Hier müssen die Krippen und Kitas Angebote machen, damit die Eltern stärker und intensiver in die Entwicklungsprozesse und Bildungsaktivitäten ihrer Kinder einbezogen werden. Wir müssen die Eltern ernst nehmen, sie als Expert/innen ihrer Kinder betrachten und ihre elterlichen Aufgabenstellungen und Kompetenzen stärken. Eltern haben oft Angst vor Behörden, vor Schulen und auch vor Kitas, weil sie häufig nicht in der Lage sind, die jeweiligen Gesprächspartner zu verstehen und sich sprachlich verständigen zu können.

Doch auch die interkulturelle Pädagogik hält für die Frühpädagog/innen einige Stolperfallen bereit. Oft wird versucht, Beweggründe und unbekanntes Verhalten der ethnischen Herkunft der Familie zuzuschreiben. Dieses Erklärungsmodell begünstigt aber auch Vorurteile. Insbesondere bei Kommunikationsschwierigkeiten und bei Konflikten besteht die Gefahr, als Erstes die Herkunft verantwortlich zu machen. Es ist wichtig, ein Bewusstsein dafür zu entwickeln, dass das ethnische Herkunftsland ein Identitätsmerkmal von vielen ist. Auch hier ist der Blick auf die Individualität jeder Familie ein notwendiges pädagogisches Instrument, um Generalisierungen oder Vorurteilen entgegenzuwirken (Kuyumcu 2010, S. 35).
Ein Beispiel aus der Praxis kann das verdeutlichen:

Die Tochter einer Familie aus dem Irak kommt neu in eine Hortgruppe. Die pädagogische Fachkraft fragt nach der Schwimmerlaubnis, die ihr von der Mutter nicht erteilt wird. Für sie ist sofort klar, dass der muslimische Glaube die Ursache für dieses Verhalten ist. Nach einiger Zeit fragt sie jedoch genauer nach, warum denn das Kind nicht mit zum Schwimmen kommen darf. Die Mutter erklärt, dass die Tochter beim letzten Urlaub beinahe ertrunken wäre und sie nun sehr große Angst um sie habe. Nachdem die Frühpädagogin ihr erklärte, dass die Kinder in der Schwimmgruppe bestens beaufsichtigt sind, erteilte die Mutter die Schwimmerlaubnis (Kuyumcu 2010, S. 36)

Wir sollten neu angekommene Familien aus anderen Ländern willkommen heißen und herzlich in unserer Gesellschaft aufnehmen. Die hier geborenen Eltern der ersten und zweiten Generation sollten wir stärker in die Bildungsprozesse einbinden und ihre mitgebrachten kulturellen, sprachlichen, sozialen und beruflichen Fähigkeiten und Fertigkeiten anerkennen und ihre Vielfalt und Heterogenität schätzen. Hier leisten die Familienzentren in den einzelnen Bundesländern hervorragende Arbeit, indem sie die vielfältigen Beratungs-, Bildungs- und Integrationsangebote vor Ort in den Kommunen, Gemeinden, Stadtvierteln und Städten für deutsche und ausländische Familien koordinieren. Die Familienzentren sind damit eine Stätte der interkulturellen Verzahnung und Kompetenz und leisten einen wertvollen Beitrag zu einer sinnvollen Zusammenarbeit in der von Einwanderung geprägten deutschen Gesellschaft. Immer mehr Kinder unter sechs Jahren haben einen Migrationshintergrund, und die Zahl wird in den kommenden Jahren erheblich ansteigen.

Wir haben künftig in den Kitas und Schulen weniger deutsche Kinder und erheblich mehr Kinder mit Migrationshintergrund: Wir werden bunter und vielfältiger. Daher werden internationale oder interkulturelle Familienzentren künftig mehr als bisher gebraucht und sollten enger mit den Kitas zum Wohl der Kinder zusammenarbeiten. Die Fragen in den Kitas sind auch Fragen, die die Menschen konkret betreffen. Diese Fragen umfassen die gesamte Bandbreite alltäglicher Lebensbewältigung in den verschiedenen Lebensphasen. Gerade im Umgang mit dem Erwerb von Deutsch als Zweitsprache, mit Stress und Konflikten innerhalb der Familie, mit Krankheiten und besonderen Lebenssituationen kann das interkulturelle Familienzentrum wertvolle Hilfe leisten.

3.5   Das Konzept »Family Literacy«

Der »Family Literacy«-Ansatz wurde in den 1980er-Jahren in den USA von Denny Taylor entwickelt. Die Autorin verstand darunter alle sprachlichen und schriftlichen Interaktionen und Kommunikationsmuster, die in der Familie ablaufen. Später setzte sich dieses Konzept in den 1990er-Jahren in Großbritannien und in den letzten zehn bis fünfzehn Jahren unter dem Begriff »Hamburger Projekt Family Literacy« in Deutschland durch. Ausgehend von dem englischsprachigen Begriff »Literacy«, der die Grundfertigkeiten des Lesen und Schreibens umfasst, konzentriert sich dieser generationenübergreifende Ansatz auf die ersten sechs Lebensjahre. Im Einzelnen werden darunter Kompetenzen verstanden wie:

- Text- und Sinnverstehen
- Freude an Büchern und am Lesen
- Aufmerksamkeit und Zuhören
- formale und strukturelle Aspekte der Sprache
- die Fähigkeit zur sprachlichen Abstraktion
- die Fähigkeit, sich auszudrücken.

Das Konzept »Family Literacy« konzentriert sich vor allem auf den Erfahrungsraum der Familie, auf die Eltern und die soziale Gemeinschaft wie die Nachbarschaft, die Wohnbezirke oder die Stadtteile, in denen das Kind lebt und aufwächst. Die aktive Mitwirkung der Eltern ist das A und O dieses Konzepts. Dabei stehen die bereits erwähnten beiden Zielgruppen der (1) deutschen Kinder aus sozialschwachen und bildungsfernen Familien und (2) der zugewanderten Kinder aus Familien mit Migrationshintergrund im Blickpunkt der Förderaktivitäten und Bildungsangebote. Dabei sind zwei bis drei Jahre notwendig, um erste Effekte und Auswirkungen bei den Kindern und Eltern beobachten und messen zu können. Folgende Methoden können den Eltern auf Elternabenden, -nachmittagen oder in einer Elternwerkstatt vermittelt werden:

- *Vorlesen:* Das tägliche Vorlesen ist die beste Methode, um den Wortschatz und die Sprache des Kindes allgemein zu fördern. So kann der Aufbau einer familiären bzw. häuslichen Schrift- und Buchkultur am besten über realistische und handlungsgeprägte Impulse erfolgen.
- *Bilderbuchbetrachten:* Im Anschluss an das tägliche Vorlesen beim Zubettgehen sollte das Betrachten von Bilderbüchern folgen. Diese aus dem Amerikanischen stammende Methode wird Story-Telling-Bag-Methode genannt, weil sie handlungsorientiert mit verschiedenen Materialien die Erzählung oder Geschichte vertieft und damit sprachlich und geistig erweitert. So können mitgebrachte Figuren aus der Tasche geholt werden und das Vorgelesene illustriert und dargestellt werden. Die Figuren und Gegenstände, die die Geschichte illustrieren, können von den Kindern angefasst werden und miteinander in Aktion treten.
- *Rollenspiele:* Es kann zu kleinen Rollenspielen zwischen den Kindern und den Eltern kommen. Dabei kann z. B. das Lieblingsbuch des Kindes szenisch dargestellt werden.
- *Geschichten schreiben:* Eine weitere niedrigschwellige Methode des Heranführens der Kinder an die Schrift ist das Schreiben von Geschichten zu persönlich mitgebrachten Familienfotos. Die Eltern können die Geschichten in Deutsch aufschreiben, aber auch in ihrer Muttersprache, etwa Türkisch, Polnisch oder Russisch. Es entstehen auf diese Art und Weise nach und nach mehrsprachige Minibücher, die von den Eltern am Computer entsprechend gestaltet werden

können. So können die deutschen Kinder auch an die Herkunftssprachen der anderen Kinder herangeführt werden.

- *Sprachbildungskoffer:* Die Idee, einen Sprachförderkoffer für die Eltern bereitzustellen und herzurichten, findet großen Anklang. Dabei werden in einem alten Koffer verschiedene Sprachspiele und Kinderbücher gesammelt, Märchenkassetten bzw. -CDs und Lieder, aber auch Reime und Gedichte aufbewahrt.
- *Erzählsack:* Im Erzählsack befinden sich mehrere Gegenstände, die von den Kindern nacheinander herausgenommen werden sollen. Dabei besteht die Aufforderung, sich zu den Gegenständen eine Geschichte auszudenken. Ablauf: Die Geschichte beginnt mit dem ersten Gegenstand und wird mit jedem weiteren Gegenstand weiterentwickelt und fortgeführt.
- *Zweisprachige Bilderbücher:* Zweisprachige Bilderbücher gehören in jede Leseecke einer Kita. Sie erfüllen zwei Funktionen: Zum einen wird die Muttersprache des Kindes und der Familie geachtet und wertgeschätzt. Zum anderen wird ein Zugang zur deutschen Sprache geschaffen. So werden die Muttersprache des Kindes, seine Herkunftssprache, und Deutsch als zweite Sprache gehört und gesprochen.

3.6   Familiäre Herkunft und Sprache

Die Leipziger Buchmesse 2014 förderte ein wichtiges Ergebnis zutage: Es wird wieder mehr gelesen – in der Kita, in der Schule und in der Familie. 40 Prozent der Jungen und 60 Prozent der Mädchen greifen einmal pro Woche zum Buch. Dies ist ein wichtiger Zwischenschritt, und wir sollten in der Familie und in der Kita diesen Weg weitergehen.

Die Aufgaben der Familie – gerade in der frühen Sozialisation der ersten Lebensjahre – sind für das Kind und seine späteres Lese- und Schreibverhalten sehr prägend und nachhaltig. Die verbreitete Auffassung, die Familie sorge für den Erwerb der gesprochenen Sprache und die Schule für das Lesen- und Schreibenlernen, sind so nicht haltbar und sachlich falsch. Die Grundlagen für das Lesen *und* Schreiben werden in der frühen Kindheit gelegt. Daher hat die Kita in enger Kooperation und Absprache mit den Familien eine wichtige Aufgabe zu bewältigen. Gerade die Familie öffnet den Zugang zur Schrift im motivationalen, emotionalen, sozialen, medialen und kognitiven Bereich. Dies erfolgt durch zahlreiche Formen des Umgangs mit Geschichten, Liedern, Gedichten, durch Erzählen, das interaktive und gemeinsame Betrachten von Bilderbüchern und das Vorlesen in der Familie. All den genannten Medien kommt eine Brückenfunktion zwischen der gesprochenen und der geschriebenen Sprache zu (Garbe/Holle/Jesch 2009, S. 181).

In umfangreichen Studien und Untersuchungen wurden günstige und ungünstige Dynamiken der schichtspezifischen Sozialisation herausgearbeitet. Hier haben wir es mit griffigen und in der Kita gut einsetzbaren Plänen, Handlungsempfehlungen und Mustern zu tun. Wir beschreiben, ohne diskriminierend und wertend zu sein, Normen und Verhaltensmuster verschiedener Familien mit unterschiedlicher Bildungsnähe (Groeben/Schroeder 2004, S. 314).

Die Zuordnung der Familie zu bestimmten Schichten wird von den Soziolog/innen vorgeschlagen, damit wir besser einschätzen, an welchen Stellen wir einwirken können, um die Bildungsmöglichkeiten von Kindern zu verbessern. Dabei spielen die Merkmale »Schulbildung«, »Berufsausbildung«, »Erwerbstätigkeit« und »Einkommen« eine wichtige Rolle. Die zentrale These von Bernstein (1979) lautet: Die soziale Struktur der Arbeiterklasse (»Unterschicht«) und der sogenannten »Mittelschicht« ist so beschaffen, dass sich die sprachlichen Strukturen und der Gebrauch der Sprache erheblich unterscheiden. Hier wird bereits in den Sechziger- und Siebzigerjahren des 20. Jahrhunderts der von PISA aufgedeckte enge Zusammenhang von sozialer Herkunft und Bildung bzw. Sprache aufgezeigt. Dies ist nun eine bildungspolitische Aufgabe. Dabei konzentrieren wir uns hier auf die gesprochene Sprache und das Lesen und Schreiben als die wichtigen Kulturtechniken unserer Zeit.

Wir haben uns in unserem Buch bewusst nicht für die klassische Zuordnung »bildungsfern« und »bildungsnah« entschieden, da dies schnell zu Etikettierung und Vorurteilen führen kann. Trotzdem ist es wichtig, besonders den pädagogischen Fachkräften im Elementarbereich aufzuzeigen, welche Merkmale gehäuft bei Familien auftreten, deren Kinder einen erhöhten Förderbedarf in der Sprachentwicklung und Schriftaneignung zeigen. Im Gegensatz dazu möchten wir auch aufzeigen, wie Familien handeln, deren Kinder in diesem Bereich keine Entwicklungsauffälligkeiten zeigen.

3.6.1 Familien, die wenige Sprach- und Schreibanlässe fördern

In diesen Familien verfügen die Eltern meist selbst über eine geringe Schulbildung. Dies hat häufig Erwerbslosigkeit zur Folge. Außerdem erschwert in vielen Fällen eine sprachliche Barriere die Förderung der Kinder (etwa im Hinblick auf einen Migrationshintergrund). Der Blick für eine gute Sprache und eine frühe Hinführung zum Schrifterwerb ist zumeist nicht gegeben. Ebenso fehlen in diesen Familien geeignete Sprachvorbilder. Es wird nicht viel gelesen, geschrieben und über aktuelle politische Ereignisse gesprochen und diskutiert – oder eben nicht in der deutschen Sprache.

Zur gesprochenen Sprache (Lautsprache, Mündlichkeit) Es wird zumeist eine einfache, wenig komplexe, etwas verkürzte und restringierte Sprache gesprochen. Die Sätze sind meist grammatisch unfertig, und es gibt immer wieder die gleichen sprachlichen Strukturen, die zum Einsatz kommen. Darüber hinaus wird mit Anweisungen und Befehlen kommuniziert und sehr stark die Körpersprache eingesetzt. Der Wortschatz ist oft eher dürftig und wenig differenziert. Die Mundart bzw. die dialektgefärbte Umgangssprache ist sehr verbreitet.

Zur geschriebenen Sprache (Schriftsprache, Schriftlichkeit) Bei der Bereitstellung geeigneter Lese- und Schreibmaterialien orientiert man sich eher am Spaß der Kinder. Dem Kind soll ein Rückzugsraum zum Entspannen angeboten werden. Dabei wird das Lesen und Schreiben als »fremde« und leistungsbesetzte Tätigkeit erlebt, was wiederum auf die eigene Sozialisation zurückzuführen ist. Die Eltern lesen und schreiben selten, sodass das Kind keine direkten Vorbilder in der Familie zur Verfügung hat. Dabei stehen beim Lesen von Zeitungen oder Illustrierten die Unterhaltung und die schnelle Information im Vordergrund. Es gibt auch selten Gespräche mit den Kindern über das Gelesene; die Anschlusskommunikation entfällt meistens.

3.6.2 Familien, die viele Sprach- und Schreibanlässe initiieren

Hier haben wir es zumeist mit gut ausgebildeten, im Erwerbsleben stehenden Eltern zu tun, die einem hohen Anspruch an die Sprachkompetenz und Kulturtechniken ihrer Kinder haben. Sie nehmen sich die Zeit, ihren Kindern geeignete Bücher zu beschaffen, aus Büchern vorzulesen, mit ihnen über das im Fernsehen Gesehene zu sprechen, gemeinsam Bilderbücher zu betrachten und über Alltagsprobleme zu diskutieren. Sprache und Schrift spielen in diesen Familien ein wichtige Rolle und werden von den Eltern zumeist auch entsprechend vorgelebt.

Gesprochene Sprache Es wird großen Wert auf die zwischenmenschliche Kommunikation gelegt. Es wird erzählt, diskutiert, gesungen und über Alltagsprobleme in der Familie gesprochen. Dies wird von Bernstein zunächst als formaler Code und später als elaborierter Code bezeichnet, d. h., der passive und der aktive Wortschatz sind umfangreich und differenziert, die Aussprache ist meist korrekt und der Hochsprache angenähert, und die Sätze sind länger und komplexer. Wir haben es in diesen Familien mit verfeinerten und ausdifferenzierten sprachlichen Strukturen und Mustern zu tun. Die Hochsprache wird angestrebt und in vielen Fällen auch als Familiensprache gesprochen.

Geschriebene Sprache Die Familie als die erste und wichtigste Bildungsinstanz begreift es als ihre Aufgabe, das Vorlesen früh anzubieten und in Ritualen im All- tag zu implementieren; das Lesen durch eigene Vorbildsituationen interessant und bedeutsam zu machen. Ebenso wird in diesen Familien viel geschrieben, es ist z. B. üblich, beim Einkauf einen Einkaufszettel zu schreiben, einen Terminplaner anzulegen oder einen Brief handschriftlich zu verfassen. Auch werden am Com- puter oder mit dem Tablet privat oder auch beruflich größere Texte gelesen und geschrieben.

Die genannte Differenzierung zweier Gruppen von Familien lässt die Vermu- tung entstehen, dass hier in und mit zwei Kategorien und entsprechenden Selek- tionsmechanismen gearbeitet wird. Die Zuordnung zu einer Familie, einer fami- lienähnlichen Lebensgemeinschaft oder anderen Formen des Zusammenlebens wird in vielen Fällen nicht gelingen. Dennoch ist das Nachdenken über die jeweils sehr individuelle Lebenssituation der Kinder und Familien ein wichtiger Aspekt der notwendigen Förderung und Bildung. Es geht nicht um soziale Diskriminie- rung, Etikettierung oder Abstempelung, sondern um eine Hilfestellung für die praktische Arbeit in den Kitas.

3.7   Zusammenfassung

Dieses Kapitel verdeutlicht, dass die Lebenswelt des Kindes sich aus verschiedenen sozialen Alltagssituationen und Milieus zusammensetzt, die die Bildung, insbeson- dere auch die Sprachbildung des Kindes, erheblich beeinflussen. Die Familie als erste und prägendste soziale Instanz spielt hierbei die größte Rolle. In Deutschland ist die Bildungsbiografie eines Kindes noch ganz entscheidend von seiner Her- kunftsfamilie abhängig. Diese Tatsache kann sowohl von primären als auch von sekundären Herkunftseffekten abhängen. Umso wichtiger ist eine konstruktive Zusammenarbeit der pädagogischen Fachkräfte mit Eltern aus dem bildungsfer- neren Milieu.

Der Beratungsbedarf bei diesen Familien ist oft so groß, dass ihn die Einrich- tung allein nicht abdecken kann. Hier sind gute Netzwerkverbindungen mit an- deren Institutionen und Expert/innen gefragt. Eine gute Öffentlichkeitsarbeit sollte die Problemlage solcher Familien verdeutlichen. In der Familie müssen die Grundlagen gelegt werden für die Kulturtechniken Zuhören, Sprechen, Lesen und Schreiben. Das Kombipaket »Sprachbildung und Schriftaneignung« sollte unter Anleitung und Beratung der Haus- und Kinderärzte sowie durch die Frühpäd- agog/innen in der Kita erfolgen. Wichtig ist, zu erkennen, dass Eltern immer Ex- pert/innen für ihre Kinder sind, ganz gleich, welchem sozialen Milieu sie angehö- ren. Eltern sind grundsätzlich als Bildungspartner zu verstehen!

Es muss immer darum gehen, gemeinsam Erziehungskonzepte zu entwickeln, die die Wahrscheinlichkeit erhöhen, dass auch Kinder aus sozial schwachen Familien ein hohes Bildungsniveau erreichen. Eine professionelle Förderung der Sprachkompetenz ist die wichtigste Voraussetzung hierfür. Die Familien müssen in ihrer Verantwortungsbereitschaft gestärkt und die fehlenden Ressourcen bereitgestellt werden, um die nötigen Kompetenzen zu erlangen. Die Formen der Familien haben sich in den letzten Jahrzehnten stark verändert, und durch die starken Zuwanderungswellen werden wir immer mehr zu einer multikulturellen Gesellschaft. Es ist wichtig, alle Familien darin zu unterstützen, ihren Kindern den Zugang zu Bildung zu ermöglichen. Hierbei ist bei den pädagogischen Fachkräften eine interkulturelle Kompetenz gefragt, die sie dazu befähigt, interkulturell zu agieren und zu reagieren. Neben der Familie ist das soziale Umfeld der wichtigste Verstärker, um die Erstsprache sowie eine Zweit- und Drittsprache zu erwerben. Je größer das soziale Netz mit vielfältigen und intensiven Beziehungen ist, umso leichter können die Sprachen erlernt werden. Sprache erlernen ist ein aktiver Prozess. Je mehr und häufiger man eine Sprache im Alltag spricht, umso besser kann man sie erlernen und verwenden. Auch hier können die pädagogischen Fachkräfte den Familien beim Aufbau eines Netzwerks behilflich sein, indem sie niedrigschwellige Angebote durch die Kita transparent machen.

Evaluationsbogen

Hier geht es zunächst um eine Art Bestandsaufnahme, d. h. die Frage, was das Fachkräfteteam über die einzelne Familie weiß und was der Kindergarten bereits bei diesem Gliederungspunkt Familie macht. Hier sollten Fragen beantwortet werden, wie z. B.:

- Welchen Stellenwert hat die Familie für die Einrichtung?
- Ist die Familie heutzutage noch so wichtig für die Entwicklung und Bildung des Kindes?

1. Wir beziehen Familien in die pädagogische Arbeit aktiv ein.

☐ Das geschieht bereits.
☐ Das hat noch Ausbaupotenzial.
☐ Das geschieht zu wenig.

2. Folgende Ideen habe ich, um ein aktives Einbeziehen umzusetzen:

_____

_____

3. Wir erkennen die familiäre Situation als wichtigste Lebenssituation der Kinder, und planen unser pädagogische Arbeit auf dieser Grundlage.

☐ Das geschieht bereits.
☐ Das hat noch Ausbaupotenzial.
☐ Das geschieht zu wenig.

4. Wie reagieren wir als pädagogische Fachkräfte auf die Tatsache, dass die Familie den größten Einfluss auf die Entwicklung des Kindes hat?

_____

_____

5. Wir haben Möglichkeiten, Familien, die eine andere Muttersprache sprechen, über unserer Arbeit in ihrer Sprache zu informieren (pädagogische Dokumentationen, Elterngespräche, Elternpost).

☐ Das geschieht bereits.
☐ Das hat noch Ausbaupotenzial.
☐ Das geschieht zu wenig.

6. Welchen Familienbegriff haben die Fachkräfte in unserer Einrichtung?

☐ Der Familienbegriff ist eher konventionell geprägt.
☐ Der Familienbegriff wurde in Teamarbeit dem heutigen Familienbegriff entsprechend entwickelt.
☐ Es gibt eigentlich keinen Familienbegriff.

7. Die Teammitglieder haben sich mit ihrer eigenen Biografie und ihrer Familie als wichtigstem Prädiktor für Bildung auseinandergesetzt, z.B. an pädagogischen Tagen, in Fortbildungen).

☐ Das ist bereits geschehen.
☐ Das hat teilweise stattgefunden.
☐ Das gab es so noch nicht.

8. Wurden Vorurteile schon einmal thematisiert, und ist ein vorurteilsbewusster Umgang mit Familien zu beobachten?

☐ Das geschieht bereits.
☐ Das hat noch Ausbaupotenzial.
☐ Das geschieht zu wenig.

9. Wir erkennen die Individualität jeder einzelnen Familie, es gibt nicht *die* Migranten- oder *die* deutsche Familie!

☐ Das geschieht bereits.
☐ Das hat noch Ausbaupotenzial.
☐ Das geschieht zu wenig.

10. Wo zeigt sich das in der pädagogischen Arbeit?

_____

_____

11. Habe ich persönlich schon einmal eine vorschnelle Meinung über eine Situation/eine Familie mit Migrationshintergrund gefasst? Konnte ich meine Vorurteile erkennen?

_____

_____

12. Findet ein ausführliches Erstaufnahmegespräch in unserer Einrichtung statt?

☐ Das geschieht bereits.
☐ Das hat noch Ausbaupotenzial.
☐ Das geschieht zu wenig.

13. Wie sieht das Aufnahmegespräch aus (Zeitumfang, Gesprächsleitung)?

_____

_____

14. Heißen wir alle Familien in ihrer Individualität in unserer Kindertagesstätte willkommen, auch wenn Werte und Normen stark von den unseren abweichen?

☐ Das geschieht bereits.
☐ Das hat noch Ausbaupotenzial.
☐ Das geschieht zu wenig.

15. Woran ist das erkennbar?

_____

_____

16. Gibt es einen Platz in der Einrichtung, an dem jede Familie vorgestellt wird?

☐ Ja, den gibt es.
☐ Wir sind dabei, das einzurichten.
☐ Nein, das gibt es noch nicht.

17. Welche Angebote gibt es für Familien in unserer Einrichtung (Feste, gemeinsame Ausflüge, Elterncafé, themenspezifische Elternabende, Thematisierung der interkulturellen pädagogischen Arbeit)?

_____

_____

18. Spiegelt sich die kulturelle Vielfalt unserer Gesellschaft auch im Team wider (z. B. türkische Frühpädagog/innen)?

☐ Das geschieht bereits.
☐ Das hat noch Ausbaupotenzial.
☐ Das geschieht zu wenig.

19. Es gibt niedrigschwellige Angebote von außen in der Einrichtung, die Hilfe in der Erziehung anbieten (z. B. Lebensberatung, Ergotherapeut/innen, Psycholog/innen).

☐ Das geschieht bereits.
☐ Das hat noch Ausbaupotenzial.
☐ Das geschieht zu wenig.

20. Es gibt ein Beschwerdemanagement für Eltern in der Einrichtung.

☐ Das geschieht bereits.
☐ Das hat noch Ausbaupotenzial.
☐ Das geschieht zu wenig.

21. Wo können Eltern eigene Ideen einfließen lassen?

_____

_____

22. Es gibt regelmäßige Elternbefragungen in der Einrichtung (z. B. zur Eingewöhnungszeit, zur pädagogisch inhaltlichen Arbeit).

☐ Das geschieht bereits.
☐ Das hat noch Ausbaupotenzial.
☐ Das geschieht zu wenig.

4. Wirksame Strategien zur Analyse der Lernvoraussetzungen

Leitbild

Das Erkennen individueller Entwicklungspotenziale und Lernvoraussetzungen erfordert ein präzises Hinhören und Hinschauen.

 Selbstversuch: Info-Test

Sind mir Methoden der Analyse bekannt?

☐ Brainstorming!
☐ Keinen Namen angeben!
☐ Einfach nur nachdenken und aufschreiben!

1. Was meint der Begriff der Analyse – warum ist er besser geeignet als Diagnose?
   _____
   _____

2. Welche Beobachtungsinstrumente bezüglich Spracherwerb und Schriftaneignung sind mir bekannt?
   _____
   _____

3. Mit welchen externen Expert/innen kann ich zusammenarbeiten und mich beraten lassen?
   _____
   _____

4. Woran erkenne ich den jeweiligen Sprachentwicklungsstand derjenigen Kinder, deren Entwicklung ich begleite?
   _____
   _____

5. Machen die von mir genutzten Beobachtungsbögen Aussagen über die verschiedenen Stufen der Sprachentwicklung?

6. Inwieweit beherrsche ich Strategien, die es ermöglichen, sowohl Talente und Neigungen als auch erkannte Entwicklungspotenziale gleichermaßen zu fördern?

7. Wie kann ich konkret die Entwicklungspotenziale des Kindes in Zusammenarbeit mit der Familie bzw. den Eltern positiv beeinflussen?

4.1   Fragen der pädagogischen Fachkraft

Die pädagogischen Fachkräfte müssen wissen, was sie beobachten wollen und sollen. Es geht sowohl um die Entwicklung der gesprochenen Sprache (Lautsprache), als auch um die Aneignung der geschriebenen Sprache (Schriftsprache), wobei Letztere in der frühkindlichen Bildung bisher vernachlässigt worden ist. Künftig sollten wir den Umgang mit den Lauten, den gesprochenen Wörtern und Sätzen, und die Erfahrungen mit den Buchstaben, den geschriebenen Wörtern und Sätzen, bereits in der Elementarbildung im Verbund angehen.

Schwerpunkt der Analyse ist es, eine solide Entscheidungsgrundlage zu schaffen für die Planung und Umsetzung von Bildungsaktivitäten. Dabei sollten die eingeleiteten Bildungsprozesse an die Entwicklungsbedingungen in der Familie und die Lernvoraussetzungen des Kindes anknüpfen. Daher ist es notwendig, sich nach und nach Wissen über das Kind bzw. die Kinder in der Kindergruppe anzueignen. Gerade für die Betrachtung der Sprachbildung und Schriftaneignung von Kindern in Ihrer Kita müssen Sie sich umfassend informieren. Dabei können wir zunächst drei Arten von Wissensbeständen unterscheiden, über die die pädagogische Fachkraft Bescheid wissen sollte:

1. *Beziehungswissen,* d. h. Wissen und Informationen über das einzelne Kind: Wir brauchen sichere Lebensdaten (Geschlecht, Lebensalter, Persönlichkeitsmerkmale) und Informationen über das soziale Umfeld des einzelnen Kindes (Lebenswelt des Kindes, sozialer Kontext und Familiensituation) bzw. über die einzelnen Kinder in der Kindergruppe der Krippe oder Kita.

2. *Entwicklungswissen,* d. h. Wissen über die Personengruppe, um die es in der Kita geht: Wir benötigen Wissen über die jeweilige Altersgruppe der Kinder, bezogen auf das jeweilige Alter – also die Gruppe der ein- bis dreijährigen oder die Gruppe der drei- bis sechsjährigen Kinder und deren spezielle Entwicklungsmöglichkeiten im frühkindlichen Altersbereich. Entwicklungsrisiken und mögliche Gefährdungen für die sprachliche Entwicklung können ebenso aufgespürt und angegangen werden.

3. *Sprachwissen,* d. h. abgesichertes Wissen aus der Sprachwissenschaft und Didaktik: Hier geht es um die Aneignung von Wissen über die aktuelle wissenschaftliche und praktische Betrachtung der Sprachbildung, über mögliche Fehlentwicklungen und Strategien der künftigen Gestaltung der Bildungsaktivitäten auf der Grundlage einer fundierten Analyse des Sprachlern-Entwicklungsstands. Einfache Grundprinzipien der Sprachentwicklung sollten bekannt sein: von den circa 40 Lauten zu den Morphemen und Wörtern (einige Tausend bei der Einschulung) bis hin zu den Sätzen (unendlich viele sind möglich).

Dabei sind die pädagogischen Fachkräfte auf das interdisziplinäre Wissen der Pädagogik, Medizin, Neurobiologie, Organisationssoziologie, Entwicklungspsychologie und Sprachwissenschaft angewiesen. Hier können sie sich auf folgende Expert/innen des Kindes stützen und auf das bereits vorhandene Wissen zurückgreifen:

- *Erste Datenquelle: die Eltern*
  Befragung der Mutter bzw. der Eltern als der wichtigsten Expert/innen des Kindes (gerade in den ersten Lebensjahren), insbesondere wenn es um Gefahren, Entwicklungsrisiken oder Erkrankungen geht.
- *Zweite Datenquelle: der Kinder- oder der Hausarzt*
  Befragung des Kinder- oder Hausarztes unter Berücksichtigung des geltenden Datenschutzes und der vorhandenen Schweigepflicht; dennoch können hier gewisse Basisinformationen eingeholt und für die praktische Arbeit in der Kita genutzt werden.
- *Dritte Datenquelle: Therapeut/innen*
  Nicht selten kommt es vor, dass risikobeladene Kinder bereits vor dem Besuch der Krippe oder Kita eine therapeutische Behandlung erlebt haben, wie z. B. eine logopädische bei Sprachproblemen oder eine psychologische Therapie bei Stress und Konflikten in der Familie oder vor, während oder nach einer Scheidung.

Die pädagogische Fachkraft hat jetzt die vornehme und pädagogisch wichtige Aufgabe, alle zur Verfügung stehenden und gesammelten Daten zu sichten, zu strukturieren und zu einem logischen und sinnvollen Ganzen zusammenzufügen. Sie muss das vorhandene Wissen so verwalten, dass sie dadurch eine Entlastung und Hilfe erhält. Hinsichtlich des weiteren strategischen Vorgehens sollte die Fachkraft sich einige zentrale Fragen stellen und beantworten, bevor sie in die konkrete und praktische Arbeit der Sprachbildung und Schriftaneignung mit dem Kind einsteigt.

1. Fragen zur Gegenwart – zum Jetzt, Hier und Heute
   - Wie spricht das Kind mit mir, mit anderen Kolleg/innen, mit anderen Kindern oder auch fremden Personen wie z. B. dem Hausmeister oder der Putzfrau?
   - Wie verhält sich das Kind hier, heute und jetzt?
2. Fragen zur Vergangenheit – Schwangerschaft, Geburt und Kindheit
   - Welche Entwicklungsbedingungen liegen im Elternhaus vor, und welche Lernvoraussetzungen bringt das Kind aus seiner Familie und seiner bisherigen Umgebung mit in die Kita?
   - Was hat es bisher in seiner kurzen Biografie erlebt?
3. Fragen zur Zukunft – und zur möglichen Zieldefinition für die kommenden Jahre
   - Was kann das Kind in seiner jetzigen Lage und Situation in der Kita erreichen?
   - Welche Rahmenbedingungen sollten im Gespräch mit den Eltern und im Team zu Hause und in der Kita verändert werden?
   - Welche Bildungsaktivitäten sollen dem Kind in den nächsten Tagen, Wochen und Monaten angeboten werden?

4.2   Spezielles Sprachwissen

Hinsichtlich der Sprachkompetenz sollte die pädagogische Fachkraft die folgenden fünf Aspekte bzw. Dimensionen in ihrer täglichen Beobachtung im Blick haben:

1. Die Sprachfähigkeit als angeborene menschliche Kompetenz in Abhängigkeit von den genetischen Dispositionen der Eltern wird von Kindern bereits als Werkzeug benutzt, um zu denken, zu planen, sich mit anderen auszutauschen und zu handeln. Dies geschieht bereits im Alter von zwei bis drei Jahren. Das Kind kann sehr wohl einen Bezug herstellen zwischen der Sprache und dem, was es gerade meint.
2. Die erworbene Sprechfertigkeit als eine Fertigkeit, die im Elternhaus, in der Familie, in der Wohngegend des Kindes und in seinem sozialen Umfeld entscheidend beeinflusst und damit auch geprägt wird. Dabei stellen sich Fragen wie z. B.: Wächst das Kind Dialekt sprechend oder hochsprachlich auf? Hier sollte die Erzieherin auf kleinere Aussprachefehler achten; bis zum Alter von vier Jahren ist dies jedoch noch nicht entwicklungsrelevant. Eine Möglichkeit, mit Fehlern umzugehen, ist das »korrektive Feedback«, d. h. von der Erzieherin wird eine Nachfrage oder ein weiterer Satz gebildet, in dem das Wort oder der

Satzteil richtig wiederholt wird. Beispiel: »Siehst du den Schraubenhuber?« »Ja, ich sehe den Hubschrauber.« Das Kind wird so nicht direkt auf seine Schwächen aufmerksam gemacht und bewertet, sondern es kann durch Sprachvorbilder lernen. Der Lernerfolg stellt sich so zumeist schneller ein, und das Selbstbewusstsein des Kindes wird nicht unnötig geschwächt.

3. Damit das Kind die Sprache gezielt und sicher einsetzen kann, braucht es geeignete Gelegenheiten im sozialen Umfeld und ein bestimmtes Fundament an Sprachwissen. Es muss wissen, welche Wörter es gerade braucht, wie sie gebildet und ausgesprochen werden und in welche Reihenfolge die einzelnen Wörter gebracht werden müssen, damit wir einen Satz hören.

4. Die täglichen Spracherfahrungen des Kindes in seinem direkten und sozialen Umfeld sind notwendig, damit die vorhandene Sprachfähigkeit voll genutzt, die Sprechfertigkeit und das Sprachwissen zum Dialog, zum Gespräch, d. h. zum gegenseitigen Verstehen sinnvoll und zielführend genutzt werden können. Diese Erfahrungen in der Familie und in der Kita sind für die weitere sprachliche Entwicklung viel wert.

5. Die Einstellung des Kindes zum Sprechen und zur Sprache macht die Sprachhaltung aus, d. h. hier geht es darum, dass das Kind die Sprachkompetenz als notwendiges Werkzeug versteht und von Anfang an eine positiv geprägte Sprachhaltung einnimmt. Diese Sprachhaltung bestimmt das Ego des Kindes, sein Selbstbewusstsein, prägt seine Identität und seine »ganze« Persönlichkeit. Insbesondere die Stimme wird zum entscheidenden Faktor der kindlichen Persönlichkeit.

4.3   Geeignete Entwicklungsmodelle

Jedes Kind durchläuft im Zuge seiner Sprachentwicklung bestimmte Phasen und Stufen, die in der Literatur, in Ratgebern und in Handreichungen auch als »Meilensteine« bezeichnet werden. Die kritische Phase der Sprachentwicklung befindet sich in den ersten drei Lebensjahren. Wenn auch alle Kinder eine feste Stufenfolge durchlaufen, so können wir allerdings beobachten, dass wir es zeitlich gesehen mit einem teilweise sehr variablen Prozess zu tun haben. Es gibt gravierende Abweichungen zwischen Mädchen und Jungen sowie zwischen den schnellsten und langsamsten »zehn Prozent« der Sprachentwickler. Die schnellsten zehn Prozent der Mädchen und Jungen sprechen Zweiwortsätze bereits im Alter von 15 oder 16 Monaten. Die langsamsten zehn Prozent der Jungen sprechen Zweiwortsätze erst mit knapp drei Jahren. Genau hier liegt die große Herausforderung unserer Analyse, nämlich, nur echte Problem- und Risikokinder ausfindig zu machen (Sachse 2005, S. 157). Hinsichtlich der Entwicklung des Lesens und des Schreibens haben sich folgende Entwicklungsmodelle in der Literatur und Praxis durchgesetzt und als durchaus praktikabel und ökonomisch gezeigt.

4.3.1   Entwicklung des frühkindlichen Lesens – erste Leseversuche

1. *Als-ob-Vorlesen ab dem Alter von zwei Jahren – Krippe*
   Die Kinder entdecken, dass jedes »Ding« einen Namen hat. Sie können beim Betrachten von Bilderbüchern die Dinge benennen und so tun, als ob sie vorlesen. Die Kinder ahmen Erwachsene nach.
2. *Erraten von Wörtern ab dem Alter von drei bis fünf Jahren – Kita*
   Kinder erkennen, dass manche Symbole in ihrer Lebenswelt gehäuft auftauchen und dass man sie »lesen« kann. Sie können Logos wie z.B. »Aral« oder »McDonald's« erkennen und benennen, weil sie das Bild erkennen und wissen, was es bedeutet. Sie lesen naiv-ganzheitlich.
3. *Benennen von Buchstaben ab dem Alter von vier bis sechs Jahren – Kita*
   Die Kinder orientieren sich zumeist am ersten Buchstaben eines Wortes, wie am M bei Mama, O bei Oma oder Opa oder am P bei Papa.
4. *Buchstabenweises Erlesen von Wörtern ab dem Alter von fünf bis sieben Jahren – Kita und Schule*
   Dieses buchstabenweise Erlesen erfolgt zumeist ohne Sinn und Bedeutung, mehr mechanisch im Sinne der Nachahmung.
5. *Fortgeschrittenes Lesen ab dem Alter von etwa sechs bis acht Jahren – Schule*
   Die Kinder benutzen jetzt schon größere Einheiten, wie z.B. Silben, Vorsilben oder Endungen, um Wörter und kleinere Sätze zu lesen.
6. *Automatisierung ab dem Alter von etwa sieben Jahren – Schule*
   In dieser letzten Etappe der Leseentwicklung erfolgt eine Perfektionierung, d.h. die Lesefähigkeit des Kindes weitet sich mehr und mehr aus und entfaltet sich hin zum sinnentnehmenden Lesen, dem eigentlichen Lesen.

4.3.2   Entwicklung des frühkindlichen Schreibens – erste Schreibversuche

1. *Kritzeln ab dem Alter von zwei Jahren – Krippe*
   Die Kinder machen zuerstSchreibbewegungen ihrer Eltern oder Geschwister nach; sie produzieren Wellenlinien, Zickzacklinien oder malen buchstabenähnliche Gebilde auf das Papier. Die Kinder produzieren Zeichen, ohne sich über die Mitteilungsfunktion der Schrift Gedanken zu machen. Sie tun dies aus Lust und Interesse an der Bewegung zum Schreiben.

2. *Abmalen von Buchstaben ab dem Alter von drei bis fünf Jahren – Kita*
   Die Kinder malen erste Buchstaben ansatzweise oder auch vollständig und korrekt nach. Sie malen bekannte Buchstaben, die sie vom eigenen Namen her kennen, oder produzieren neue Buchstaben. Sie schreiben erste Wörter nach, schreiben Einkaufszettel, kleine Briefe an das Christkind oder erstellen eine Bestellliste einer Kellnerin.
3. *Erstes zaghaftes Schreiben von Buchstaben ab dem Alter von vier bis sechs Jahren – Kita*
   Buchstaben, die sie nicht kennen, lassen Kinder einfach weg; so entstehen »Wort-Skelette«, wie z. B. MM für Mama.
4. *Schreiben nach Gehör ab dem Alter von fünf bis sieben Jahren – Kita und Schule*
   Erste Wörter und kurze Sätze schreiben die Kinder nach Gehör. Da tauchen viele Fehler auf, teilweise werden die Wörter in Dialektdeutsch geschrieben. Die Rechtschreibung ist den Kindern nicht bekannt und spielt für sie keine Rolle.
5. *Grobe Orientierung an der Rechtschreibung ab dem Alter von etwa sechs bis acht Jahren – Schule*
   Nach und nach orientieren sich die Kinder mehr und mehr an der korrekten Schreibweise. Sie lernen erste einfache Rechtschreibregeln kennen und versuchen, danach zu schreiben (z. B. »Namenwörter oder Wörter am Satzanfang schreiben wir groß.«).
6. *Systematisches und angeleitetes Schreiben ab dem Alter von etwa sieben Jahren – Grundschule*
   Die Kinder erwerben jetzt mehr und mehr orthografisches Wissen, Regeln werden gelernt und behalten, und sie werden in der Anwendung der Regeln zunehmend sicherer.

4.4   Wirksame Strategien der Sprachlernentwicklungsanalyse

Die pädagogischen Fachkräfte benötigen wirksame Strategien, um die Ziele und Aufgaben der notwendigen und gründlichen Analyse bewältigen zu können. Dabei sollte die Gesamtstrategie in einzelne Strategien zerlegt und besser zugänglich gemacht werden. Die Sprachlernentwicklungsanalyse will die Spezifität und Eigenart der Sprache jedes Kindes herausstellen und würdigen. Dabei spielen der bisherige Lebenslauf sowie das Aufwachsen in einer Familie und im dazugehörenden sozialen Umfeld eine entscheidende Rolle. Die pädagogische Fachkraft sollte auf den folgenden Strategieebenen ansetzen, um zu neuen Erkenntnisse über die Sprache, das Sprechen und den Schrifterwerb des Kindes zu gelangen.
1. *Gesprächsebene:* kontinuierlicher Dialog mit dem Kind im pädagogischen Alltag, z. B. durch Mitbestimmungsforen wie Kinderkonferenzen, Interviews mit

Kindern, Sternstunden mit Bezugserzieher/innen, gemeinsames Arbeiten am Portfolio etc. Dialog mit allen pädagogisch verantwortlichen Akteur/innen, die die Entwicklung des Kindes begleiten und gezielt unterstützen, und natürlich das Elterngespräch zum Kennenlernen und zur Erlangung vertiefter Hintergrundinformationen über das Kind und seine Familie.

2. *Aktenebene:* Die pädagogischen Fachkräfte sollten intensiv und gezielt ein eingehendes Studium des Portfolios sowie ein gründliches Lesen und Auswerten der Entwicklungsakte des Kindes sowie der Vorsorgeuntersuchungen im Vorsorgeheft betreiben. Hierbei können der soziale Kontext erhellt und kindspezifische Merkmale und Eigenheiten aufgedeckt werden. Dabei müssen Datenschutz und Schweigepflicht berücksichtigt und akzeptiert werden.

3. *Beobachtungsebene:* Spontane und geplante Beobachtungen im Alltag des Kindes sollten immer wieder durchgeführt werden: mindestens zweimal im Jahr eine dokumentierte Beobachtung (dies kann im Interview mit dem betreffenden Kind erfolgen). Hierzu gehört ebenso die Erfassung der individuellen Beziehungen und Kontakte innerhalb der Kita-Gruppe, beispielsweise durch die Erstellung eines Soziogramms; dies sollte jedoch zu den Ausnahmefällen gehören. Ebenso zu den Ausnahmen zählt die Beobachtung der Sprachentwicklung, des Sprechens, der Leseentwicklung und der Schreibentwicklung des Kindes. Hierzu können spezielle Beobachtungsbögen benutzt werden.

4. *Testebene:* Zur umfassenden Information und zum besseren Verständnis sollten die pädagogischen Fachkräfte die wichtigsten Tests kennenlernen. Diese Tests sollten sich zum einen auf den vorschulischen Bereich und zum anderen auf einzelne Sprachentwicklungsbereiche wie z. B. die Aussprache, den Wortschatz, das Sprachverständnis oder die Satzbildung beschränken.

4.4.1 Gespräche mit Expert/innen, die das Kind besonders gut kennen

Das Gespräch mit dem Kind und seinen Eltern ist der wichtigste »Türöffner« zur Ermittlung und Einschätzung des Sprachstandes bzw. der Sprachlernentwicklungsanalyse. Die Lebenssituation des Kindes und seiner Familie ist der wichtigste Indikator, um die Entwicklungspotenziale des Kindes zu erfassen. Hierbei spielen der Bildungsstand der Eltern, der Wohnort und die Kontakte zu Gleichaltrigen eine große Rolle. (Abgesprochene) Hausbesuche bieten gute Chancen, um sich ein realistisches Bild der Lebenssituation zu verschaffen. Außerdem sollten mit allen Menschen, die die Entwicklung des Kindes begleiten, Gespräche geführt werden. Um diese professionell führen und dokumentieren zu können, kann die Methode der halbstandardisierten Leitfäden eingesetzt werden.

Die Eltern und die Familie Während der Schwangerschaft hat das noch nicht geborene Kind bereits erste Berührungspunkte mit der Sprache und der Stimme der Mutter. Wir wissen heute, dass ungeborene Kinder die Stimme und die wohltuende Ansprache durch die werdende Mutter in Verbindung mit dem Streicheln des Bauches schätzen. Unmittelbar nach der Geburt ist das Neugeborene in der Lage, die Stimme seiner Mutter aus einer Vielzahl von Stimmen herauszuhören. Über die Eltern erhalten wir wichtige Informationen und frühe Entwicklungsdaten aus erster Hand.

Die Hebamme Im Zuge der »frühen Hilfen« gibt es in der Bundesrepublik Deutschland die Möglichkeit, dass die jungen Mütter und Eltern von den Hebammen aufgesucht und vor Ort beraten werden. Dabei spielen die wirtschaftliche Situation der Eltern bzw. der Familie, das Bildungsniveau der Mutter bzw. der Eltern und die Frage der Erwerbstätigkeit eine ganz entscheidende Rolle, wenn es um die Frage des persönlichen Wohlbefindens geht.

Die Tagesmutter Die Tagesmutter ist die Person, die neben der Mutter wohl die meiste Zeit des Tages mit dem Kind verbringt und gute Einblicke in dessen Fähigkeiten und Entwicklungsvoraussetzungen besitzt.

Die Kinder- und Hausärzte Die kostenlosen und flächendeckend angebotenen Vorsorgeuntersuchungen erstrecken sich über den gesamten Bereich der ersten sechs Lebensjahre und vermitteln ebenfalls einen guten Einblick in die individuellen Sprachwelten der Kinder. Hier kann das detaillierte Studium der Vorsorgehefte der Kinder mit Genehmigung der Eltern weiterhelfen. Bei jeglichem Verdacht auf eine Sprachstörung muss eine entsprechende fachärztliche Untersuchung beim HNO-Arzt in Bezug auf das organische, periphere Hören und beim Augenarzt hinsichtlich des Sehvermögens durchgeführt werden. Nur so können organische und biologische Mängel und Probleme erkannt bzw. ausgeschlossen werden.

Die pädagogischen Fachkräfte Die Erzieher/innen sind in der Kinderkrippe bzw. in der Kindertagesstätte zumeist zwischen vier, sechs und acht Stunden mit dem Kind zusammen. Sie leben, spielen, essen, trinken und lernen mit dem Kind zusammen und können daher gerade die spontansprachlichen Äußerungen in der Regel gut einschätzen. Die persönliche Einschätzung und Bewertung der Sprache und des Sprechens des Kindes durch die Erzieherin erfolgen aufgrund spontaner oder strukturierter Beobachtungen.

Die Logopäd/innen Möglicherweise geht das Kind bei Sprach- und/oder Sprechstörungen am Nachmittag in die logopädische Therapie, um die Sprache bzw. sein

Sprechen zu verbessern. Dabei ist ein Gespräch zwischen der Logopädin und der Mutter, aber auch mit der Erzieherin sehr wichtig und auch notwendig. Die Ergebnisse dieser Gespräche sollten kurz und prägnant schriftlich zusammengefasst werden. Damit kann die Analyse der Sprachentwicklung des Kindes weitergeführt werden.

4.4.2 Aktenstudium mit dem Blick ins Vorsorgeheft, ins Portfolio und in die Entwicklungsakte des Kindes

Im frühen Kindesalter sollten sich alle Anstrengungen auf die Möglichkeiten der frühen und gezielten Prävention ausrichten, damit dem Kind auch geholfen werden kann. Dabei sind die Maßnahmen der medizinischen Vorsorge zu nennen. Damit ein Kind gesund aufwachsen und sich entsprechend seinen Möglichkeiten im Bereich der Sprache, der Kommunikation und im Umgang mit der Schrift entfalten kann, sollten erste Anzeichen von Auffälligkeiten, Störungen, Gefährdungen oder gar Behinderungen erkannt und behandelt werden. Hierzu bieten die Krankenkassen und privaten Krankenversicherer die Früherkennungsuntersuchungen U1 bis U9 in den ersten sechs Lebensjahren bis zur Einschulung in die Grundschule an. Der Kinder- oder Hausarzt untersucht das Kind im Rahmen der kostenlosen Vorsorgeuntersuchungen; dabei spielen insbesondere die U7a (mit etwa drei Jahren), die U8 (mit etwa vier Jahren) und die U9 (mit etwa fünf Jahren) eine herausgehobene Rolle und sind von besonderer Bedeutung für die Förderung und Bildung im Bereich der Sprache und der Schrift.

Die pädagogischen Fachkräfte sollten auf die Notwendigkeit der medizinischen Vorsorge im frühen Kita-Alter hinweisen und, wenn möglich, Informationen und Daten in Gesprächen mit den Eltern für die eigene pädagogische Arbeit ableiten und gewinnen.

4.4.3 Beobachtungen zu Sprache und Schrift im Alltag

Bei der Beobachtung des kindlichen Verhaltens – dazu gehören die gesprochene Sprache und die ersten und frühen Lese- und Schreibversuche – geht es nicht um objektive Informationen, sondern um Erkenntnisse, die auf subjektiven Beobachtungen und den sich daran anschließenden Bewertungen der pädagogischen Fachkraft basieren. Die Beobachtung ist eine »aktive, planmäßige, auf ein Ziel gerichtete und methodisch ausgerichtete, zweckorientierte und vor allem durch Aufmerksamkeit gekennzeichnete Wahrnehmung und Registrierung von Ereignissen oder Verhaltensweisen in Abhängigkeit von bestimmten Situationen bzw. Rahmenbedingungen« (Krenz 2009, S. 17). In der pädagogischen Praxis und Arbeit wird auch von der Lernbeobachtung bzw. den Lernbeobachtungen gesprochen. Manche Autor/innen, wie z. B. Geiling, Liebers und Prengel, und Bundesländer, wie z. B. Sachsen-Anhalt, favorisieren den Begriff der *Individuellen Lern-Entwicklungs-Analyse (ILEA)*.

Oft interpretieren weniger geschulte Personen bei Befragungen sofort, statt zuerst nur zu beschreiben. Es ist jedoch sinnvoller, konkret und ohne Wertung zu beschreiben, sodass der Diagnostiker später die entsprechenden Schlüsse daraus ziehen kann. Die Verhaltensbeobachtung hat nach Krenz (2009) drei zentrale Aufgabenstellungen zu bewältigen:

- erstens, die Verhaltensweisen von Kindern beim Sprechen, beim persönlichen Sprachgebrauch, beim Erzählen, Zuhören, Als-ob-Lesen zu beschreiben,
- zweitens, die Verhaltensweisen nach Möglichkeit zu erkennen und Bildungsmaßnahmen bzw. Entwicklungsprozesse einzuleiten, die für das Kind förderlich sind, und
- drittens, die Verhaltensweisen beim Gebrauch der Sprache und Schrift in den alltäglichen Situationen bei bestimmten Fachkräften bzw. Erwachsenen, in bestimmten Gruppen und in der Interaktion innerhalb der Gruppe zu erfassen.

Interview im Regelfall Mindestens zweimal im Jahr sollte die pädagogische Fachkraft mit jedem Kind ein Interview durchführen. Aus diesen Daten und Informationen kann sie wichtige Erkenntnisse hinsichtlich des sozialen Zusammenhalts einer Kindergartengruppe erhalten und so eventuell korrigierend eingreifen. Da der Spracherwerb ausschließlich ein sozialer Prozess ist, ist es für die Fachkraft gut, zu wissen, ob ein Kind ein Gruppenanführer oder ein Außenseiter ist.

Spezifische Beobachtungen verschiedener Entwicklungsbereiche Die Grundlage jeglicher Analyse der sprachlichen Entwicklung des Kindes ist die spontane, tägliche Beobachtung durch die pädagogische Fachkraft während des Kita-Aufenthalts. Die Beobachtung war und ist das stärkste pädagogische Instrument, um ein Kind hinsichtlich seiner sprachlichen und sozialen Entwicklung einschätzen zu können. Darauf haben bereits Klassiker der Philosophie und Pädagogik hingewiesen, wie z. B. der Schweizer Johann Heinrich Pestalozzi oder der Franzose Jean-Jacques Rousseau. Mithilfe selbst im pädagogischen Team entwickelter oder erworbener Beobachtungsbögen sollten die pädagogischen Fachkräfte mindestens einmal pro Jahr die Sprache und die erfolgten Entwicklungsschritte dokumentieren. Die Fragen, die zur Sprachermittlung eingesetzt werden, sollten Teil eines Beobachtungsbogens sein, der einmal im Jahr eingesetzt wird und die ganze Entwicklung des Kindes dokumentiert. Zeigt sich aufgrund dieser Beobachtung, dass das Sprechverhalten bzw. die Sprachentwicklung des Kindes auffällig ist, kann ein speziell entwickelter Bogen, der auf Sprachentwicklung spezialisiert ist, hinzugezogen werden. Solche Bögen werden im Folgenden vorgestellt.

Grundsätzlich werden im Kita-Alltag zwei Formen der Beobachtung praktiziert, die durchaus auch in Kombination ihre pädagogische Bedeutung und Wirkung haben:

- *die spontane Beobachtung*
  Die spontane Beobachtung der pädagogischen Fachkraft ist zwar subjektiv, aber auch sehr authentisch; sie sollte allerdings auch dokumentiert werden. Neben der Subjektivität können wir die Selektivität der menschlichen Wahrnehmung und Beobachtung nicht ausschließen. Wir sollten uns vor der Beobachtung klarmachen, was wir beobachten wollen und sollen.
- *die strukturierte Beobachtung*
  Sie hat eine bestimmte festgelegte inhaltliche Struktur und wird daher auch als standardisierte Beobachtung bezeichnet, bei der ein Leitfaden mit zentralen Fragestellungen bzw. Faktoren die Sprache oder die Schrift abbilden. Solche Beobachtungshilfen können die pädagogische Arbeit der Fachkräfte steuern. Die strukturierte oder halbstandardisierte Beobachtung hat gewisse Vorteile, insofern sie einfach auszufüllen, zeitlich nicht so aufwendig und gut interpretierbar ist.

Wir haben in der gesamten Früherkennung von Entwicklungsstörungen zurzeit nach Suchodoletz (2005, S. V) das Problem, dass wir sehr früh und sehr genau hinschauen, diagnostizieren und analysieren, aber auch gleichzeitig das erkennbare und messbare Phänomen, dass wir oft zu viele und oft die falschen Kinder als Risikokinder identifizieren. Wir schaffen damit unnötige Sorgen und Ängste bei den Eltern. Außerdem fällt es allen pädagogisch Verantwortlichen schwer, zu erkennen, was wir in dieser unsicheren Phase konkret mit dem Kind zu Hause und in der Kita tun sollen. Im Folgenden werden ausgesuchte und erprobte Beobachtungshilfen kurz beschrieben und zum Einsatz empfohlen.

Beobachtungsbogen »Flüsterprobe« zum Hören Es handelt sich hier um eine Sprachstandsprüfung, bei der es um die Hörweite geht. Dabei wird die Schallwahrnehmung des rechten und des linken Ohrs im hohen und tiefen Frequenzbereich getestet. Die Flüsterprobe sollte mit fünf- bis sechsjährigen Kindern durchgeführt werden. Das Kind soll auf sprachliche Anforderungen reagieren, d. h. es soll Wörter laut und deutlich hörbar nachsprechen.

Die Erzieherin stellt sich etwa fünf bis sechs Meter vom Kind entfernt, und zwar so, dass das Kind nicht vom Mund der Erzieherin ablesen kann. Entweder steht das Kind dabei mit dem Rücken zur Erzieherin, oder die Erzieherin deckt den Mund mit der Hand ab. Das nicht zu prüfende Ohr wird mit der Hand zugehalten.

Dann flüstert die Erzieherin für den höheren Frequenzbereich aus verschiedenen Entfernungen viersilbige Zahlwörter wie 25 oder 96. Für den tieferen Frequenzbereich spricht sie diese Zahlwörter in Zimmerlautstärke.

Anweisung durch die Erzieherin »Ich stehe hinter dir. Ich flüstere Zahlen. Du sollst sie nachsprechen.«
Zahlen: 21 – 37 – 99 – 85 – 30 – 76 – 63 – 18
Wörter: Moos – Hut – Baum – Rad – Arm – Stiel – Hemd – Tier

Auswertung Kann das Kind die gesprochenen Wörter aus etwa fünf bis sechs Metern Entfernung hören, so ist das Hörvermögen des Kindes im durchschnittlichen Bereich. Wird die Hälfte der Zahlen bzw. Wörter oder mehr nicht nachgesprochen, so besteht der Verdacht auf eine verminderte Hörfähigkeit.

Fazit und Empfehlung Bei einer verminderten Hörfähigkeit sollte unbedingt, und zwar umgehend, eine medizinische Untersuchung beim HNO-Arzt durchgeführt werden.

Ziel der Flüsterprobe Die Flüsterprobe zeigt dem Kind, dass das Hören bzw. das genaue Hinhören für die Sprache und das Sprechen wichtig sind. Das Kind wird für das Hören sensibilisiert. Mögliche Hörspiele, Lausch- und Differenzierungsübungen im Rahmen der Sprachbildung und Leseförderung können angeboten werden.

4.5   Zusammenfassung

Die durchgeführte Analyse ist die unabdingbare Voraussetzung für die Planung, Umsetzung und Auswertung geeigneter Strategien zur Verbesserung des Spracherwerbs. Außerdem dient sie der Unterstützung der Lese- und Schreibentwicklung. Es geht dabei um eine positive Beeinflussung durch die pädagogische Fachkraft und damit um eine gute und erfolgreiche Sprachbildung und Schriftaneignung. Die fundierte Analyse und die sich anschließende Auswahl der Lernstrategien gehen Hand in Hand, sind sozusagen aus einem Guss. Abgesicherte Analyseergebnisse gewähren jedoch nicht automatisch die Entwicklung wirksamer Strategien. Hierzu sollten noch weitere Instrumente eingesetzt werden. In der Praxis hat sich folgendes Vorgehen bewährt:
- *Gespräche:* ausführliche Gespräche mit den leiblichen Eltern und den pädagogisch Verantwortlichen im Umfeld des Kindes

- *Aktenstudium:* eingehendes Studium der zur Verfügung stehenden Entwicklungsunterlagen des Kindes; dazu gehören auch therapeutische Berichte oder Gutachten von Ärzten oder Kliniken. Insbesondere können hier die Ergebnisse der Vorsorgeuntersuchungen wichtige Hilfen leisten.
- *Beobachtung:* gezielte spontane, aber auch strukturierte Beobachtung des Kindes in den Alltagssituationen der Kita; die Beobachtungen sollten mit den Beobachtungen in der Familie abgeglichen werden.
- *Befragung:* Die schriftliche Befragung der Eltern als der Expert/innen ihres Kindes ist eine weitere solide Stütze, um eine lebensnahe Analyse des Sprachentwicklungsstandes zu erarbeiten und darzustellen.

Wichtig ist auch der Hinweis, dass die pädagogische Fachkraft im Gespräch mit den Eltern auf die durchgeführten Tests im Rahmen der Vorsorgeuntersuchungen des Kinderarztes hinweist.

Evaluationsbogen für die pädagogische Fachkraft

1. Wir setzen verschiedene Methoden, Instrumente in unserer Kita ein, um den Sprachstand des einzelnen Kindes zu dokumentieren

☐ Das geschieht bereits.
☐ Das hat noch Ausbaupotenzial.
☐ Das geschieht zu wenig.

2. Welche Beobachtungsinstrumente stehen zur Verfügung?

_____

_____

3. Es ist gewährleistet, dass die Instrumente bei jedem Kind in regelmäßigen Abständen eingesetzt werden.

☐ Das geschieht bereits.
☐ Das hat noch Ausbaupotenzial.
☐ Das geschieht zu wenig.

4. Wann und wie oft ist Zeit, einzelne Kinder zu beobachten? Wie können solche Zeiten geschaffen werden?

_____

_____

5. Es gibt Beobachtungsbögen, die eine Orientierung geben, inwieweit das Kind erhöhten Förderbedarf aufzeigt.

☐ Diese Bögen gibt es.
☐ Sie sind in der Entwicklung.
☐ Es gibt noch keine.

6. Es gibt bereits eine Zusammenarbeit mit anderen Expert/innen – ein interdisziplinäres Arbeiten.

☐ Das geschieht bereits.
☐ Das hat noch Ausbaupotenzial.
☐ Das geschieht zu wenig.

7. Es besteht die Möglichkeit, sich mit den Akteur/innen, die die Entwicklung des Kindes begleiten, auszutauschen (Arbeit in multiprofessionellen Teams, Logopädie, Ergotherapie).

☐ Das geschieht bereits.
☐ Das hat noch Ausbaupotenzial.
☐ Das geschieht zu wenig.

8. In welcher Form und in welchen Abständen geschieht das?
_____
_____

9. Es gibt einen regelmäßigen Austausch im Team über Kinder mit erhöhtem Förderbedarf.

☐ Das geschieht bereits.
☐ Das hat noch Ausbaupotenzial.
☐ Das geschieht zu wenig.

10. Dieser Austausch ist die Grundlage der pädagogischen Planung für das einzelne Kind.

☐ Das geschieht bereits.
☐ Das hat noch Ausbaupotenzial.
☐ Das geschieht zu wenig.

Beispiele für die Überprüfung einer gelungenen Eingewöhnung (z. B. Beobachtungsbögen) finden Sie im Downloadbereich.

5. Erfolgreiche Strategien aus dem Ideen-Center zur Sprachbildung und Schriftaneignung

Leitbild

Alle Kinder, egal welcher Herkunft, haben das Recht, »gutes Deutsch in Wort und Schrift« zu erlernen. Dabei sollen alle Kinder auf dem Weg hin zur Sprache und Schrift im Rahmen ihrer Entwicklungsmöglichkeiten und Lernvoraussetzungen angeregt und gefördert werden.
»Kinder brauchen Bücher zum Anschauen, Vorlesen und Erzählen!«
(Stiftung Lesen)

Selbstversuch: Info-Test

Was weiß ich über die Strategien, Hilfsmittel und Gestaltungsmöglichkeiten der Sprachbildung und Schriftannäherung in der Kita?

☐ Brainstorming!
☐ Keinen Namen angeben!
☐ Einfach nur nachdenken und aufschreiben!

1. Was ist hinsichtlich der Kita zu beachten, wenn es um das Sprechen, frühe Lesen und erste Schreiben geht?

    _____

    _____

2. Sind die Kita und die Kindergruppe soziale Systeme mit einer komplexen Problematik?

    _____

    _____

3. Welche Kenntnisse habe ich hinsichtlich der notwendigen Rituale und Regeln?

    _____

    _____

4. Welches Bild vom Kind vertritt die Einrichtung?

_____

_____

5. Was muss ich hinsichtlich einer effektiven Gruppenführung bedenken?

_____

_____

6. Welche Möglichkeiten habe ich, die Kommunikation im Team und in der Gruppe zu verbessern?

_____

_____

7. Was ist eigentlich damit gemeint: »Das Kind dort abholen, wo es steht!«?

_____

_____

8. Wie kann ich die Entwicklungspotenziale innerhalb individueller Stärken fördern, wie z. B. die Graphomotorik bzw. Feinmotorik der Hände bei Jungen vor dem Schuleintritt?

_____

_____

5.1   Mögliche Lernwege des Kindes: Jedes Kind ist anders!

Die individuellen Lernwege des Kindes sind oft nicht oder nur sehr schwer zu durchschauen. Die enge Verzahnung von Spracherwerb, Aufbau der Sprache, Entwicklung der Sprechfertigkeit und Schriftaneignung ist gegeben. Dennoch sollten wir uns in den ersten Lebensjahren stärker und intensiver auf die gesprochene Sprache und die Einzelförderung konzentrieren und erst während der Kita-Zeit im dritten, vierten und fünften Lebensjahr – je nach individueller Eignung und Unterstützung durch das Elternhaus – die Schriftaneignung und die Schriftentwicklung sowie die Förderung in der Gruppe stärker in den pädagogischen Blick nehmen.

Wenn wir bei Kindern im frühen Alter das individuelle Lernen unterstützen wollen, müssen wir ihre Lernwege erkennen. Dabei geht es zunächst um ein positives Verständnis und eine zeitgemäße Definition von Lernen. Die Orientierung am humboldtschen Bildungsbegriff erscheint uns am passendsten. Humboldt verstand unter Lernen einen aktiven, sinnlichen Prozess, in dem sich ein

Mensch ein Bild von der Welt macht. Kinder lernen von Geburt an; sie sind auf das Lernen existenziell angewiesen, um im Leben bestehen zu können. Pädagogische Fachkräfte sollten Freude entfachen und gleichzeitig die Angst vor dem Lernen nehmen. Die angeborene Erkundungsbereitschaft und Neugier von Kindern sollten von Frühpädagog/innen erkannt und aufgegriffen werden. Dabei ist ein kompetenzorientierter Blick auf das Kind das Wichtigste. Es geht zunächst nicht darum, die Defizite, sondern die Stärken, Neigungen und Talente der Kinder zu entdecken. Innerhalb der Stärken und Leistungsmöglichkeiten können dann Lernfelder geschaffen werden, die »Schwächen schwächen«. Es gilt, das natürliche Engagement und den Lerneifer bei Kindern anzuregen. Die pädagogische Fachkraft übernimmt neben der Impulssetzung und der Inszenierung von Lernarrangements dabei eine wichtige Vorbildfunktion. Sie signalisiert den Kindern persönliche Neugierde und Wissensdurst, das Interesse, Dinge zu entdecken und sich diese gemeinsam mit den Kindern im Gespräch zu erklären. Der Funke der Lernbegeisterung sollte immer wieder neu entfacht werden und auf die Kinder überspringen. Dabei muss es immer darum gehen, die individuellen Interessen der Kinder zu entdecken, mit ihren Stärken zu arbeiten, sie an ihrem Alltag partizipieren zu lassen und ihnen das Gefühl zu vermitteln, dass sie bereits über viele Kompetenzen verfügen. Ganz wesentlich hierbei ist, dass sie eine Selbstwirksamkeit erfahren und individuelle Lösungen für Probleme finden können. Das stärkt das Selbstbewusstsein und befähigt so zu immer anspruchsvolleren Lernaufgaben. Unsicherheit und Ängste behindern das kindliche Lernen, lähmen den Lerneifer und die gesunde Leistungsbereitschaft Es ist vielleicht sogar die wesentlichste Aufgabe pädagogischer Fachkräfte, die Kinder bei der Entwicklung eines positiven Selbstbildes zu begleiten und zu unterstützen. Die Leidenschaft der Kinder zum Lernen ist vorhanden – wir sollten sie nur nutzen und weiter ausbauen.

Das systematische Beobachten von Kindern während des Lernprozesses ist eine Grundvoraussetzung, um Lernsituationen zu schaffen, in denen die Kinder besonders gut und viel lernen können. Die Beobachtung des lernenden Kindes in verschiedenen Situationen des Alltags und eine gute Dokumentation der erzielten Beobachtungsresultate sind die wichtigsten Instrumente, um die individuellen Förderbedürfnisse zu erkennen, zu beschreiben und passende Bildungsprozesse zu initiieren. Die Beobachtung ist eine pädagogische Kunst, die meist in ihrer Wirkung unterschätzt und daher zu wenig eingesetzt wird. Bereits in der Kinderkrippe sollten wir die Sprach-, Lese- und Schreibentwicklung des Kindes genau beobachten, dokumentieren und die richtigen pädagogischen Schlüsse daraus ziehen. Die pädagogische Trias lautet: Beobachten – Begleiten – Gestalten. Dabei sind die folgenden Lernwege dominant:

- *Spielerisches Lernen:* Bei der Begleitung der Kinder auf dem Weg hin zur gesprochenen Sprache – der Sprachentwicklung im Vorschulalter – dominiert in den ersten drei Lebensjahren das spielerische Lernen. Darüber hinaus hören und erleben die Kinder das spielerische Umgehen mit der eigenen Sprache in Sprachspielen, Reimen, Liedern und Versen. Sie hören aber auch die Sprache der anderen Kinder und von deren Bezugspersonen und Erwachsenen, die manchmal anders klingt als die eigene Muttersprache Deutsch. Spielen ist eine sehr angemessene und kindliche Form des Lernens. Gerade spielerische Übungen erleichtern manchmal den Zugang zu einem schwierigen und komplexen Problem (Petillon 2000).

● *Entdeckendes Lernen:* Wenn wir die Kinder bei ihrer Entdeckungsreise zur Sprache und Schrift begleiten und unterstützen wollen, bietet sich das entdeckende Lernen an. Diese Lernform dominiert im Alter zwischen drei und sechs Jahren; das Kind wird immer neugieriger, stellt immer mehr Fragen und wagt sich in die eigene Fantasie- und Traumwelt hinein. Es macht sich auf den Weg, die vielseitigen Möglichkeiten des Vorlesens, des Erzählens, des Als-ob-Lesens, des gezielten Zuhörens und des ersten und frühen Schreibens zu entdecken. Kinder können selbst Entdeckungen machen oder aber durch geschicktes Arrangieren geeigneter Lernsituationen zum Entdecken gebracht werden.

5.1.1 Das Drei-Stufen-Modell von Bruner

Für die Vorbereitung und Durchführung der praktischen Arbeit mit dem Lesen und Schreiben kann das Drei-Stufen-Modell des amerikanischen Psychologen Bruner (1987) bestens herangezogen und implementiert werden. Dieses praxiserprobte Modell kann auch mit dem bereits erwähnten hierarchisch gestuften Kommunikationsmodell des deutschen Sonderpädagogen Radigk (1991) gut kombiniert werden. Somit eröffnen sich der pädagogischen Fachkraft für die praktische Arbeit in der Kita drei geeignete Zugriffweisen, die je nach Entwicklungsstand des Kindes zu variieren sind.

1. Die *handelnde Stufe* – auch enaktive, gegenständliche oder aktionale Stufe genannt: Auf dieser ersten und untersten Stufe beschäftigen sich die Kinder ganz konkret im Spiel mit den sie direkt umgebenden Gegenständen, den greifbaren Materialien, den sichtbaren Personen und den erkennbaren Vorgängen aus ihrer unmittelbaren Lebenswelt der Familie oder der Kita. Sie nehmen den Ball in die Hand, werfen ihn der Mutter oder dem Vater zu und lallen oder sprechen dazu. Die Kinder haben hier räumliche Vorstellungen, weil alles dreidimensional und greifbar ist.

2. Die *bildhafte Stufe* – auch ikonische Stufe genannt: Auf dieser zweiten Stufe erfolgen das Lernen und die Weltaneignung des Kindes jetzt zweidimensional, d. h. hier arbeitet die pädagogische Fachkraft im Gegensatz zur ersten und un-

tersten Stufe mit selbst gemalten Bildern, Fotografien, selbst erstellten Zeichnungen, Skizzen oder einer PowerPoint-Präsentation. Bei der ikonischen Weltaneignung spielen auch die (Neuen) Medien wie Fernsehen und Computer eine bedeutsame Rolle. Bei schwächeren bzw. zugewanderten Kindern oder Kindern mit Behinderung, die mit der Sprache, den Begriffen und den Vorstellungen noch Probleme haben, muss aber immer wieder auf die erste Stufe zurückgegangen werden.

3. Die *sprachliche Stufe* – auch symbolische Stufe genannt: Auf dieser obersten und dritten Stufe arbeitet das Kind auf einem sehr abstrakten Niveau. Es lernt jetzt mehr und mehr, mit abstrakten Zeichen und Symbolen, mit Logos und Piktogrammen, mit Lauten, Zahlen und Buchstaben. Hier kommt es jetzt stetig zu Überlagerungen und zum Vermischen zwischen der gesprochenen Sprache und den ersten Aneignungsprozessen der Schrift, dem Lesen und Schreiben. Auf dieser obersten Stufe ist der Rückgriff insbesondere auf die zweite Stufe der Bilder zur besseren Verständigung und sprachlichen Darstellung notwendig.

Bei der Aneignung der Wirklichkeit und der Lebenswelt der Kinder sollen diese nach und nach im Sinne der neuen Kindorientierung bereits vor der Schule in ihrer symbolischen Weltaneignung gefördert und gefordert werden. Der Schriftspracherwerb in diesem Sinne ist ein wichtiges Thema für die Arbeit in der Kita und die Vorbereitung auf die Schule. Drei wesentliche Aufgaben kommen auf den Kindergarten heutzutage zu (Heitmann 2004, S. 5):

1. Vermittlung und Festigung von Grundlagenwissen
2. Vermittlung von Sprache und Entdeckung der Schrift
3. Ausgleich unterschiedlicher Lebensbedingungen und Lernvoraussetzungen

5.2   Nationale Bildungspläne

Die Bildungspläne bzw. Bildungsprogramme für die Kindergärten in Deutschland wurden Ende der 1990er-Jahre entwickelt. Sie werden zumeist als Entwurf oder auch Programm vorgestellt und sollen in der praktischen Arbeit in der Kita erprobt und bewertetwerden. Bildungspläne haben keinen verpflichtenden Charakter; sie werden den Kitas zur Anwendung und Umsetzung empfohlen. Hier liegt eine Schwachstelle im deutschen Bildungssystem: Zum einen gehen nicht alle Kinder in die Kita – es gibt im Gegensatz zur Schulpflicht keine Kita-Pflicht – und zum anderen müssen die Pläne nicht verpflichtend im Sinne von Lehrplänen umgesetzt werden. Jede Kita hat die Möglichkeit, eigene Akzente und Schwerpunkte innerhalb der Bildung zu setzen.

Die zentrale Fragestellung der Bildungspläne ist: Wie sollen eine zeitgemäße und aktuelle Betreuung, Erziehung und Bildung von Kindern in den frühkindlichen Einrichtungen bis zum Schuleintritt aussehen? Diese Frage kann durchaus von den sechzehn verschiedenen Bildungsplänen beantwortet werden. Problematisch sind in den einzelnen Bundesländern die politische Zuständigkeit und Verantwortung. Zumeist sind unterschiedliche Ministerien, wie z. B. die Sozialministerien für die Betriebserlaubnis der Einrichtung und die Kultus- oder Bildungsministerien für die Ausbildung und berufliche Zulassung der Erzieher/innen, zuständig. So kommt es immer wieder zu Auseinandersetzungen, wie z. B. bei der Frage der Inklusion, der Migration und der notwendigen Schwerpunktsetzungen. Die Bildungspläne haben in Deutschland die gesamte frühkindliche Bildung theoretisch und praktisch neu belebt und bilden das Fundament des elementaren Bildungssystems. Sie wollen eine hohe Bildungsqualität erreichen und orientieren sich an den neuesten wissenschaftlichen Erkenntnissen über Lernen in der frühen Kindheit.

Die Bildungspläne beschreiben in der Regel auf der Grundlage der Rahmenrichtlinien für die vorschulische Erziehung programmatische Aussagen zu den Grundpfeilern des heutigen Bildungsverständnisses, Ziele der pädagogischen Bildungsarbeit in den Kinderkrippen und Kitas, Aufgaben der Träger, der pädagogischen Leitung und der verantwortlichen Fachkräfte sowie frühzeitige und notwendige Kooperationsformen mit den Grundschulen.

Daneben gibt es in vielen Bundesländern Handreichungen bzw. Handlungsempfehlungen für die praktische Arbeit in der Kita mit ausführlichen Erläuterungen für die Umsetzung des Bildungsprogramms in der jeweiligen Bildungseinrichtung des Elementarbereichs. Die Kerninhalte bzw. die zentralen Bildungsbereiche der Bildungsprogramme decken sich inhaltlich und konzeptionell im Großen und Ganzen. Auffallend ist, dass in fast allen Bildungsprogrammen Sprache und Schrift gleichermaßen als vorherrschende Kommunikationsmedien genannt werden. Daher ist es sinnvoll und notwendig, gerade in den ersten Lebensjahren den Spracherwerb und die Schriftaneignung als gemeinsames Bildungspaket zu betrachten.

In den Bildungsplänen der heutigen Zeit steht nicht die Institution, sondern das Kind im Zentrum der pädagogischen Betrachtungen. Der Fokus der vorschulischen Erziehung und Bildung ist auf das Kind mit seinem Anspruch auf die Entwicklung einer individuellen Persönlichkeit mit speziellen Bedürfnissen gerichtet. Das Kind wird als ein neugieriges, wissbegieriges, kompetentes, sich entwickelndes und lernendes Wesen betrachtet.

5.3   Grundriss der Elementardidaktik: Ideen zur Entwicklung einer Kita-Konzeption

An dieser Stelle werden fachdidaktische Aspekte aufgezeigt, die in Überlegungen der frühkindlichen Pädagogik einfließen sollten. Die gemeinsam erarbeitete Kita-Konzeption von Träger, Leitung, Fachkräften, Eltern und Kindern bildet den Kern und die Basis aller weiteren Überlegungen, Planungen und Umsetzungsmöglichkeiten. Dabei wollen wir wichtige Merkmale herausarbeiten und die Elementardidaktik der Sprache und Schrift im Grundriss skizzieren. Die Elementardidaktik gibt in groben Zügen die Richtung der Förderung und Bildung in den ersten sechs Jahren vor, will die Kinder auf die Schule vorbereiten und so den Übergang von der Kita in die Grundschule erleichtern.

5.3.1   Thesen zum Einstieg in die Fachdidaktik

Die folgenden thesenartigen Überlegungen sollen die Grundauffassung und pädagogische Haltung der pädagogischen Fachkräfte noch einmal deutlich herausstellen.
- Kinder sind klüger, als wir annehmen.
- Kinder brauchen kompetente und engagierte Fachkräfte.
- Kinder brauchen eine dosierte Überforderung.
- Kinder brauchen mehr Zeit zum Lernen.
- Kinder brauchen mehr Vertrauen in die eigene Person.
- Kinder brauchen anregende Bildungsräume zum Lernen.
- Kinder brauchen früh geistige, kognitive und abstrakte Anforderungen.
- Kinder brauchen kreative, vielseitige und intensive Interaktionen.
- Kinder brauchen kompetente Sprachvorbilder in der Familie und in der Kita.
- Kinder brauchen täglich gezielte soziale Angebote und Streicheleinheiten.

5.3.2   Merkmale einer frühkindlichen Didaktik

Als grundlegende Merkmale einer frühkindlichen Didaktik in den ersten sechs Lebensjahren im Hinblick auf Sprache und Schrift sind zu nennen (Reich 2013, S. 55):
- *Bedeutsamkeit von Sprache:* Die Bedeutsamkeit von Sprache für das Spielen, Tun, Handeln und Lernen des Kindes gerade in den ersten Lebensjahren ist unbestritten und in den letzten zehn Jahren im Rahmen der frühkindlichen Bildung als besonders wichtig und bedeutsam für die sprachliche und kognitive

Entwicklung des Kindes herausgestellt worden. Die Sprache ist kein Bildungs-bereich, sondern eine Schlüsselkompetenz des Kindes, die erst die Vorausset-zung schafft, die Bildungsbereiche umzusetzen und dem Kind zu vermitteln.

- *Einbettung:* Die Kita-Didaktik »Sprache und Schrift« – andere sprechen auch von einem frühkindlichen Curriculum – sollte eingebettet werden in die so-zialpädagogisch ausgerichtete Konzeption der Kita, die gemeinsam von dem Träger, der Leitung, dem pädagogischen Team und den Eltern getragen wird. Die Sprache muss in die gesamte Kita-Arbeit implementiert werden. Nur sie allein kann zur Vermittlung und erfolgreichen Aneignung der Bildungsbereiche beitragen.
- *Durchgängigkeit:* Die Kinder kommen bereits als sprachlich mehr oder weniger kompetente junge Menschen aus ihren Familien in die Einrichtung. Die mit-gebrachten individuellen Sprachlernvoraussetzungen des Kindes müssen exakt analysiert werden. Dabei sind die Stärken und Potenziale, aber auch die Schwä-chen und Hindernisse aufzudecken und zu beschreiben und danach konzeptio-nell aus einem Guss von der Krippe über die Kita bis in die Grundschule hinein zu entwickeln.
- *Motivation:* Die Freude an der Sprache und am Sprechen sowie die Lernbereit-schaft in Verbindung mit Neugier und Fantasie bilden die Grundlage aller päd-agogischen Bemühungen in der Kita. Spaß, Humor und Witz beim Sprechen und Lernen können die Arbeit in der Kita bereichern. Diese Motivation sollte auch auf die ersten Lese- und Schreibversuche des Kindes übertragen werden.
- *Maßnahmenbeginn:* Nur eine früh einsetzende, intensive und gezielte Sprach-bildung und Schriftannäherung können ungünstige oder gar fehlende Bedin-gungen im Elternhaus erkennen und möglicherweise ausgleichen. Wir sollten allerdings nichts überstürzen und nicht zu früh mit den Maßnahmen beginnen.
- *Lernzeit:* Die Ausweitung der individuellen Lernzeit, die dem einzelnen Kind insbesondere beim Erwerb von Deutsch als Zweitsprache zur Verfügung ge-stellt wird, sollte zeitlich betrachtet auf vier bis sieben Jahre ausgeweitet werden, um nachhaltige Effekte und für das Kind spürbare Erfolge erzielen zu können. Ebenso braucht das Kind weitere unterstützende und stärkende Anregungen aus dem sozialen Umfeld seiner Familie und Kultur.
- *Mehrsprachigkeit:* Die zwei- und mehrsprachigen Ansätze haben gegenüber den einsprachigen Konzepten durchaus Vorteile, weil sie von Beginn an die Her-kunftssprache der Kinder einbeziehen und eine große Toleranz und Motivation bezüglich der Sprachen zeigen. Der Mehrsprachenerwerb sollte sich nach und nach in den Einrichtungen durchsetzen.
- *Lebenswelt:* Die Bildungsziele der geplanten Bildungsmaßnahmen, die Erwar-tungshorizonte der Erzieher/innen und pädagogischen Fachkräfte, die Sozial-formen, Methoden, Arbeitstechniken werden mitten aus dem Leben der Kinder

und deren Familien entnommen und in die pädagogische Konzeption der Kita eingebettet. Dabei sollte die deutsche Sprache als die Bildungssprache als Ziel, Medium und Gegenstand verstanden werden.

Wenn wir diese Merkmale kennen und in unserer Arbeit berücksichtigen, wird deutlich, dass empirische Forschung handlungsleitend für die praktische Arbeit im Alltag der Kita sein kann. Nur so können wichtige und notwendige Rahmenbedingungen sinnvoll und Erfolg versprechend verändert werden.

5.3.3 *Phasen der Bildungsaktivitäten*

Sprachbildung und Schriftaneignung verstehen sich als Prozesse, die die Potenziale, Ressourcen und Möglichkeiten eines Kindes aufdecken und weiterentwickeln bzw. »an die Oberfläche« transportieren und für die Außenwelt sichtbar machen. Ganz wesentlich ist hierbei, dass die Bildungsangebote und -aktivitäten innerhalb der Interessengebiete der Kinder liegen. Bei der Gestaltung und Umsetzung in die tägliche Kita-Arbeit werden vier Phasen unterschieden:

- *Phase 1: Die Sprachentwicklungs- und Schriftspracherwerbsanalyse*
  Die Analyse und Feststellung der familiären Entwicklungsbedingungen und individuellen Lernvoraussetzungen des Kindes sind die Voraussetzung für die Planung, Durchführung und Reflexion dem Kind angepasster Bildungsaktivitäten. Es geht hier um die Ermittlung der individuellen Lernausgangslage des Kindes.
- *Phase 2: Die Planung, Vorbereitung und Umsetzung der notwendigen Bildungsprozesse*
  Das Kind dort abzuholen, wo es steht, heißt hier konkret, die ermittelten Bedürfnisse aufzugreifen und die Bildungsaktivitäten genau dort anzusetzen und dem Kind anzubieten. Die Analyse und die folgende Gestaltung der Aktivitäten sollten aus einem Guss heraus entwickelt werden. Die Formulierung der Lernziele, die Entscheidung für bestimmte Vermittlungsmethoden und die Festlegung des kleinschrittigen und strukturierten Vorgehens sind notwendig.
- *Phase 3: Die Dokumentation im Portfolio und in der Entwicklungsakte*
  Die gezeigten Leistungen des Kindes müssen schriftlich dokumentiert werden, damit die Fachgespräche im Team und die notwendigen Gespräche mit den Eltern fruchtbar, transparent und weiterführend sind. Ebenso können die erzielten Wirkungen durch die strukturierte Beobachtung und Dokumentation im Portfolio und in der Entwicklungsakte notiert und dokumentiert werden.

● *Phase 4: Die Prognose mit dem Blick in die Zone der nächsten Entwicklung*
Jetzt steht die Prognose der weitergehenden Bildung des Kindes bezogen auf
Sprache und Schrift im Blickpunkt. Wygotski (1977) bezeichnet diese Betrachtung des Erwartungshorizonte als »Zone der nächsten Entwicklung«. Die pädagogische Fachkraft sollte hier die Frage stellen: Hat das Kind in der Kita die
notwendigen Voraussetzungen erworben, um die vier bekannten Bildungsstandards im Fach Deutsch zu erfüllen? Wird das Kind den möglichen Anforderungen in der Schule gerecht im Hinblick auf die Konzentrationsfähigkeit und
das Vermögen, längere Zeit still zu sitzen und sich in eine größere Gruppe zu
integrieren? Hier geht es um die Frage der Schulreife. Ist das Kind bereit und
fähig, erfolgreich die erste Klasse der Grundschule zu durchlaufen?

Der so verstandene und praktizierte Bildungsplan des jeweiligen Bundeslandes
mit seinen Bildungsbereichen wird damit zu einem wichtigen Element der didaktischen Steuerung der individuellen Lernförderung, und zwar angefangen von
der Analyse bis hin zur Planung und konkreten Gestaltung der Bildungsprozesse.
Dazu gehören zentrale Qualitätsmerkmale, die für eine interessante, wirkungsvolle und nachhaltige Bildung in den Bereichen Sprache und Schrift sorgen.

Die Kindergruppe mit etwa 24 Kindern ist ein soziales System mit sehr komplexen Strukturen und sozialen Prozessen. Wir kennen alle die sehr schwierig
einzuschätzende Beziehungsebene der Fachkräfte und gleichzeitig die der Kinder
untereinander. Ebenso bereitet uns die Strukturebene der Gruppe mit den hierarchisch geordneten sozialen Verhältnissen und den vermittelten Regeln innerhalb
der Gruppe zumeist große Probleme. Die pädagogische Fachkraft sollte folgende
Hinweise zur Gestaltung der Bildungsaktivitäten bedenken, mit anderen Kolleginnen und Kollegen besprechen und den die Umsetzung ausprobieren.

5.3.4   *To-do-Liste für pädagogische Fachkräfte*

Eine kritische und ehrliche Nachbetrachtung ist unbedingt nötig, um die notwendigen Korrekturen vornehmen zu können.

to do	Wie?	O. k. – erledigt!
Organisation	Gestaltung von Gruppenstrukturen unter Beachtung der Gruppen-dynamik	
Bildungssprache	kontinuierlicher Dialog mit dem Kind in der Hochsprache	
pädagogische Haltung zum Kind	große Bedeutung des Auftretens gegenüber dem Kind	
Lernatmosphäre	Kinder dürfen Fehler machen, Erzie-herinnen auch, allerdings: Fähigkeit zur kritischen, konstruktiven Refle-xion.	
Kommunikations-strukturen	Dialog auf Augenhöhe, sich beim Sprechen in der Tat auf Augenhöhe bewegen; Erzieherin und Kind liegen auf dem Boden; Erarbeitung von Ge-sprächsregeln	
Partizipation	emotional, sprachlich, kognitiv und sozial gleichberechtigte Teilhabe an allen Aktivitäten	
Elternbildung	Planung von Elterngesprächen, teamspezifische Elternabende	

Tab. 7: To-do-Liste (Korrekturen)

Organisation Hier geht es um die regelmäßige Kommunikation, Interaktion und Kooperation zwischen der Leitung und dem pädagogischen Team, zwischen den pädagogischen Fachkräften untereinander, um den Austausch mit externen Fach-kräften und Therapeut/innen (Logopäd/innen, Ärzt/innen und Psycholog/innen) und den Eltern. Dabei sollen alle Fragen ernst genommen werden, und die Kita sollte über die gestellten Erwartungen und Anforderungen transparent informie-ren (über Elternbriefe, Gespräche, das Schwarze Brett oder über schriftliche On-line-Informationen). Für Fortbildungen der Fachkräfte, Informationsabende für die Eltern, Elternsprechtage, Feste, aber auch den Umgang mit Stresssituationen, Konflikten in der Gruppe und unangenehme Fragen der Eltern sollten ausrei-chend Zeit und Gelegenheit zur Verfügung gestellt werden.

Pädagogische Haltung Jede pädagogische Fachkraft hat einen Führungsstil, den sie sich aufgrund ihrer bisherigen Erfahrungen oder aus ihrer Ausbildungszeit zur Erzieherin angeeignet hat. Häufig wird dieser Führungsstil jedoch nicht persönlich reflektiert; eine offene kollegiale Beratung ist in den meisten Teams noch zu wenig etabliert. Es ist von entscheidender Bedeutung, das eigene Handeln immer wieder zu hinterfragen und ebenso die objektive, fachliche Rückmeldung von Kolleg/innen zu erhalten. Grundsätzlich unterscheiden wir den eher autoritären und strengen vom demokratischen und sozial-integrativen und vom eher lockeren Laisser-faire-Stil, der meist alles in der Gruppe zulässt.

Bildungssprache Es sollte zu einer Selbstverständlichkeit in jeder deutschen Kita werden, dass die Verkehrssprache die deutsche Sprache ist. Dabei ist auf die Hochsprache zu achten; nur in Ausnahmefällen sollte die regionale Mundart gesprochen werden. Die Bildungssprache Deutsch muss als die verpflichtende Sprache in der Kita von allen Beteiligten und Verantwortlichen respektiert und akzeptiert werden.

Gruppenklima Das emotionale und soziale Klima in der Kindergruppe und der Umgang mit den pädagogischen Fachkräften sind ganz entscheidend für den Erfolg oder Misserfolg der gesamten pädagogischen Arbeit in der Kita. Diese überträgt sich auch auf die Zusammenarbeit mit den Eltern. Nur in einem angenehmen Gruppenklima fühlen sich die Kinder, die Fachkräfte und die Eltern wohl und können ihr Bestes geben.

Kommunikation Die Kommunikation zwischen den Fachkräften im Team, den Fachkräften und den Kindern, den Kindern untereinander in der Gruppe und den Fachkräften mit den Eltern ist eine wichtige Grundlage und Basis für eine erfolgreiche Arbeit in der Kita und speziell in der Gruppe. Die Fachkraft sollte engagiert arbeiten, gut erklären können, gezeigte Leistungen loben, Konflikte konstruktiv lösen, gute Ideen einbringen, den Interessenhorizont der Kinder berücksichtigen, Humor und Witz an den Tag legen und während des gesamten Tagesablaufs Grenzen aufzeigen und strikt einhalten.

Partizipation Die soziale Teilnahme, Teilhabe und Gestaltung an allen Aktivitäten der Gruppe und der Kita sind ein Grundrecht des Kindes! Nur durch Teilhabe können Kinder lernen, Verantwortung zu übernehmen und selbst wirksam zu werden. Insbesondere geht es um soziale Teilhabe von Kindern mit Migrationshintergrund und die Einbeziehung der Kinder mit sozialen Gefährdungen, kognitiven oder sprachlichen Störungen und komplexen Behinderungen.

Elternbeteiligung Die Elternbeteiligung ist die Grundlage aller Bildungsaktivitäten in der Kita. Je nach Intensität und Gestaltung werden die pädagogische Qualität der Angebote in der Kita und die nachhaltige Wirkung beim Kind erhöht oder aber stark reduziert. Die Gestaltung der Elternbeteiligung kann nur in einer engen, vertrauensvollen und partnerschaftlichen Atmosphäre verlaufen.

Regeln Kinder brauchen Zeit zum Nichtstun, zur Muße und zum freien, unkontrollierten Spielen, Lernen und Experimentieren, gerade bei der Sprachbildung und Schriftaneignung. Dennoch sollten sie die Grenzen kennen und wissen, dass man gerade in der Kommunikation bestimmte Gesprächsregeln unbedingt einhalten muss, wie z. B. gut und aufmerksam zuhören, freundlich und respektvoll miteinander umgehen, das Gegenüber mit dem Namen ansprechen und beim Sprechen auch anschauen, den anderen aussprechen lassen und der tägliche bewusste Gebrauch der sogenannten »Zauberwörter« wie bitte, danke oder Entschuldigung. Diese Regeln sollten immer gemeinsam mit den Kindern erarbeitet werden. Regeln, die Kinder mitentwickelt haben und die für sie eine Sinnhaftigkeit darstellen, werden im Alltag viel eher von ihnen umgesetzt.

Rituale Hierunter verstehen wir das tägliche Schaffen ritualisierter Sprachanlässe, wie z. B. in der Bring- und Abholsituation, beim Morgenkreis, in der wöchentlichen Kinderkonferenz, beim Abschlusskreis, bei den Mahlzeiten und anderen in der Kita eingeführten Sprechsituationen und Sprechanlässen.

Raumgestaltung Gerade für die Sprachbildung und die Schriftaneignung und hier speziell für die Praxis des frühen Schreibenlernens sind gewisse Voraussetzungen in den Räumen notwendig: passende Sitzgelegenheiten (z. B. körpergeeignete Stühle und Tische), geeignete Raumtemperatur, ausreichender Lichteinfall, großformatige Papiere wie Tapetenrollen, dicke Wachsmalstifte, Fingerfarben, farbige Wandtafelkreide, große Tafel an der Wand, Riesenbuntstifte und geeignete Hefte mit Reihen.

Kooperation Die Zusammenarbeit sollte auf den folgenden Ebenen konfliktfrei, stressfrei, vertrauensvoll und partnerschaftlich erfolgen und erfolgreich funktionieren: erstens die Zusammenarbeit zwischen dem Träger und der Kita-Leitung, zweitens zwischen der Kita-Leitung und dem pädagogischen Team der Fachkräfte, drittens innerhalb des Kita-Teams und viertens schließlich zwischen der Kita und den Eltern.

Konfliktmanagement Konflikte zwischen den beteiligten Fachkräften sowie Streitigkeiten mit den Eltern gehören zum Alltag der Kita. Dabei ist es wichtig, offen und ehrlich miteinander umzugehen und realistische und dauerhafte Lösungen zu suchen und zu finden. Die pädagogischen Fachkräfte sollen die auftretenden Konflikte managen, d. h. dauerhafte und einvernehmliche Lösungen finden. Hierbei sollte in regelmäßigen Abständen die Unterstützung einer Fachberatung hinzugezogen werden.

Sozialformen In dem Setting Kita sind bestimmte Formen des Miteinanderumgehens notwendig, um die Vermittlung der Sprache zum einen und die Aneignung der Kulturtechniken Lesen und Schreiben zum anderen an die Kinder heranzubringen. Dabei sind alle realistischen und im Alltag vorkommenden Formen der Interaktion und Kommunikation gefragt: Gespräche zu zweit, zu dritt, in der Kleingruppe, am Tisch, am runden Tisch, in einer kleinen Kinderkonferenz in der Kita einmal pro Woche oder Monat, der Morgenkreis, die tägliche Verabschiedung aus dem Gruppenraum.

Qualitätskontrolle Heutzutage steht mehr denn je der Output im Blickpunkt von Bildungsmonitoring und Evaluationsdiskussion. Die Kontrolle und Dokumentation der durchgeführten Aktivitäten und gemachten Angebote sollten sehr sorgfältig geplant, umgesetzt und in ihrer Wirkung kontrolliert, überprüft und schriftlich festgehalten werden. Dabei bieten sich für die Arbeit in der Kita die Entwicklungsakte des Kindes, das Portfolio, das Gespräch mit dem Kind bzw. den Kindern und das tägliche Gespräch mit den Kolleg/innen sowie mit den Eltern an.

Medien Der Umgang mit den Neuen Medien, insbesondere mit den digitalen Medien, wird immer mehr zum zentralen Thema der Arbeit in der Kita. Nicht nur die pädagogischen Fachkräfte und die Eltern nutzen die digitalen Medien; zunehmend werden diese auch von den Vorschulkindern genutzt. Der Umgang mit dem Computer, dem Fernseher und das Nutzen eines Handys oder Smartphones sollten mehr und mehr diskutiert und der Einsatz in der Kita konkret besprochen werden.

Weitere Hinweise durch die pädagogische Fachkraft Hier geht es darum, dass weitere wichtige Merkmale der pädagogischen Qualität genannt, beschrieben und in der Diskussion im Team besprochen werden.

5.4 Erfolgreiche Sprachlehrstrategien aus dem Ideen-Center

Strategie Eine pädagogische Strategie ist ein genauer Plan des Vorgehens der pädagogischen Fachkraft, der dazu dient, ein bestimmtes abgesprochenes und formuliertes Bildungsziel in einer bestimmten Zeit zu erreichen. Strategien sind pädagogische Handlungsmuster für die Fachkraft, die günstige Dynamiken beim Kind, in seiner Familie und in der Kita hervorrufen und so positive Auswirkungen auf die Entwicklung des Kindes ausüben. Zur Strategie gehören die Planung, Durchführung und Umsetzung sowie die Überprüfung der Wirksamkeit der durchgeführten Maßnahme.

Grundlage der strategischen Arbeit Grundlage ist eine solide und umfassende Analyse. Die Kinder sollen in ihren Lern- und Entwicklungsprozessen begleitet, unterstützt und durch geeignete, dem Entwicklungsstand angepasste Bildungsangebote im Rahmen ihrer Möglichkeiten und Potenziale weiter vorangebracht werden. Dabei sollen individualisierte Bildungs- und Lernprozesse auf die Bedürfnisse des Kindes abgestimmt werden und an den Kompetenzen, Stärken und Interessen des Kindes anknüpfen.

Persönlichkeit des Kindes Das Kind sollte in seiner »ganzen« Persönlichkeit als Einheit gesehen und im Bereich der Kommunikation und der Sprache entsprechend gefördert werden. Dabei sollen verschiedene Sinne, wie z. B. das Hören und das Sehen, und mehrere Bildungsbereiche angesprochen und in ihrer Wirkung und Zielsetzung umgesetzt werden.

Sprachbildung und Schriftaneignung Sprache hat für das Spielen und Lernen eine ganz zentrale Bedeutung für die kindliche Entwicklung, die folgende Schulkarriere und den sich daran anschließenden Berufserfolg. Ohne Sprache sind kein Lernen, kein Aneignen von Weltwissen möglich. Die gesprochene Sprache wird nach und nach im Laufe der kindlichen Entwicklung ergänzt, unterstützt und erweitert durch die Schriftaneignung. Dabei gehen die Kinder unterschiedliche Wege und benötigen Unterstützung durch die Familie und die Kita, ebenso wie gezielte Anregungen. Die Literacy-Erziehung spielt dabei eine wichtige Rolle. Der weit verbreitete Begriff »Literacy« bzw. die Literacy-Erziehung wird hier bewusst aus zwei Gründen nicht in den Mittelpunkt gestellt: Erstens kann der aus dem angloamerikanischen Raum stammende Begriff nicht angemessen und zielführend übersetzt werden, und zweitens handelt es sich um ein sehr vages Konzept mit unscharfen Konturen und Hinweisen für ein fachdidaktisch notwendiges Vorgehen; zumeist spricht man sehr allgemein von der Buch-, Erzähl- und Schriftkultur.

Entwurfsskizze einer Elementardidaktik Im Folgenden soll der Versuch unternommen werden, die Didaktik »Sprachbildung und Schriftaneignung« in groben Zügen zu skizzieren. Dabei geht es um den Sprachaufbau, wie z. B. den Wortschatz und die Optimierung der Sprachfähigkeit des Kindes, die es als Muttersprache und als Familiensprache aus seiner Familie mit in Krippe und Kita bringt. Die hier vorgestellte »Didaktik Sprache & Schrift« will zunächst den Sprachaufbau des Kindes unterstützen und danach seine Schriftaneignung positiv begleiten. Weiterhin sollen die wichtigen Vorläuferfertigkeiten wie Einstellung und Haltung zur Sprache, Gedächtnis, Aufmerksamkeit des Kindes aufgegriffen und gefördert werden, damit die Schriftaneignung und damit der Weg in die Grundschule gut und erfolgreich gelingen können. Die »Didaktik Sprache & Schrift« will die Bildungsprozesse umfassend und zielgerichtet steuern und an die genannten Bildungsstandards als Mindeststandards andocken.

Hier geht es in der Tat um eine bewusste Zusammenstellung von Ideen, Beispielen und Themen, die zur Herausbildung der im Folgenden genannten Kompetenzen als erwartete Lernergebnisse des Kindes zu verstehen sind. In einem zweiten Schritt werden zu jedem der vier Kompetenzbereiche strategische Hinweise für die pädagogische Arbeit geliefert. Die genannten Strategien erheben keinen Anspruch auf Vollständigkeit, sie bilden auch in der hier vorgestellten Reihenfolge keine Rangreihe ab und müssen je nach durchgeführter Analyse und Profilerstellung nicht alle ein- und umgesetzt werden. In der folgenden »To-do-Liste« kann die pädagogische Fachkraft die Strategien ankreuzen, die mit dem Kind umgesetzt werden müssen, um positive Entwicklungsprozesse hervorzurufen.

To-do-Liste	Wie und wann einzusetzen?	erfolgreich eingesetzt
kindgerichtete Sprache		
Zuhören		
Verstehen		
Sprechen		
Erzählen		
Bilderbuch		
Sprachgebrauch		

Tab. 8: To-do-Liste (Strategien)

Bei all diesen Überlegungen ist eine Trennung in die Gruppe der unter Dreijährigen (U 3) und der über Dreijährigen (Ü 3) nicht sinnvoll, da wir teilweise große Abweichungen hinsichtlich der individuellen Entwicklung der Kinder erleben. Beim Spracherwerb erleben wir im ersten Lebensjahr und auch bei der Einschulung Unterschiede von zwei, ja manchmal gar drei Entwicklungsjahren. Dieser

Erkenntnis müssen wir Rechnung tragen und im Einzelfall bei der Auswahl der Strategie die Entwicklungs- und Lernvoraussetzungen sowie das soziale Umfeld bestens kennen und berücksichtigen. Rezeptartige Vorschläge sind nicht erfolgreich.

5.4.1   »Bitte, Mama, sprich doch mit mir!« (Strategien einer am Kind orientierten Sprache)

Die auf das Kind ausgerichtete Sprache wird in der Fachliteratur als kindgerichtete Sprache (KGS) bezeichnet. Der Erwachsene orientiert sich an der Sprache des Säuglings bzw. des Kleinkinds, insbesondere im Hinblick auf die Sprachmelodie, den Klangcharakter sowie Mimik, Gestik und vor allem den Blickkontakt. Dabei können die folgenden Aspekte besonders wirksam herausgestellt werden:

1. *Sprache der Mutter*

   Die Ammensprache wird auch als das »Mutterische« bezeichnet und meint die instinktiv orientierte kindliche und kindische Sprache der Mutter. Diese uralte und bei vielen Müttern und Vätern bekannte Verhaltensweise im Umgang mit dem Säugling und Kleinkind ist eine uralte Kompetenz. Sie wird im ersten und zweiten Lebensjahr praktiziert und nimmt danach an Bedeutung ab. Hier spricht der Erwachsene sehr kindbezogen, über das Kind gebeugt oder dem Kind zugeneigt (face to face). Er spricht dabei melodisch, langsam und in ganz einfachen Sätzen und orientiert sich an dem momentanen Entwicklungsstand und Sprechverhalten des Kleinkindes.

2. *Blickkontakt mit den Gesprächspartnern*

   Gerade beim Babytalk ist der Blickkontakt, das zugeneigte, freundliche und mit einem Lächeln versehene Sprechen, enorm wichtig. Dadurch wird dem Kind Interesse an seiner Person signalisiert, es wird ernst genommen und hat das Gefühl, in der jeweiligen Situation wichtig zu sein. Das Kleinkind gibt dem Gegenüber zu verstehen: »Mach doch was, sag was, und sprich mit mir!« So werden die ersten Lallmonologe, Lallsilben und vielleicht auch schon die ersten Wörter gesprochen.

3. *Zeit für sich, die Familie und das Kind*

   Zum einen brauchen die Erwachsenen Zeit, um sich mit dem Kind zu beschäftigen, sich ihm zuzuwenden und geeignete Anregungen zu geben. Pausen und Wiederholungen tun dem gesamten Spracherwerb gut. Zum anderen braucht das Kind Zeit und auch Gelegenheit, sich zu äußern, Sprachversuche zu starten und Sprache zu produzieren. Das Kind braucht das Gefühl, dass es Fehler machen darf und dass es seine Möglichkeiten in und mit der Sprache austesten kann, ohne umgehend korrigiert oder gar getadelt zu werden. Das Sprechen ist dabei sehr hörerbezogen und braucht die volle Aufmerksamkeit des jeweiligen Gegenübers. Erst kommt das aufmerksame Zuhören, und danach kann sich das Verstehen der Sprache entwickeln.

4. *Emotionen tragen die Stimme*
Die Eltern sollten sich in das Kind hineinversetzen, mit Herz und Seele dabei sein und Gefühle zeigen. Traurigsein, Weinen, Lächeln und lautes Lachen gehören zur Sprache. Gerade die Emotionen tragen unsere Stimme; sie bringen Atmosphäre und Stimmung in die Sprechsituation hinein. Dadurch spürt das Kind Sympathie oder Antipathie, Angenommensein oder Ablehnung, entwickelt Vertrauen zum Gesprächspartner und auch Sicherheit in der täglichen Kommunikation.

5. *Das Zeigen mit der Hand und den Fingern*
Der bewusste und gezielte Einsatz von Gebärden, insbesondere das Zeigen mit der Hand, kann die Konzentration des Kindes auf eine wichtige Situation und Person in der Kita lenken. So kann die pädagogische Fachkraft allein schon durch ihre Körpersprache die Aufmerksamkeit des Kindes herbeiholen und auf bestimmte sprachliche Aspekte hinsteuern.

6. *Die Stimme macht Stimmung*
Der Einsatz der Stimme – laut und leise oder schnell und langsam – kann zum einen Gefühle, Wünsche und aktuelle Gemütszustände (wie froh und lustig oder traurig und niedergeschlagen sein) beschreiben und zum anderen den Fokus noch einmal auf das Gesagte lenken. Auch die Sprechgeschwindigkeit, die Betonung bestimmter Begriffe und die bewussten Sprechpausen der pädagogischen Fachkraft können die Aufmerksamkeit des Kindes in bestimmten Situationen und Handlungen enorm erhöhen.

7. *Das Verstehen kommt durch das Zuhören*
Die pädagogische Fachkraft kann durch eine wohlausgewogene und nicht überzogene Wiederholung von Wörtern oder Sätzen das Verstehen von Wörtern, Begriffen, Sätzen, Texten und Inhalten fördern. Dazu gehört auch die berichtigte Wiederholung von Wörtern oder Sätzen, ohne dem Kind damit »auf den Wecker zu gehen«.

5.4.2   »Hör gut zu und sprich mit mir!« (Strategien einer am Kind orientierten Sprache in der Krippe)

Arbeiten am Modell Die Modellierungstechniken wollen das angestrebte Wort oder den Satz behutsam an das Kind herantragen, und zwar so, dass das Kind die sprachlichen Muster übernimmt. Dabei unterscheiden wir nach Dannenbauer und Adler (2011) verschiedene Techniken des Modellierens:

1. *Die berichtigte Wiederholung*

Die pädagogische Fachkraft sollte die sprachliche Äußerung des Kindes in der jeweiligen aktuellen Situation aufgreifen und in berichtigter Form dem Kind wieder zuspielen. Kritische Hinweise und oberlehrerhaftes Verhalten sind hier nicht angezeigt und müssen unterbleiben. Die Entwicklung der Sprache erfolgt weitgehend über das immer wiederkehrende Hören sprachlicher Muster. Wiederholungen von schwierigen Wörtern, Begriffen und Sätzen führen nach und nach zu den korrekten lautlichen und grammatikalischen Formen. Kind: »Dummi.« Erzieherin: »Ja, das ist ein Gummi.«

2. *Erweiterungen*

Knappe und unvollständige sprachliche Äußerungen des Kindes werden aufgegriffen, in eine korrekte Form, d. h. in einen ganzen Satz, gebracht und dem Kind wiedergegeben. Beispiel: Kind: »Papa brumm brumm.« Erzieherin: »Ja, Papa kommt dich heute mit dem Auto abholen!«

3. *Präsentation*

In den alltäglichen Situationen des Kita-Alltags werden korrekt gesprochene Wörter und grammatische Zielstrukturen dem Kind immer wieder gut hörbar vorgesprochen. Das Sprachvorbild hat eine sehr wichtige Aufgabe. Die sprachliche Präsentation beeinflusst unbewusst das Hören und übernimmt sozusagen die interne Lernsteuerung des Kindes.

4. *Das Parallelsprechen*

Das Parallelsprechen wird auch als Begleitsprache in der Literatur erwähnt und bezeichnet. Die eigenen Handlungen der Erzieherin und das Tun des Kindes in der Kita werden sprachlich begleitet. Das Tun des Kindes und die gleichzeitig angebotene Sprache bilden in sich eine geschlossene Einheit. Die Sprache steuert das Tun, und umgekehrt steuert das Tun die Sprache des Kindes. Damit wird der enge Zusammenhang von gesprochener Sprache und Tun deutlich.

5. *Fragen stellen*

Der kindliche Drang zum Fragen beginnt ab dem zweiten und dritten Lebensjahr. Dieser Drang ist unbedingt aufzugreifen und durch ein entsprechendes Frageverhalten zu erwidern. Dabei sollten eher offene Fragen formuliert und gestellt werden. Offene Fragen beginnen mit: Wer, Wo, Was, Wann, Wie … Ebenso eignet sich das Stellen von Alternativfragen, wie z. B.: »Meinst du stark oder straff?« Die Entwicklung einer Fragekultur in der Gruppe und in der Kita ist enorm wichtig, d. h. die Kinder lernen von Anfang an, immer dann, wenn sie etwas nicht verstehen, Fragen zu stellen und von der pädagogischen Fachkraft Antworten einzufordern.

6. *Geeignete Sprechanlässe*

Geeignete Lerngelegenheiten bietet eine vorbereitete Lernumgebung, in der ein möglichst hoher, intensiver und gezielter Sprachumsatz erfolgen kann. So können zum einen an Rituale gebundene Sprachanlässe und Situationen geschaffen werden – Erzählkreis am Mittag –, die das Kind in der Gruppe motovieren, die Sprache einzusetzen, um bestimmte Ziele zu erreichen. Auch das regelmäßige Sprechen über selbst gemalte Bilder kann zum Ritual und damit zum Sprechanlass werden. Zum anderen eignen sich dialogorientierte Situationen im Rollenspiel, um das Sprechen zu provozieren. Dabei kann ein vorgegebenes Thema in einem Rollenspiel aufgegriffen und, unterstützt durch bestimmte Requisiten, wie z. B. einen Hut, einen Stock oder eine Puppe, zum Sprechen mit einem Gegenüber reizen.

7. *Wortschatz aufbauen*

Es geht nicht um eine künstlich arrangierte Lernsituation, sondern um einen themenübergreifenden Aufbau des aktiven, aber – und das wird oft vernachlässigt – ebenso des passiven Wortschatzes, also Wörter, die das Kind hört und verstehen soll. Hier kann die Maßnahme, die die Grafomotorik bei Jungen kurz vor dem Schuleintritt fördern soll, ideal zum Wortschatzaufbau genutzt werden. So können die Wörter *Boot, Plan, Roboter, Raumschiff, Schwert, Ritter, Gerechtigkeit, gut und böse* gesprochen, erklärt und sprachlich wiedergegeben werden. Damit wird dem Situationsansatz Rechnung getragen, und gleichzeitig können alle Bildungsbereiche des Bildungsplans abgedeckt werden.

8. *Hervorhebungen und Betonungen*

Hier ist das bewusste Hervorheben bestimmter Wörter oder gar Sätze in der täglichen Kommunikation gemeint. Bestimmte schwierig auszusprechende Wörter werden durch Betonungen, gedehntes, bewusst lang gezogenes Sprechen, leises Sprechen, Flüstern oder aber auch durch Pausen besonders hervorgehoben. Damit wird die Aufmerksamkeit der Kinder auf bestimmte Wörter oder Zielstrukturen und damit auf den Inhalt des Gesagten gelenkt.

Die hier aufgezählten Strategien bilden das Grundgerüst einer am Kind orientierten und ausgerichteten Sprache. Diese kindgerichtete Sprache (KGS) sollte sich dabei am jeweiligen Lebensalter orientieren. So spricht die Fachkraft mit dem einjährigen Kind auf einem anderen Sprachniveau hinsichtlich Wortschatz und Satzbildung, und mit voranschreitendem Alter sollte sich die Satzbildung weiter ausdifferenzieren (größerer Wortschatz, komplexere Sätze). Dabei spielen die Anzahl und die Intensität der sprachlichen Inputs, aber auch die Qualität der sprachlichen Äußerungen, bezogen auf den Wortschatz und die Satzbildung, eine entscheidende Rolle.

5.4.3 »Hör bitte gut zu: Ich habe dir etwas Wichtiges zu sagen!« (Strategien zum Zuhören)

Zuhören ist eine unabdingbare Voraussetzung für jede Kommunikation und für das Verstehen der gesprochenen Sprache. Ohne diese Kompetenz, sich konzentriert auf das gesprochene Wort und dessen Klang einzulassen, ist eine aktive Beschäftigung mit dem Gehörten nicht möglich. Die Kinder sollten früh Erfahrungen mit dem Zuhören sammeln.

1. Lauschen

   Entspannung tut den Ohren gut. Ein Raum ohne Geräusche und störenden Lärm. Wir legen uns auf einen Teppich, sitzen ruhig auf einem Stuhl, schließen die Augen oder sitzen, eine Klangschale ertönt, und danach lauschen wir der Musik: Instrumentalmusik oder klassische Musik von Mozart, Beethoven oder Haydn. Die Konzentration wird so vorbereitet. Doch auch natürliche Klänge wie Meeresrauschen oder Vogelgezwitscher oder das bewusste Genießen eines Hörspiels eignen sich bestens.

2. Gehen und Schritte

   Die Kinder sitzen im Kreis und schließen die Augen. Die Fachkraft wählt ein Kind aus; dieses Kind ist ein »Geher«. Der Geher geht durch den Gruppenraum oder durch einen langen Flur. Die Kinder beschreiben die Schritte: Ist das ein Junge oder ein Mädchen? Geht der Geher schnell oder langsam? Geht er leicht oder schwer? Wie können die Schuhe aussehen?

3. Die Klangwelle

   Alle Kinder stehen im Kreis, fassen sich an den Händen und schließen die Augen. Die Kinder bleiben so lange stehen, bis es ganz ruhig geworden ist. Sie lauschen in die Stille hinein. Die Fachkraft tippt einem Kind leicht auf die Schulter und summt einen leisen Ton. Die anderen Kinder hören zu, nehmen den Ton auf, und alle anderen stimmen ein. Wir fangen dabei mit einem ganz leisen Summton an.

4. Kinderkonferenz

   Kindern wird das Wort gegeben! Dafür müssen sie sich gegenseitig zuhören, andere aussprechen lassen, Zeichen vereinbaren, mit denen man sich zu Wort melden kann, die Rolle der Moderatorin übernehmen, der Protokollantin einnehmen und Besprochenes umsetzen können.

5. Theaterspiel

   Die Kinder sollen vorgelesene Geschichten durch Bewegung, Gestik, Mimik bzw. Blickkontakt darstellen können.

5.4.4 »Ich helfe dir dabei, mich richtig zu verstehen« (Strategien zum Verstehen)

Verstehen bedeutet, etwas zu begreifen, die Bedeutung von Wörtern und den Inhalt von Sätzen kognitiv zu erfassen und etwas im Zusammenhang zu erkennen. Es hat auch damit zu tun, dass sich das Kind etwas vorstellen kann, was nicht in seiner Umgebung sichtbar und existent ist. Das Kind baut nach und nach Vorstellungen auf. Die Gegenstände kann man sehen, greifen, fühlen, hören, um zu begreifen. Mit den Gegenständen kann man bestimmte Funktionen ausüben.

Mit etwa zwei Jahren machen die Kinder eine Entdeckung. Die Tätigkeiten der Gegenstände hinterlassen aber auch Spuren. So kann ich mit einem Stift auf einem Blatt Papier etwas malen, und es entsteht etwas – z. B. ein Mann. Das Kind sollte das Gesagte inhaltlich erfassen und zum eigenen Nach- und Weiterdenken animiert werden. Das Verstehen ist eine Aufgabe des Verstandes – dort, wo die Wörter und Sätze aufgenommen und verarbeitet werden. Dabei hängt das Verstehen mit den emotionalen und sozialen Momenten einer Gesprächssituation und natürlich mit dem Gesprächspartner eng zusammen. Die Persönlichkeit der pädagogischen Fachkraft, die engagierte Sprache mit Betonung sowie das Sprachklima sind für das Verstehenlernen des heranwachsenden Kindes ungemein wichtig:

1. Blickkontakt mit dem Kind herstellen, angenehme und vertrauensvolle Gesprächsatmosphäre arrangieren, Zeitdruck vermeiden, wenn möglich die Hand geben und es mit seinem Vornamen ansprechen.
2. Die Beobachtung der Mund- und Lippenbewegungen der Fachkraft, eine engagierte Stimme und der Einsatz der Körpersprache, wie z. B. das Zeigen mit der Hand auf einen Gegenstand, erleichtern dem Kind das Verstehen sprachlicher Äußerungen.
3. Geben Sie dem Kind bzw. der Gruppe möglichst keine Anweisungen, wenn die Kinder miteinander spielen, lernen oder lärmen. Sie sollten immer erst für Ruhe sorgen und dann Anweisungen aussprechen. Grundsätzlich sollten Imperative vermieden werden, denn Anweisungen in Befehlsform hemmen das Denken und Verstehen des Kindes. Besser ist es, offene Fragen zu stellen, Räume zur freien Entfaltung anzubieten, um die Kreativität und die Fantasie zu wecken.
4. Im und nach dem Gespräch oder einer Erzählung sollte die pädagogische Fachkraft gezielte Fragen stellen, um den Inhalt des Gesprochenen zu überprüfen. Dabei stehen die Wer-, Wo-, Wie-, Was- und Warum-Fragen im Mittelpunkt. Dies kostet Zeit und macht in der Regel Arbeit, ist aber notwendig, um das Verstehen zu überprüfen.
5. Beim Erzählen einer Geschichte sollten die Ereignisse in einem klar erkennbaren Ablaufschema dargestellt werden. So kann das Kind in seinem Kopf seine eigene Vorstellungswelt nach und nach aktiv aufbauen, mitdenken und so den

Inhalt der Geschichte besser verstehen. Die Struktur einer Geschichte oder einer Erzählung sollte deutlich herausgestellt werden: der Anfang bzw. der Einstieg, der Hauptteil und das Ende einer Geschichte oder Erzählung.

5.4.5 »Lass uns bitte miteinander reden!« (Strategien zum Sprechen)

Das Sprechen wird meist mit der Sprache verwechselt. Während die Sprache bzw. die Sprachfähigkeit genetisch weitgehend determiniert ist und das System »Sprache« an sich bezeichnet, meint das Sprechen die Fertigkeit, also das, was aus dem Mund herauskommt und zu hören ist. Das Kind weiß: Sprache kommt aus meinem Mund. Damit aber das Sprechen des Kindes funktioniert, müssen unterschiedliche Funktionen harmonisch zusammenarbeiten: die Atmung, die Stimme, die Artikulation, die Körpersprache und die Psyche. Diese Funktionen, Leistungen oder Dysfunktionen sind dem Kind jedoch nicht bewusst. Allerdings sollte die pädagogische Fachkraft die Leistungsfähigkeit der genannten Funktionen zum einen bei sich selbst und zum anderen beim Kind im Blick haben und beobachten:

1. Die bewusste Atmung kann eingeübt werden, und zwar so, dass das Kind nichts merkt. Wir atmen ruhig und horchen beim Atmen in den Körper hinein. Wir laufen eine Treppe hinauf und hinunter, laufen über den Spielplatz und sprechen unmittelbar danach. Danach atmen wir wieder ruhig und sprechen dann. Wir vergleichen die beiden Sprechweisen.
2. Die emotionale Stimme ausprobieren: Wir schreien laut und lange, dann flüstern wir, sprechen ganz schnell und danach ganz langsam. Die Gruppe ist bewusst ganz laut, und ein Kind spricht. Danach ist die Gruppe still, und das Kind spricht erneut: »Ich bin o. k. und fühle mich wohl und spreche, und ich bin nicht o. k. und fühle mich nicht wohl und spreche.«
3. Die Körperhaltung trainieren, d. h. wir sprechen im Stehen, im Sitzen und im Liegen; danach vergleichen wir die drei Positionen und sprechen gemeinsam darüber. Wir sprechen und zeigen, dass wir froh und gut gelaunt, dann sprechen wir und zeigen, dass wir zornig, sehr wütend und ganz böse sind.
4. Die Artikulation kann eingeübt werden, und zwar so, dass wir zunächst bewusst undeutlich sprechen und nuscheln und uns danach bemühen, klar, deutlich, laut und verständlich zu sprechen. Wir sprechen in unserem Dialekt, danach bemühen wir uns, Hochdeutsch und »schön« zu sprechen.
5. Das persönliche Wohlbefinden und die eigene Gemütslage sind das entscheidende Barometer für das Sprechen. Belastungen, Stress und Konflikte in der Familie und in der Gruppe wirken sich auf das Sprechen aus.

5.4.6   »Kennst du eine Geschichte?« (Strategien zum Erzählen)

Hier geht es um das Erzählen von Märchen, Geschichten und Ereignissen als Vorbereitung und Förderung von Zuhören und Sprechen. Dabei können folgende Perspektiven eingenommen, Aspekte berücksichtigt und Settings angeboten werden:

1. Die pädagogische Fachkraft erzählt einem Kind, zwei Kindern, der Kleingruppe oder der Gruppe insgesamt. Hier wird mit der Größe der Gruppe auch eine erhöhte Anstrengung vom Kind erwartet, insbesondere hinsichtlich der Aufmerksamkeit beim aktiven Zuhören.
2. Ein Kind erzählt einem anderen Kind oder mehreren Kindern seiner Gruppe eine Geschichte.
3. Ein Kind erzählt der Erzieherin eine erlebte oder gehörte Geschichte. Hier sind das Zuhören und das Feedback der Erzieherin ebenso wichtig wie das Modellieren der Sprache des Kindes.

Beim Erzählen sollten einige Gesichtspunkte bedacht werden:
- bekanntes oder nicht bekanntes Thema
- Anzahl der beteiligten Sprecher/innen und Zuhörer/innen
- Schwierigkeitsgrad der Geschichte und Komplexität des Sachverhalts
- ausgesuchter Rahmen, sozialer Kontext und Raum, in dem erzählt wird
- Einhaltung bereits aufgestellter Gesprächsregeln, wie z. B. das aufmerksame Zuhören, das Dazwischenrufen oder das Fragenstellen
- zeitliche Dauer des Gesprächs in Abhängigkeit vom Lebensalter, von der kindlichen Aufmerksamkeitsspanne und vom Engagement des Erzählers
- authentisches Erzählen unter Berücksichtigung der Stimme, eines überhöhten Echos, des sprachlichen Engagements, der Köpersprache, Mimik, Gestik und der Pantomime

Der persönliche Kontakt, die Atmosphäre im Gespräch bzw. während der Erzählung sowie die enge Beziehung zwischen dem Erzähler und dem Kind bilden eine solide und seriöse Grundlage für alle weiteren sprachlichen Bildungsprozesse.

5.4.7   »Komm, wir schauen uns das Bilderbuch an!« (Strategien zum Betrachten eines Bilderbuchs)

Das Bilderbuch ist das erste und wichtigste Medium des heranwachsenden Kindes in der Familie und später in der Kita. Im Zentrum steht das gemeinsame Anschauen von Bilderbüchern, die entweder von der Kita angeschafft worden sind oder die die Kinder als ihre Lieblingsbücher von zu Hause mitgebracht haben. Die dort enthaltenen Bilder werden dialogisch und gemeinsam besprochen, und die kleineren Texte werden vorgelesen. Freude und Spaß sowie das Interesse an Büchern stehen hier eindeutig im Mittelpunkt der pädagogischen Bestrebungen. Wir wissen heute, dass sich das gemeinsame Betrachten und das Sprechen über Bilderbücher in der Familie und natürlich auch in der Kita positiv auf die emotionale, soziale, sprachliche und geistige Entwicklung der Kinder auswirken. Gerade der dialogische Ansatz im Gespräch miteinander sowie die Sozialformen Mutter – Kind oder pädagogische Fachkraft – Kind sind durch nichts zu ersetzen (Albers 2013, S. 19):

1. Bücher – Bilderbücher, Märchenbücher, Wimmelbücher, Lexika – je nach Alter, sozialer und sprachlicher Herkunft und persönlichem Interesse – besorgen und im Gruppenraum zur Verfügung stellen
2. Kind und Erwachsener blättern im Bilderbuch und begeben sich in einen Dialog; sie betrachten die Bilder gemeinsam und beschreiben die Tätigkeiten der Personen und die Funktionen der einzelnen Gegenstände.
3. Das klassische Vorlesen einzelner Textstellen im Bilderbuch wird von der Fachkraft übernommen. Die Kinder sind nun in einer eher aufnehmenden und zuhörenden Rolle. Auch dies sollte geübt und trainiert werden. Die Kinder können danach spontan erzählen und Fragen stellen. Wörter und Begriffe können erfragt oder auch in der Bedeutung überprüft werden.
4. Das dialogische Lesen kann sich nun anschließen. Die Kinder können nun selbst »vorlesen«, und der Erwachsene schlüpft in die Rolle des Zuhörers. So kann die Fachkraft individuell und sehr flexibel auf die Wünsche und Interessen der Kinder eingehen und die Kinder sehr stark an dem Geschehen beteiligen.
5. Eine wirksame Strategie ist das gemeinsame Nachdenken über das Gesehene oder Gehörte in einer entsprechenden Interaktionsform. Entweder unterhält sich das Kind mit der Erzieherin oder mit den Gleichaltrigen aus seiner Gruppe. Diese Interaktionsprozesse setzen ein Mindestmaß an gemeinsamer Sprache voraus. So kann man im Rollenspiel eine komplexe Frage erörtern und beantworten oder ein gestelltes Problem bzw. einen sozialen Konflikt in der Gruppe im Rollenspiel lösen. Dabei kann das gemeinsame Denken auch bei kleineren Kindern geschult und trainiert werden.

5.4.8 »Welche Sprache sprichst du eigentlich?« (Strategien zum Gebrauch der eigenen Sprache)

Der Gebrauch der Sprache des Kindes ist an die Person und die Situation gebunden, in der das Kind aufwächst. Dabei spielen das jeweilige Land, die Sprachgemeinschaft, die zugehörige Kultur und in vielen Fällen auch die Religion eine wichtige Rolle. So spricht der Pilot eine andere Sprache als der Arzt bei der Untersuchung in der Praxis oder der Richter im Gerichtssaal. Ebenso sprechen die deutschen Kinder in der Kita teilweise Dialekt, teilweise eine Umgangssprache oder in seltenen Fällen Deutsch als Hochsprache; die zugewanderten Kinder sprechen ihre Muttersprache, etwa Türkisch, Russisch oder Polnisch, und Deutsch als Zweitsprache. Der Gebrauch der persönlichen Sprache sollte in der Kita aufgezeigt und demonstriert werden; dabei können Gemeinsamkeiten, aber auch Unterschiede (Grammatik, Klang) deutlich gemacht werden.

1. Aufmerksamkeit und Sensibilität für andere Sprachen

   Zunächst sollten die Kinder über die Sprache berichten, die sie in ihrem Elternhaus bzw. in ihrer Familie sprechen. Vielleicht können sie die Sprache mit dem richtigen Namen (Türkisch, Englisch, Polnisch, Russisch, Slowenisch, Italienisch, Portugiesisch usw.) benennen, und wenn es nicht die deutsche Sprache ist, in ihrer Muttersprache und Familiensprache sprechen, die Kinder begrüßen oder ein Lied singen. Hier soll ein erstes Bewusstsein dafür geschaffen werden, dass nicht alle Kinder die deutsche Sprache sprechen und beherrschen. So können die Kinder interkulturelle Spracherfahrungen machen und sich für andere Sprachen öffnen.

2. Sprachen in der Kita und in der Gruppe vergleichen

   Wir können die in der Gruppe gesprochenen Sprachen etwas näher unter die Lupe nehmen und z. B. das Grüßen, Höflichkeitsfloskeln oder einfache Wörter direkt miteinander vergleichen:

   - Guten Morgen!
   - Auf Wiedersehen!
   - Herzlichen Glückwunsch!
   - Danke
   - Entschuldigung
   - Ball
   - Puppe
   - Auto

   Dabei geht es zum einen um das Verstehen oder Nichtverstehen und zum anderen um den Klang und die Sprachmelodie der Sprache.

3. Sprachen außerhalb der Familie und Kita

   Die Kinder sollten über ihre Familiensprache berichten und auch darüber, welche Sprachen sie noch kennen und besonders gern mögen. Das Sprechen über andere Sprachen, das Hören anderer Sprachen und das Betrachten von Bilderbüchern in anderen Sprachen kann ausreichen, um Neugierde zu wecken. Dabei können Lieder, Reime und Gedichte in deutscher Sprache und in anderen Sprachen eine wichtige Hilfe und Stütze sein.

5.4.9 »Wie klingen die Wörter?« (Strategien zum Untersuchen der Sprache)

Hier geht es darum, die Kinder bewusst und gezielt – zumindest vorübergehend – vom inhaltlichen Aspekt der gesprochenen Sprache wegzuführen und zur formalen Betrachtung der gesprochenen Sprache zu lenken. Dabei sollen die Kinder dafür sensibilisiert werden, dass die gesprochene Sprache aus einzelnen Lauten, Sprechsilben, Wörtern und Sätzen besteht.

1. Spielen mit den Lauten und Wörtern: Lautmalereien, wie z. B.: »Die Kuh macht Muh«, oder: »Der Hahn kräht Kikeriki«, usw.
2. Länge und Anzahl von Wörtern heraushören: Lange und kurze Wörter sprechen und die Unterschiede angeben
3. Reime, Verse und kleine Gedichte sprechen, einüben und in geeigneten spielerischen Situationen auswendig aufsagen
4. Lautposition erkennen
   »Wo hörst du den Laut?« Dabei geht es um die Bedeutung und Wirkung einzelner Laute: kurze und lange Laute, kurze und lange Wörter, kurze und lange Sätze; die Position der Laute im Wort angeben können, wie z. B. Anfangs- oder Anlaute, Aus- oder Endlaute und Innen- bzw. Binnenlaute
5. Minimalpaare erkennen
   »Kannst du feine Unterschiede heraushören?« Unterscheidung ähnlich klingender Laute, wie z. B. Tanne und Kanne, Hose und Dose, Drachen und krachen usw.

5.4.10 »Lass uns ein Geheimnis erkunden!« (Strategien zur Vorbereitung der Schriftaneignung)

In der Kita geht es darum, die erste Bekanntschaft mit dem Lesen und dem Schreiben im Sinne von Kulturtechniken zu machen. »Lesen und Schreiben gehören zum modernen Leben dazu« (Bundesministerium für Bildung und Forschung & Stiftung Lesen 2011). Daher kommt den Angeboten und Erfahrungen in den Familien und den Kitas eine ganz zentrale und basale Bedeutung zu. Eltern, Geschwister und alle, die mit dem Kind in den ersten Jahren zu tun haben, sollten die Kinder früh an die Bücher und das Vorlesen und in die neue Welt der Schriftlichkeit einführen. Hier bieten sich beispielhaft sehr wirksam die kindlichen Sprachspiele im Vorschulalter, ebenso bekannte und weniger bekannte Kinderlieder, das Erzählen von Geschichten, das Vorlesen in bekannten Ritualen sowie das gemeinsame Betrachten von Bilderbüchern in der Familie und in der Kita an (Garbe/Holle/Jesch 2009, S. 181). Die Entwicklung und die Förderung der frühen Schrifterlebnisse sind ein wichtiger Baustein für die Entwicklung der Persönlichkeit des Kindes und die Vorbereitung auf die Anforderungen in der Schule. Sprachbildung und Schriftaneignung sind einander ergänzende und unterstützende Entwicklungs- und Bildungsprozesse.

Folgende eher allgemein gehaltene Strategien bieten sich bereits in der Kita an:

1. Die Förderung des Sehens, des genauen Hinschauens und des Unterscheidens, wie z. B. das Erkennen von Formen, Figuren, Räumen, Zahlen, Buchstaben, Namen, Wörtern und Sätzen, kann beispielsweise auf geschriebenem oder gedrucktem Papier oder ähnlichen Unterlagen erfolgen.
2. Das Training des Gedächtnisses, des Behaltens ist die Fähigkeit des Kindes, etwas Gehörtes oder Gesehenes wahrzunehmen, zu verarbeiten und zu speichern. Dabei unterscheidet man:
   * das Kurzzeitgedächtnis, das wenige Sekunden umfasst
   * das Arbeitsgedächtnis, das etwa 20 bis 30 Minuten Speicherung einschließt
   * das Langzeitgedächtnis, das etwas über viele Monate, ja Jahre hinweg behält, wie z. B. die eigene Hausnummer, den Straßennamen, die Telefonnummer, ein Lied usw.
3. Förderung der kognitiven Fähigkeiten des Kindes, wie z. B. Zusammenhänge zwischen Gegenständen oder Personen zu erkennen, Begriffe einander zuzuordnen und Oberbegriffe zu bilden (z. B. Ball, Puppe und Bausteine gehören zu dem Oberbegriff »Spielsachen«) und Gehörtes oder Gesehenes sprachlich zu verarbeiten und wiederzugeben.
4. Sprache, etwa, die richtigen Wörter zu kennen und zu benutzen (= der aktive Wortschatz), Wörter und Begriffe verstehen zu lernen (= der passive Wortschatz), einzelne Wörter verändern zu können (z. B. Einzahl und Mehrzahlbildung) und die Wörter in die richtige Reihenfolge zu bringen, d. h. einfache Sätze zu bilden
5. Förderung des Hörens und des Zuhörens (z. B. das Hören und Unterscheiden von Namen, das Heraushören ähnlich klingender Wörter im Alltag, das Heraushören von Wörtern in einem Satz, aber auch das Heraushören bestimmter Laute am Anfang oder am Ende eines Wortes). Die auditive Fertigkeit übernimmt eine Schlüsselfunktion beim Erwerb der Muttersprache, beim Erlernen von Deutsch als Zweitsprache und beim Lernen von Fremdsprachen.

Nur dann, wenn diese Fähigkeiten und Fertigkeiten in der Kita und insbesondere unmittelbar im letzten Kita-Jahr geübt und geschult werden, können wir auch möglichen Schwierigkeiten beim Lesen- und Schreibenlernen vorbeugen. Auch eine mögliche Lese-Rechtschreib-Schwäche lässt sich so frühzeitig erkennen. Durch eine Früherkennung der Lese-Rechtschreib-Schwäche – in der Abkürzung LRS genannt – können rechtzeitig vor Schuleintritt geeignete Fördermaßnahmen angeboten werden.

Mögliche Indikatoren einer LRS sind ein schlechtes phonologisches Bewusstsein, der unzureichende Abruf von Lauten aus dem Langzeitgedächtnis, mangelhafte Gedächtnisspanne und ungenügende visuelle Aufmerksamkeit (http://entwicklungsdiagnostik.de/bisc).

5.4.11 »Lies mir bitte etwas vor!« (Strategien zum Vorlesen)

Aus vielen internationalen und nationalen Studien und persönlichen Erfahrungen wissen wir, wie wichtig das Vorlesen für die Sprachentwicklung, insbesondere das Sprachverstehen und den Wortschatz, ist. Lesen bedeutet hier zunächst Schauen, Anschauen und Betrachten (Bundesministerium für Bildung und Forschung & Stiftung lesen 2011).

Verschiedene Unterstützungsangebote können den Zugang zur Schriftlichkeit erleichtern, etwa das dialogische Betrachten von Bilderbüchern und das Vorlesen. Beide Angebote werden von Hurrelmann (2006, S. 168) als »Schaukelstuhl zwischen Mündlichkeit und Schriftlichkeit« bezeichnet.

Die AOK-Familien-Studie 2014 belegt, dass das Vorlesen in den Familien als wichtige Aktivität gesehen und geschätzt wird. Zu den schönsten Familienmomenten gehören nach den Angaben der Eltern Gespräche mit dem Kind (79 Prozent) oder das gemeinsame Lesen und Vorlesen (64 Prozent). Auffallend ist nach Angaben der Eltern der Zeitstress, d. h., den Eltern fehlt die Zeit zum gemeinsamen Lesen und Vorlesen.

1. Für das Anschauen von Bilderbüchern begeistern

   Es sollten bereits Bücher für die Kleinen im ersten Lebensjahr in der Bücherecke der Kita-Gruppe ausgelegt und damit zum Anfassen und Anschauen motiviert werden. Dabei sollten die Bücher einen strapazierfähigen Einband haben, außerdem bunte und ansprechende Farben, die Möglichkeit, mit den Fingern zu probieren und ganz einfache Motive und Handlungen. Das Bilderbuch erlaubt das Verweilen bei den Bildern und Texten, das Vor- und Zurückblättern sowie das Deuten, Interpretieren, Anstellen von Vermutungen und das Benennen von Personen und Gegenständen. So wird das Kind früh auf ungezwungene Art und Weise zum Buch hingeführt.

2. Erste Geschichten hören und kennenlernen

   Bereist im zweiten Lebensjahr können stabile Bücher mit einfachen Geschichten zum Erzählen mit den pädagogischen Fachkräften einladen. Die Kinder sitzen in angenehmer Atmosphäre zu zweit, zu dritt oder in einer kleinen Gruppe im Halbkreis und hören einfach nur zu. Vielleicht kommen Fragen; ansonsten sollten die Geschichte oder die Erzählung einfach nur auf die Kinder einwirken.

Das Kind soll spüren, dass Sie engagiert vorlesen und sich ihm liebevoll zuwenden.

3. Aktiv mitmachen

Im dritten Lebensjahr sind die Kinder oft bereit und motiviert, bestimmte Bilder (z. B. Wimmelbilder) zu beschreiben und darüber zu erzählen, einfache Lieder mitzusingen und sich dazu zu bewegen oder Reime mitzusprechen. So kann das Vorlesen einer Geschichte oder das gemeinsame Betrachten eines Bilderbuchs riesigen Spaß machen. Zwischenfragen der Kinder sind erwünscht und werden berücksichtigt.

4. Tägliches Vorlesen als Highlight

Im vierten Lebensjahr sind die sprachlichen und kognitiven Fähigkeiten so weit entwickelt, dass die Kinder nun gezielt und aufmerksam beim Vorlesen einer Geschichte zuhören können. Dabei kann es durchaus zu Körperkontakten, wie engem Aneinanderkuscheln oder Händehalten, zwischen den einzelnen Kindern kommen. So macht das Vorlesen allen Kindern riesigen Spaß, und es wird zu einem täglichen Erlebnis in der Kita.

5. Vorlesen als Ritual

Im fünften Lebensjahr sollte das Vorlesen in der Kita täglich, mindestens aber einmal in der Woche als Vorleseritual erfolgen. Der gleiche Raum, die gleiche Zeit, die gleiche angenehme wohlige Atmosphäre sowie gut gelaunte und engagierte Fachkräfte runden dieses tägliche oder wöchentliche Ritual ab. Dabei sollten alle Kinder die Möglichkeit haben, entweder die Bücher von zu Hause mitzubringen oder die Bücher in der Bücherecke auswählen zu dürfen. Solche Rituale geben den Kindern Sicherheit und Struktur.

Weitere Strategien zur Förderung des Vorlesens bei Vorschulkindern können folgende Schritte sein:

- Lesen im Dialog

  Zunächst steht die Beziehung zwischen dem Partner und seinem Gegenüber im Vordergrund; über die persönliche Beziehung soll Vertrauen geschaffen und die Bedeutung des Umgangs mit dem Buch und dem Lesen wertgeschätzt werden. Durch die Bücher lernen die Kinder Dinge, die sie interessieren, die sie mögen und mit denen sie neue Erkenntnisse über Gegenstände, Personen oder Sachverhalte gewinnen. Im Mittelpunkt stehen hier eindeutig der dialogische Umgang miteinander, d. h. die Einbeziehung der Kinder in den Lesevorgang, und die Freude und der Spaß am Lesen selbst.

- Buchstaben sind überall

  Buchstaben sind auf Plakaten, Verpackungen, Zeitschriften, Zeitungen, Büchern, Logos, Firmennamen, im Fernsehen und in der Werbung. Die Formen und Umrisse der Buchstaben können von den Kindern nach- und ausgemalt und danach in Großformat an einer Leine mit Klammern für alle Kinder sichtbar im Gruppenraum aufgehängt werden. Dazu kommen später die Zahlen von 1 bis 10. Die Kinder können versuchen, bei einzelnen gesprochenen Wörtern die Buchstaben zu erkennen, herauszuhören, die Position im Wort anzuzeigen und sie den gesprochenen Wörtern zuzuordnen.

- Silben hören
Beim Aufsagen einfacher Kinderreime und -verse oder beim Singen von Kinderliedern können das Erkennen und Einüben von Silben gut und leicht geübt werden. So entwickeln die Kinder ein erstes Sprachgefühl für Wörter und einfache Sätze, für die Sprachmelodie und Betonung und erkennen so, dass die Wörter aus einzelnen Teilen, den Silben, bestehen. Nach und nach können die Kinder die einzelnen Wörter an ihrem Klang erkennen und einzelne Wortbestandteile (z. B. Silben) hören, klatschen und sprechen. Bei den Silben handelt es sich um eine sprechtechnische Einheit, die für das Lesenlernen eine gute Grundlage und Vorbereitung bietet.
- Buchstaben zerschneiden und wieder zusammenfügen
Eine wichtige Strategie und ein wichtiger Schritt hin zum Lesen ist das Zerschneiden von Wörtern in einzelne Buchstaben, die dann wieder zu dem zerschnittenen Wort zusammengefügt werden sollen. Der Aufbau und Abbau von Wörtern zeigt dem Kind, dass man einzelne Wörter verändern kann; so wird die wichtige Funktion der Synthese erarbeitet und vorbereitet.

5.4.12 »Komm, ich bereite dich auf das Schreiben vor!« (Strategie zur Vorbereitung des Schreibens)

Wir wissen aus der Erfahrung, dass die einzelnen Wahrnehmungsbereiche und die Bereiche der Grob- und Feinmotorik eng zusammenarbeiten und effektiv miteinander harmonieren müssen, damit das Kind lernen und sich in seiner Entwicklung weiter voranbringen kann. Ayres (1984) spricht von den Bausteinen der kindlichen Entwicklung und fordert, die sensorische Integration unserer menschlichen Sinne mehr in den Blick zu nehmen, wenn wir die Sprache und die Schrift ausbilden wollen. Nur die Integration der einzelnen Wahrnehmungsbereiche wird ein gut abgestimmtes Sprechen und Lernen ermöglichen. Gerade die Sprache, das Lesen und vor allem das Schreiben sind auf die Basis-Sinne des Gleichgewichts (vestibuläre Wahrnehmung), des Tastsinns (taktile Wahrnehmung) und der Tiefenwahrnehmung des eigenen Körpers mit den Extremitäten im Raum (propriozeptive Wahrnehmung) angewiesen.

5.4.13 »Kannst du schon schreiben?« (Strategie zur Sinnesschulung)

In der Bewegung der Kinder – beim Spielen im Gruppenraum, beim Treppensteigen, beim Toben und Spielen im Außengelände, beim Backen im Sandkasten oder beim Bewegen in der Turnhalle – können die pädagogischen Fachkräfte erkennen und ablesen, ob die Kinder mit der Bewegung im Raum, mit dem eigenen Gleichgewicht und der Bewegungskoordination ihres Körpers mehr oder weniger Probleme haben. Sind die Kinder in der Lage, sich harmonisch und gut koordiniert zu bewegen, zu laufen, zu spielen, zu malen, zu basteln, auszuschneiden, zu falten, Papier zu zerreißen oder Mandalas exakt auszumalen und auszuschneiden?

Folgende Aufgaben können hier schnell und zielsicher weiterhelfen:

* Können die Kinder sich zunächst frei im Raum bewegen, ohne einander anzustoßen, und danach versuchen, ihr Lieblingstier darzustellen? So können wir erste kleinere Unsicherheiten in und mit der Bewegung erkennen.
* Können die Kinder begonnene Muster, die mit Seilen oder einer Kordel auf dem Boden gelegt werden, fortsetzen?
* Können die Kinder fotografierte oder gemalte Bilder vergleichen?
* Können die Kinder vorgezeichnete Muster oder gepunktete Figuren exakt ausschneiden?

Übungen und Aufgaben zum Gleichgewicht

Der Gleichgewichtssinn befindet sich in unmittelbarer Nähe unseres Hörorgans, in unserem Innenohr. Dieses System wird als vestibuläre Wahrnehmung bezeichnet und hat zwei Rezeptoren für das menschliche Gleichgewicht. So kann das Kind erkennen, wenn sich die Geschwindigkeit und die Richtung beim Drehen seines Kopfes ändern oder eben nicht. Daher sprechen wir auch vom Bewegungssinn. Dieser Sinn registriert die Beschleunigung oder die Verlangsamung des Kopfes. Die Ausbildung dieses Bewegungssinns hat für die gesamte weitere Entwicklung aller Sinne des Kindes sowie für die Sprache und die Schrift große Bedeutsamkeit. Das Kind sollte

* ruhig und entspannt über einen Strich im Raum, über ein auf dem Boden liegendes Brett oder über eine Langbank im Gymnastikraum gehen und dabei das Gleichgewicht halten.
* eine korrekte Sitzhaltung auf dem Boden und später auf dem Stuhl üben und selbst kontrollieren können.
* sich im Raum nach Musik frei bewegen, ohne andere Kinder anzustoßen oder gar umzuwerfen.

- nach bestimmten festgelegten akustischen Signalen oder optischen Zeichen nach rechts oder nach links bewegen, gehen, laufen oder rennen.
- die Steuerung des Schreibtempos nach entsprechender Ansage durch die Fachkraft beeinflussen, d. h. schnelles Malen oder Schreiben, dann wieder langsames Schreiben oder Malen. Die Fachkraft sollte ihrerseits eine ängstliche Arbeitshaltung sowie motorische Ungeschicklichkeiten beobachten und, wenn möglich, positiv verändern.

Übungen und Aufgaben zum Berühren, Tasten und Fühlen

Die Haut besitzt viele Sinnesrezeptoren für die Wahrnehmung unterschiedlicher Gefühls- und Druckqualitäten. So kann das Kind Berührungen, Druckausübung durch ein anderes Kind, Hitze, Kälte, Streicheleinheiten oder auch Schmerzen sehr rasch wahrnehmen, fühlen und interpretieren. Das Berühren ist von fundamentaler Bedeutung für die gesamte kindliche Entwicklung. Es stellt sich hier die Frage, ob das Kind einen Stift greifen und festhalten kann und ob es ruhig für längere Zeit auf seinem Stuhl sitzen kann. Folgende Übungen eignen sich bestens zur Vorbereitung auf das Schreiben: Das Kind sollte

- einen Stift – dick und dünn – in die Hand nehmen, von allen Seiten betrachten, mit den Fingern erkunden und hinsichtlich seiner Funktion erproben, d. h. Punkte machen, Linien zeichnen etc.
- Fingerspiele einsetzen, um die Geschicklichkeit der einzelnen Finger zu verbessern, wie z. B. alle Finger einer Hand berühren nacheinander den Daumen und die anderen Finger; anschließend die andere Hand und dann mit beiden Händen gleichzeitig.
- mit dem Daumen und Zeigefinger greifen (Stifte und Streichhölzer, sogenannter »Pinzettengriff«). Die Kinder können Knöpfe, dicke Bohnen oder Streichhölzer von einem Gefäß in ein anderes legen; dabei benutzen sie unbewusst den Pinzettengriff.
- mit Fingermalfarben versuchen, den eigenen Namen oder andere einfache und bekannte Wörter auf ein Blatt Papier zu malen oder gar zu schreiben. Dabei können unterschiedliche Unterlagen benutzt und das Beidhandmalen trainiert werden.
- nach dem Pinzettengriff den erwünschten Zangengriff (mit Daumen, Zeigefinger und Mittelfinger) als Standardgriff für das Schreiben üben. Hier können Reis, Erbsen oder Linsen mit einem Löffel von einem Glas in ein anderes umgefüllt werden.

Übungen und Aufgaben zur Wahrnehmung unserer Organe, Muskeln und Gelenke

»Propriozeptiv« kommt vom lateinischen »proprius«, was so viel wie »der Eigene« bedeutet. Bei der propriozeptiven Wahrnehmung geht es um die Empfindungen und Wahrnehmungen des eigenen Körpers, der eigenen Organe, der eigenen Muskeln und – wenn möglich – der eigenen Gelenke während der Bewegung, aber auch in der Ruhe- und Stillphase. Muskeln und Gelenke schicken Informationen zum Gehirn, das wiederum Impulse an die Muskeln und Gelenke sendet – wenn wir uns bewegen, laufen, malen oder schreiben. Erst die Propriozeption (= Eigenwahrnehmung, Tiefensensibilität) ermöglicht es Menschen, sich zu bewegen. Je weniger ausgeprägt die Propriozeption ist, desto langsamer bewegen wir uns, desto mehr müssen wir uns anstrengen und bemühen und desto ungeschickter sind wir in den einzelnen Bewegungen. Wir kennen den Bewegungssinn, den Spannungssinn und den Kraftsinn. Entscheidend ist stets die richtige Dosis.

- Eine erste wichtige Übung ist die richtige – physiologisch korrekte – Sitzhaltung auf dem Stuhl. Dabei sollte das Kind weder herumhampeln und zappeln noch verkrampft sitzen.
- Den bereits eingeübten Zangengriff sollte das Kind derart beherrschen, dass keine Spannungen in den Fingern und der Hand entstehen; eine lockere und entspannte Stifthaltung ist wichtig. Hier können Übungen und Techniken wie der Kartoffeldruck, der Fingerdruck, das Falten von Papier (Hut, Flieger, Schiffchen) und das exakte Ausschneiden gut weiterhelfen.
- Beim Malen, Kritzeln und Schreiben sollte von Anfang an die Kontrolle der Bewegung mit der Hand und den Fingern möglich sein. Das Kind sollte das feste Drücken und das lockere Halten des Stifts beherrschen, ohne die Bewegungskontrolle zu verlieren.
- Beim Malen oder Schreiben dürfen durch zu starken Druck mit der Hand und den Fingern auf keinen Fall Schmerzen entstehen, sodass das Kind nach jedem Schreibvorgang die Hand und Finger ausschütteln und lockern muss.
- Das Kind braucht in der Kita täglich ausreichende und geeignete Bewegungsangebote, bei denen die Grob- und die Feinmotorik trainiert und geschult werden.

5.4.14 »Schau, ich kann schon schreiben!« (Strategien zum Spuren, Kritzeln und ersten Schreiben)

Die Kinder haben ebenso wie beim Sprechen den inneren Drang, Erlebtes nach außen zu transportieren und anderen zu zeigen. Sie wollen das Erlebte, das Gehörte oder das Gesehene mit ihren Möglichkeiten zum Ausdruck bringen.

1. Zum Spuren motivieren

   Bereits im ersten Lebensjahr sollten wir den Kleinen alle Gelegenheiten anbieten, erste Spuren zu hinterlassen: mit den Fingern im Sand, im Schnee, beim Backen oder an einem angelaufenen Fenster im Gruppenraum der Kita. Weiterhin können wir das Spuren mit Fingerfarben positiv begleiten und auf einer ausgerollten Tapetenrolle fördern.

2. Zum Malen anleiten

   Im zweiten Lebensjahr malen die Kinder frei und ungezwungen ihre Mama, ihren Papa, ihre Geschwister, ihr Haus, einen Baum usw. Dabei haben sie verschiedene Papiersorten und Malstifte zur Verfügung.

3. Zum Kritzeln verleiten

   Im dritten Lebensjahr sind die Kinder oft bereit und motiviert, ihren eigenen Namen in die Präsenzliste der Kita einzutragen oder mit einer eigenen Unterschrift ihre tägliche Anwesenheit zu dokumentieren. Sie können Briefe kritzeln und innerhalb bzw. außerhalb der Kita an Freunde verschicken.

4. Namen und erste Wörter schreiben

   Im vierten Lebensjahr sind die feinmotorischen Fertigkeiten so weit vorangeschritten, dass die Kinder in Großbuchstaben ihren eigenen Vornamen schreiben können. Sie können bereits auch andere Wörter schreiben. Fehler sind erlaubt und gehören zum Lernprozess dazu. So macht das Schreiben allen Kindern großen Spaß, und es wird zu einem täglichen Erlebnis in der Kita.

5. Schreiben als Ritual

   Im fünften Lebensjahr sollte das Schreiben in der Kita täglich, mindestens aber einmal in der Woche, als Schreibritual erfolgen. Die Buchstabenwerkstatt bietet sich hier bestens an. Dabei sollten alle Kinder die Möglichkeit haben, entweder frei zu schreiben oder ihren Namen unter ein gemaltes Bild oder ein anderes Exponat zu schreiben. Solche Rituale geben den Kindern Sicherheit und Struktur. Kinder unterschreiben eigenhändig ihre Anwesenheit in der Kita und Gruppe, ihr Mitmachen bei der Kinderkonferenz und sonstigen verpflichtenden Aktivitäten im Kita-Alltag.

Weitere Strategien zur Förderung des Schreibens der Vorschulkinder können folgende strategische Schritte sein:

- Hand malen

  Die Kinder legen die linke Hand auf ein Blatt Papier und fahren mit einem dicken Malstift die Umrisse der Hand nach; bei Linkshändern wird die rechte Hand auf das Blatt Papier gelegt und nachgezeichnet. Dann können sie ihren Namen in die Hand schreiben und alle Wörter aufschreiben, die sie bereits schreiben können.

- Körperumrisse nachzeichnen
  Ein Kind legt sich mit dem Rücken auf eine ausgerollte Tapetenrolle und bleibt ruhig liegen. Ein zweites Kind nimmt einen dicken Malstift und zeichnet die Umrisse des auf dem Boden liegenden Kindes nach. Danach wird der nachgezeichnete Körperumfang ausgeschnitten, an einer Wäscheleine im Gruppenraum aufgehängt und mit dem entsprechenden Namen versehen. Die Kinder können sich dann vor die Figur stellen und überprüfen, ob sie auch gut getroffen sind.
- Kita-Zeitung
  Installieren einer Kita-Zeitung mit der Leitung, dem pädagogischen Team, den Eltern und natürlich den Kindern; hier gibt es eine eigene Kinderredaktion, die eigene Vorschläge für die Veröffentlichung in der Kita-Zeitung macht. Kinder sind Redakteure.
- Bücher schreiben
  Kinder erfinden eigene Bilderbücher im Zuge des Erzählens von Geschichten, tatsächlichen oder frei erfundenen Geschichten, die die pädagogische Fachkraft, die Eltern oder die Kinder erzählen. Es geht darum, begreiflich zu machen, dass man all das, was man spricht und erzählt, auch aufschreiben und mit Bildern versehen kann.
- Mitteilungen
  Spuren und Zeichen in der Kita hinterlassen können: am Kleiderschrank, am Haken, Eigentumsschublade, Portfolio, Plakate, Magnettafel für die Kinderkonferenz bzw. für wichtige Mitteilungen der Kinder in der Kita
- Erste Lerngeschichten schreiben
  Die Lerngeschichte ist eine Methode, um ein bestimmtes Lernereignis gezielt zu beschreiben und diese Beobachtung anschließend mit dem Kind zu besprechen. Margarete Car entwickelte diese Methode in den 1990er-Jahren. Sie wird eingesetzt, um zu erkennen, an welcher Stelle sich Kinder in ihrem Bildungsprozess befinden. Diese Geschichten sind nicht ergebnis-, sondern prozessorientiert. Bestimmte Lerndispositionen werden dabei in den Blick genommen: Wie interessiert ist das Kind? Wie engagiert? Wie konzentriert ist das Kind? Wie hält es erhöhten Herausforderungen stand? Lerngeschichten erfüllen also gleich zwei Anforderungen: die Dokumentation des Lernereignisses und den Dialog mit dem Kind. Dem Kind wird durch die Beobachtung und Dokumentation die Wichtigkeit seines Lernerfolgs symbolisiert. Das Dokumentationsverhalten der pädagogischen Fachkraft weckt zusätzlich das Interesse an der Schrift: »Jemand schreibt etwas über mich; ich bin wichtig.« »Wichtige Dinge werden aufgeschrieben.«

5.4.15 *Was sollte die pädagogische Fachkraft beachten?*

Für das erste Schreiben und insbesondere die Praxis des Schreibenlernens sind folgende Hilfestellungen für den Lernprozess des Kindes bedeutsam:

- verschiedene Schriften/Schriftarten
  Die Kinder sollen bereits in der Kita erfahren, dass es verschiedene und unterscheidbare Schriften gibt. Zunächst gibt es die im Alltag verbreitete Druckschrift. Die Kinder beginnen ja auch mit der Druckschrift, indem sie ihren Namen in Großbuchstaben schreiben. Daneben erleben sie schreibende Eltern, die einen Einkaufszettel oder am Computer schreiben, und sehen so die Handschrift als Alternative zur Druckschrift.
- Sitzordnung
  Die physiologisch richtige Sitzhaltung an Tisch und Stuhl zu Hause und in der Kita ist ganz wichtig. Die Ellenbogen befinden sich in der Höhe der Tischplatte, eine Rückenlehne soll den Rücken abstützen, die Oberschenkel und beide Füße sollen den Boden berühren (Pelikan 2012, S. 27). Ein Linkshänder sollte an einer Einzelbank oder am Tisch immer links sitzen. Am Gruppentisch ist darauf zu achten, dass er links von sich keinen rechtshändigen Tischnachbarn hat. Ansonsten kann es zu leichteren Rangeleien kommen.
- Händigkeit
  Ob ein Kind mit der rechten oder linken Hand schreibt oder malt, entwickelt sich in den ersten Lebensjahren. Zunächst sollte man keinen Druck ausüben, wenn das Kind mit der linken Hand malt, schneidet oder kritzelt oder immer wieder von einer zur anderen Hand wechselt. Es ist die Aufgabe des Gehirns in den ersten fünf bis sechs Lebensjahren, eine Zuordnung zur rechten oder linken Hirnhälfte zu erreichen. Bis zur Einschulung hat sich die Händigkeit zumeist ausgebildet und stabilisiert.
- Linkshändigkeit
  Linkshändig schreibende Kinder sollten nicht umerzogen werden. Es sollte auch darauf geachtet werden, dass weder die Eltern noch die Kinder von dem »schönen« Händchen sprechen und es so zu Diskriminierungen der linkshändig malenden und schreibenden Kinder kommt. Hier ist Vorsicht geboten, da Linkshänder rechts schreibende Kinder kopieren wollen. Linkshänder sind keine Risiko- oder Problemkinder; Linkshändigkeit sollte den Eltern und der Kita als natürliches Phänomen vermittelt werden. Etwa zehn Prozent eines Altersjahrgangs sind nach den Erfahrungen der Praktiker von der Linkshändigkeit betroffen.
- Zangengriff
  In der Fachsprache wird auch der Begriff »Pfötchengriff« synonym benutzt. Der Zangengriff verlangt, dass das Kind den Stift mit Daumen, Zeigefinger und

Mittelfinger greift. Eine Vorstufe zur Erlangung und Beherrschung des Zangengriffs ist der Pinzettengriff mit Daumen und Zeigefinger. Bei allen Übungen hin zum Zangengriff wird vor Dressur und Drillmethoden gewarnt. Beim korrekten Zangengriff wird der Stift mit leicht gebeugtem Daumen und Zeigefinger in gleichem Abstand von der Stiftspitze gegriffen. Der Stift liegt auf dem unterstützenden Mittelfinger auf. Nur so kann die Bewegungsführung aus den Fingern optimal ermöglicht werden (Pelikan 2014).

Damit ein Kind das Schreiben im letzten Kindergartenjahr oder am Schulanfang korrekt erlernen kann, sollte es in der Lage sein, folgende Anforderungen zu erfüllen:
- ruhig und aufrecht auf einem Stuhl an einem Tisch sitzen
- die Füße fest auf den Fußboden stellen
- entspannt sitzen
- sich für ein paar Minuten auf eine bestimmte Aufgabenstellung konzentrieren
- einen Stift im Zangengriff halten
- eine bestimmte Schriftspur und Bewegungsführung einhalten, wie z. B. von links nach rechts
- sich mit den Augen orientieren
- das Geschriebene oder Gemalte kontrollieren
- Wörter hören und in Laute unterteilen
- die einzelnen Laute den Buchstaben zuordnen

5.4.16 »Ich sitze gern vor der Glotze!«
(Strategie zum Umgang mit den alten und neuen Medien)

Kinder wachsen mit Medien auf und sollten Schritt für Schritt je nach Lebensalter, Entwicklungsmöglichkeiten und häuslicher Anregung behutsam an die Medien herangeführt werden. Die Medienbildung der Kinder muss in den Alltag der Kita und in die pädagogische Konzeption integriert werden. Medien sind wichtige Mittel der zwischenmenschlichen Kommunikation für unsere Kinder in allen Lebenslagen. Sie vermitteln und übertragen Informationen aller Art. Sie überbringen wichtige Botschaften. Fünf Aspekte sollten wir bei den Medien unterscheiden:
1. das Material (Hardware), aus dem die Medien hergestellt sind
2. das Programm (Software), das die Informationen überträgt: das Lern- oder Malprogramm
3. das Symbolsystem (Sprach-Code); in unserem Fall die gesprochene Sprache oder die geschriebene Sprache (Schrift)

4. die Wahrnehmungsfunktionen, d. h. die benötigten Sinne, wie z. B. das Hören, das Sehen oder das Fühlen
5. die Botschaft, d. h. also das Vermittelte, der Inhalt

In jeder Kindertagesstätte sollte zunächst im pädagogischen Team geklärt werden, welche Medien wie genutzt werden und welche Vor- und Nachteile eine solche Nutzung hat. Wie Medien und ihre Inhalte wirken, hat viel mit den Nutzungsgewohnheiten und dem sozialen Umfeld zu tun. Die angemessene und maßvolle Auseinandersetzung mit Medien ist in einer Kindertagesstätte durchaus sinnvoll. Digitale Medien können Möglichkeiten der aktiven und kreativen Nutzung zur Kommunikation, Gestaltung und Informationsgewinnung darstellen. Wichtig ist, dass die pädagogischen Fachkräfte über die Nutzungsweise Bescheid wissen und einen kreativen, konstruktiven Umgang mit digitalen Medien unterstützen (Neuss, S. 9). Insbesondere in Bezug auf Sprachentwicklung und Schriftaneignung kann der Computer mit Sprach- und Schreibprogrammen eine weitere Möglichkeit bieten, Lernimpulse zu setzen. Ein Computer, beispielsweise in der Schreibwerkstatt, kann viele Anlässe bieten, sich mit Sprache und Schrift aktiv auseinanderzusetzen. Programme, mit denen an Buchstaben und Wörtern gearbeitet werden kann, faszinieren Kinder und eröffnen einen weiteren Zugang zu Sprachentwicklung und Schriftaneignung. Kinder können bereits früh erkennen und verstehen, dass eine Zahl, Ziffer oder ein Symbol eine spezifische Bedeutung hat. So kann der Umgang mit den Symbolen der gesprochenen Sprache (= den Lauten) und den Symbolen der geschriebenen Sprache (= den Buchstaben) spielerisch geübt werden. Der Umgang mit Zeichenprogrammen ist ein wichtiger Baustein der Sprachbildung und Schriftaneignung. Auch hier gibt es die Möglichkeit, Kindern Kompetenzen zu übertragen, indem sie beispielsweise ein Computer-Diplom machen, weil sie schon besonders gut mit dem Computer umgehen können.

Die Zeit, in der Kinder digitale Medien in der Kita nutzen, sollte immer zeitlich begrenzt sein und die Zeitspanne eine halben Stunde pro Tag nicht überschreiten. Natürlich ist auch bei der Mediennutzung immer auf den individuellen Entwicklungsstand der Kinder zu achten. In der Krippe sollte generell von der Nutzung abgesehen werden. In den Spielen mit dem Computer kann das Kind in die virtuelle Welt der Fantasie schlüpfen und so den Unterschied zur Realität eher erfahren und begreifen. Weiterhin kann der Umgang mit Ziffern, Zahlen und Symbolen geübt und trainiert werden.

Allein die Arbeit in der Kita mit den Neuen Medien reicht jedoch nicht aus, um erfolgreich zu sein. Aus den Forschungsergebnissen zur »Sesamstraße« und dem amerikanischen Head-Start-Programm wissen wir, dass der Erfolg von Bildungsprozessen ganz entscheidend davon abhängt, ob und wie die Eltern und das gesamte soziale Milieu in die pädagogische Arbeit einbezogen werden können

(Gerlach et al. 2008, S. 3). Die Kinder müssen einen verantwortungsbewussten Umgang mit digitalen Medien vermittelt bekommen. Sie sollten zum einen lernen, die Geräte in einfacher Form zu bedienen und technisch zu nutzen, und zum anderen, bereits sehr früh die Risiken und Gefährdungen zu erkennen, damit sie alltagsgerechte Alternativen suchen und nutzen können.

Was sollte die pädagogische Fachkraft beachten?

Die Kinder erleben Vater und Mutter beim Fotografieren, beim Umgehen mit dem Smartphone, beim Telefonieren mit dem Handy, beim Arbeiten am Computer und beim Surfen und Nachschlagen von Begriffen im Internet. Sie selbst haben vielleicht einen Kinder-PC, ein Handy, spielen mit dem Gameboy und verschicken Bilder an Freunde. Dies ist zum Alltag der Kinder geworden.

Mehr als 40 Millionen Deutsche besitzen einen Computer mit Zugang zum Internet (Hessische Landesanstalt 2008). Damit steht fest: Kinder sehen und erleben Erwachsene vor dem PC und beim Surfen im Internet. Früher oder später haben die Kinder den Wunsch, den Eltern nachzueifern und ebenfalls mit dem PC zu spielen oder im Internet zu surfen. Damit stehen die Eltern vor einer großen Herausforderung und stellen sich die Frage: Wo lauern mögliche Gefahren für unser Kind?

Daher muss die Kita den Umgang mit den Neuen Medien aufgreifen und in den Kita-Alltag einbeziehen. Die Kinder werden gerade in der zwischenmenschlichen Kommunikation durch die Medien sehr stark beeinflusst und geprägt. Medien durchziehen unser ganzes Leben und beeinflussen uns erheblich. Die pädagogischen Fachkräfte sollten sich folgende Fragen stellen und im Team der Kita beantworten:

1. Welche Medien benutzen wir täglich in unserer Kita?
2. Welche Medien fehlen uns noch?
3. Welche Medien brauchen wir nicht?
4. Wie lange sollten sich die Kinder pro Tag mit Medien beschäftigen?
5. Wo liegen Chancen, wo liegt der Nutzen?
6. Wo liegen Risiken, wo liegt der tatsächliche Schaden?

Hier kann die pädagogische Fachkraft ankreuzen bzw. ergänzen!

Analoge Medien = herkömmliche, alte, natürliche Übertragung der Schallwellen und optischen Signale, Zwischenzustände möglich	Digitale Medien = neue, elektronische Medien; nur zwei Zustände möglich: vorhanden – nicht vorhanden, virtuelle Welten
Telefon	Handy mit und ohne Kamera
Fernsehen: DVD, Filme, Zeichentrickfilme, Zeichentrickverfilmungen, Tierfilme	I-Phone und Smartphone
Radio: Küchenradio am Morgen, Autoradio, Hörfunk	Computer, Laptop, Notebook
Fotoapparat, Fotos, Zeichnungen, Skizzen, Gemälde, Bilder, Plakate	Internet
Diktiergeräte, Kassettenrekorder, CD-Player	Tablet PC
Zeitungen , Zeitschriften, Comichefte, Broschüren, Flyer der Kita, Werbeprospekte	Videospielkonsole
Bücher: Kinderbücher, Märchenbücher, Comics wie Asterix und Obelix, Hörbücher	

Tab. 9: Analoge und digitale Medien

Leitung und pädagogische Fachkräfte können untereinander absprechen und mit den Eltern diskutieren, welche Medien sie zur Verfügung stellen und welche Medien sie benötigen, um eine aktuelle Medienbildung in der Kita zu betreiben. Eine enge Zusammenarbeit mit den Eltern ist notwendig, um die häuslichen Aktivitäten und Gewohnheiten der Kinder zu erfahren und zu berücksichtigen.

Medien in der Lebenswelt der Kinder Die Kinder sollen in keinem Schonraum unter einer Glasglocke aufwachsen. Mediennutzungsforscher befürworten einen sinnvollen Mediengebrauch in der Kindertagesstätte (Hessische Landesanstalt 2008). Dabei bestimmt der Alltag der kindlichen Lebenswelt die Reihenfolge der Medien.

5.4.17 »Ich möchte gerne eure Sprache lernen.« (Strategie zum Erwerb von Deutsch als Zweitsprache)

Heute sind die mehrsprachig aufwachsenden Kinder in fast allen Bildungseinrichtungen die Regel und einsprachig aufwachsende Kinder fast schon eine Ausnahme. Die deutschen Kinder lernen bereits in der Kita eine Fremdsprache – zumeist Englisch oder Französisch, und die zugewanderten Kinder bringen ihre Muttersprache mit in die Kita. Sie wollen die deutsche Sprache als notwendige und wichtige Umgangssprache schnell und unkompliziert lernen. Dabei können wir Kinder mit Migrationshintergrund und geringen sprachlichen Anregungen und Vorbildern in ihrer Familie in der Kita durchaus gut unterstützen und begleiten.

1. Interesse an der deutschen Sprache wecken
   Die Kinder müssen Interesse erfahren und erleben, dass sich die Fachkraft für ihre sprachliche Situation interessiert und auch engagiert. Dies können schon kleine Kinder erleben und spüren. Die Fachkraft sollte früh den Blick auf das Kind und seine Bedürfnisse im Alltag lenken.
2. Soziales Netzwerk entwickeln und aufbauen
   Sprache wird nur im sozialen Kontext mit anderen Personen erworben. Daher sollte das persönliche Netzwerk des Kindes und seiner Familie berücksichtigt, beobachtet und erweitert werden.
3. Fragen stellen
   Von Anfang an sollte in der Krippe oder in der Kita das Fragenstellen zum täglichen Ritual gehören und zur Gewohnheit werden. Nur über das Stellen von Fragen und das kindgerechte Beantworten der Fragen kann die Entwicklung in Gang kommen, die Sprache erworben und können die ersten Schritte zur Entdeckung der Schrift geleistet werden.
4. Situationen schnell erfassen
   Die pädagogische Fachkraft sollte kompetent und geschult sein, früh und schnell eine Situation in der Gruppe, beim Essen oder Spielen als günstig und geeignet für die Sprachbildung zu erkennen. Ist die Situation vorbei, kann dies oft in einer anderen Situation nur künstlich wieder angebahnt werden.
5. In die deutsche Sprache eintauchen
   Wir müssen eine Verbindung zum Kind herstellen, Vertrauen aufbauen und den Kontakt zu ihm und seiner Welt öffnen. Nur die Offenheit des Kindes und der Fachkraft ermöglichen eine gute Sprachbildung. Dabei sollten wir viele Gelegenheiten Tag für Tag anbieten, um das Kind in die Sprachwelt der Krippe und Kita eintauchen zu lassen.

5.5   Themenpool

Wichtig ist eine Vielzahl von Anregungen und geeigneten Sprachlernsituationen, um die Bildungsprozesse in der Kinderkrippe und im Kindergarten rund um die Sprache und um die Schrift gruppenbezogen zu planen, gezielt vorzubereiten, nachhaltig und für die Kinder wirksam durchzuführen, gemeinsam im Team auszuwerten und in Entwicklungsdokumentationen festzuhalten.

1. In der Folge werden Themen in der Gruppe angeboten, die dazu beitragen, die gesprochene Sprache sowie das sich entwickelnde Lesen und Schreiben in der Krippe und der Kita aufzugreifen, zu unterstützen, zu begleiten und in ihrer Entwicklung positiv zu beeinflussen.

2. Die Themen sind aus ökonomischen und organisatorischen Gründen nummeriert; eine Hierarchie wird damit nicht angedeutet. Die Erzieherin bzw. das Team der Kita entscheidet, welche Themen für die Gruppe bzw. für das einzelne Kind momentan anstehen und geeignet sind, die Entwicklung weiter voranzubringen.

3. Im Downloadbereich finden sich Kopiervorlagen, anhand deren Themen vertieft werden können. Wir bezeichnen die Kopiervorlagen bewusst als »Erkundungsblätter« bzw. »Forscherbogen«, weil die Kinder ihrem Explorationsdrang, Wissensdurst und ihrer Neugier nachgehen sollen. Die Erkundungsblätter sollen zum freien oder auch gelenkten Experimentieren anregen, zum Beobachten und zum Sprechen verleiten und nach ihrer Bearbeitung durch das Kind in das Portfolio eingelegt und dort aufbewahrt werden.

4. Jedes Erkundungsblatt ist mit einer Nummer versehen und nach einem ganz bestimmten Raster aufgebaut. Dort werden das Thema, das Lernziel, die Experimente, die Anweisungen und mögliche Anregungen durch die Kinder und die Erzieher/innen festgehalten.

Schließlich gibt es zu Beginn ein »Blankoformular« zur Dokumentation von Bildungsangeboten mit den wesentlichen Aspekten, die die pädagogische Fachkraft bei der Planung, Umsetzung und Auswertung berücksichtigen sollte. Hier geht es um die Entlastung der pädagogischen Fachkräfte und nicht um eine Bürokratisierung des Alltags. Diese Formulare sollen die thematische Ausrichtung strukturieren.

Dokumentation eines Bildungsangebotes

Name: **Alter:**   **Gruppe:**

Thema: Hör bitte gut zu!

Erwartungshorizont: Die Kinder sollen die unterschiedlichen Sprechweisen – leise, normales und lautes Sprechen – der Erzieherin wahrnehmen und ihre Wirkung spüren, erleben und anschließend darüber sprechen.

Experimente
Experiment 1: Die Erzieherin spricht sehr leise zu den Kindern – sie flüstert –, während die Kinder sich weiterhin normal in der Gruppe unterhalten und miteinander spielen. Dabei nimmt sie drei Positionen ein: drei, sechs und neun Schritte von den Kindern entfernt.

Experiment 2: Die Erzieherin spricht in normaler Lautstärke (50 bis 60 Dezibel) zu den Kindern, während die Kinder weiter in der Gruppe miteinander sprechen und spielen. Dabei nimmt sie drei Positionen ein: drei, sechs und neun Schritte von den Kindern entfernt.

Experiment 3: Die Erzieherin schreit, während sich die Kinder weiterhin in der Gruppe unterhalten und miteinander spielen. Dabei nimmt sie drei Positionen ein: drei, sechs und neun Schritte von den Kindern entfernt.

Fragen an die Kinder:
1. In welcher Situation fühle ich mich wohl?
2. Wie soll die Erzieherin zu uns sprechen?
3. Kann ich alles verstehen?
4. ...

Feedback
Kind   Erzieherin   Eltern

Anregungen der Kinder oder des Teams:
_____
_____

5.6   Schatzkiste

Für die Umsetzung der aufgezeigten Strategien und Themen haben sich in der konkreten Arbeit die Schatzkiste »Sprache« und die Schatzkiste »Schrift« bestens bewährt. Im Team der Erzieher/innen und enger Zusammenarbeit mit den Kindern und deren Eltern kann die Schatzkiste je nach Förderbedürfnissen, Interessen und Neigungen gefüllt werden. Dabei kann eine entsprechende Kiste von den Erzieher/innen zur Verfügung gestellt oder zusammen mit den Kindern gebastelt werden.

Schatzkiste »Schrift«
- liniertes Papier, kariertes Papier
- Reime, Wortspiele
- Stempel
- Buchstaben: aus Moos, Gummi, Holz, …
- Schriftzeichen verschiedener Sprachen
- Druckerei nach Freinet
- Briefe
- Buchstabenbausteine
- Buchstabenpuzzles

Schatzkiste »Sprache«
- »Das ist heute passiert …«
- Gedichte, Reime, Wortspiele
- Erzählsäcke mit Gegenständen, Symbolen, Fotos
- eigene Bilderbücher
- Witze
- Gegenstände aus dem Alltag
- »Das habe ich erlebt …«
- Bücher, die zum Philosophieren anregen (»Frag mich was …«)

5.7   Zusammenfassung

Differenzierte Kenntnisse über den Prozess der frühkindlichen Sprachentwicklung und Schriftaneignung sind notwendig, um ausreichende und geeignete Sprachsituationen und Schriftanlässe in der Kita anzubieten. Ein Bildungsverständnis, das den neuesten wissenschaftlichen Erkenntnissen der heutigen Bildung entspricht, ist der individuelle Blick auf das Kind. Ebenso sind das Rollenverständnis der pädagogischen Fachkräfte, die Umsetzung einer entsprechenden pädagogischen

Konzeption, ein kompetenzorientierter Blick auf das Kind und die vertrauensvolle und zugleich partnerschaftliche Zusammenarbeit mit den Eltern notwendige Voraussetzungen einer adäquaten Förderung und Bildung. Eine anregende Raumgestaltung und ein Wohlfühlklima in der Kita-Gruppe tun ihr Übriges dazu. Die Qualität der angebotenen Bildungsaktivitäten ist dabei entscheidend.

Dieser Entwurf einer frühkindlichen Didaktik mit den verschiedenen Dimensionen stellt die verschiedenen Kompetenzbereiche ausführlich dar. Darüber hinaus wird den pädagogischen Fachkräften ein Pool von Lehrstrategien angeboten, um den individuellen Förderbedürfnissen des einzelnen Kindes je nach Lebensalter, Geschlecht, sozialem Milieu, kultureller Herkunft und persönlichen Lernvoraussetzungen gerecht zu werden. Ebenso werden praktikable und ökonomische Dokumentationsmöglichkeiten für den Alltag in der Kita dargestellt. Nicht zuletzt können digitale Medien hierzu passende Instrumente sein. Die praktischen Anregungen, die in diesem Kapitel vorgestellt werden, sollten in der Praxis der Kita ausprobiert und ihre Wirkung im Team besprochen werden. Insgesamt sollten die pädagogischen Fachkräfte die analogen und digitalen Medien alters- und entwicklungsgemäß und dabei sehr dosiert und kontrolliert einsetzen. Insbesondere ist hinsichtlich des Medienkonsums der regelmäßige Austausch mit den Eltern sehr wichtig.

Evaluationsbogen

1. Welchen Einfluss könnten die theoretischen Erkenntnisse dieses Kapitels über Sprachentwicklung und Schriftaneignung (Drei-Phasen-Modell) auf meine pädagogische Arbeit haben?

2. Woran ist das Bildungsverständnis der Einrichtung orientiert, in der ich arbeite?

3. Welches Bildungsverständnis habe ich selbst?

4. Welches Rollenverständnis habe ich als pädagogische Fachkraft?

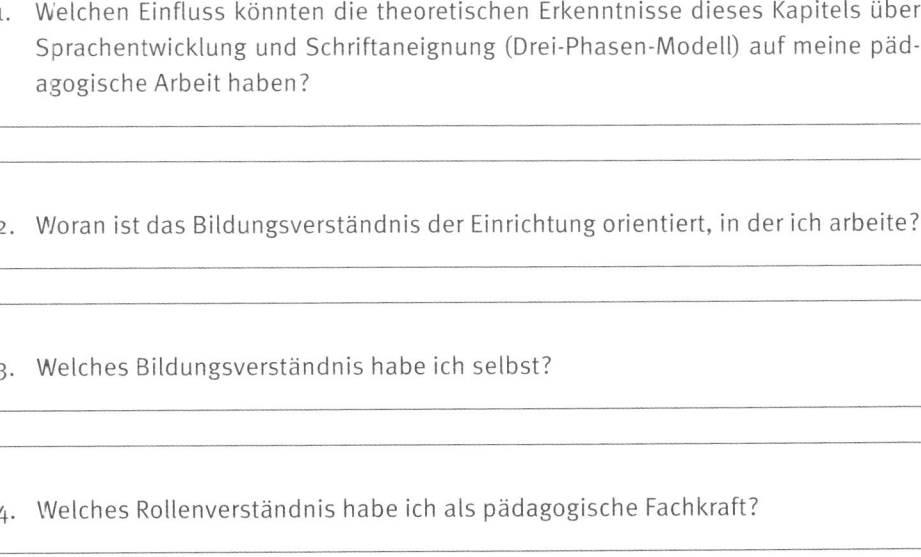

5. Was mache ich aktiv, um die Entwicklung von Sprachbildung und Schriftaneignung in der Kita zu fördern?

_____

_____

6. Werden Medien, auch digitale Medien, in unserem pädagogischen Alltag zur Sprachbildung und Schriftaneignung eingesetzt?

☐ trifft zu
☐ trifft teilweise zu
☐ trifft nicht zu

7. Wird der Bildungsplan meines Bundeslandes so umgesetzt, dass das Kind im Fokus der pädagogischen Arbeit steht?

☐ trifft zu
☐ trifft teilweise zu
☐ trifft nicht zu

8. Welche Erfahrungen habe ich mit dem vorgeschlagenen Themenpool in diesem Buch gemacht?

_____

_____

6.   Von der Kita in die Schule

Die meisten Kinder freuen sich auf die Schule. Eltern, Erzieher/innen, die künftigen Lehrer/innen und alle pädagogisch Verantwortlichen wollen, dass das Kind den Übergang erfolgreich bewältigt. Nicht nur einige Kinder, sondern auch die betroffenen Eltern brauchen in dieser Übergangsphase immer wieder Hilfestellungen und Ratschläge. So hat die Bertelsmann Stiftung (2007) geeignete und realistische Handlungsempfehlungen an die Politik, die Träger und die zuständigen Einrichtungen, wie Kita und Schule, herausgegeben.

Der Übergang von der Kita in die Schule ist der Übergang zu einem neuen Lebensabschnitt. Zurzeit wird in vielen Bundesländern eine enge Kooperation zwischen beiden Bildungseinrichtungen angestrebt. Dies scheint ein Erfolg versprechender Weg zu sein, wenn er systematisch und konsequent beschritten wird. Dabei müssen die pädagogischen Fachkräfte der Kita und die Lehrer/innen der Grundschule aufeinander zugehen, sich gegenseitig um Vertrauen und Verständnis bemühen und kleinere und größere Scharmützel vermeiden. Das Ziel einer intensiven und vertrauensvollen Zusammenarbeit zwischen Kindergarten und Grundschule ist es, den Übergang zwischen beiden Bildungseinrichtungen für Kinder mit unterschiedlichen Bildungsbiografien und Sozialisationshintergründen möglichst effektiv zu gestalten.

Übergänge werden in der neueren Forschung als Transitionen bezeichnet. Gemeint sind damit Lebensereignisse, die für den Betroffenen eine bedeutsame Veränderung mit sich bringen. Kooperieren pädagogische Fachkräfte und Lehrer beim Übergang vom Kindergarten zur Grundschule, ist es möglich, die Stärken und Entwicklungspotenziale von Kindern besonders im Blick zu haben und individuell auf sie einzugehen. Während eines Transitionsprozesses strömen in kurzer Zeit viele neue, unbekannte Dinge auf ein Kind ein. Darauf muss mit intensiven und beschleunigten Lernprozessen reagiert werden. Unter diesen verdichteten Entwicklungsanforderungen werden sowohl die Schwächen als auch die Stärken des Betroffenen erkennbar. Gute Vorbereitung und Begleitung durch pädagogische Fachkräfte und Lehrer/innen können in diesem Prozess ausschlaggebend für ein gutes Gelingen sein.

Der positive Bewältigungsprozess einer Transition hat zur Folge, dass das Kind Kompetenzen erwirbt, die für seine weitere Entwicklung maßgeblich sind und zu persönlichem Wachstum führen. Lehrer/innen und Erzieher/innen müssen sich hierfür auf Augenhöhe begegnen und miteinander arbeiten. Anschlussfähige

Lernmethoden sollten im letzten Kindergartenjahr entwickelt werden. Sinnvoll sind hierbei zunächst Fortbildungen, die gemeinsam von beiden Berufsgruppen besucht werden. Dabei sollte vorab ein gemeinsamer Lernbegriff entwickelt und sollten Konzeptionen miteinander verglichen werden. Lehrpläne und Bildungsprogramme: Wo gibt es Gemeinsamkeiten? Wo kann man ansetzen? Im Folgenden wird ein kurzes Beispiel zur Umsetzung von Kooperation dargestellt. Hier wurde eine Lernmethode der Grundschule in den Kindergarten transferiert. Dies entspricht der Idee der anschlussfähigen Lernmethoden.

Durch die konstruktive Zusammenarbeit vieler pädagogischer Fachkräfte konnten auf der Grundlage der pädagogischen Konzeption der Evangelischen Kita Saarlouis zahlreiche Ideen, Beispiele und Bildungsaktivitäten vorgestellt werden, die den Sprach- und Schrifterwerb von Kindern in einem natürlichen Kontext fördern. Dieser Band soll ein Beitrag sein für den Erwerb der gesprochenen Sprache und die Aneignung der Kulturtechniken Lesen und Schreiben. Im Hinblick auf die aktuellen gesellschaftspolitischen Diskussionen und Anforderungen bezüglich inklusiver Pädagogik kann dieses Buch als ein Werkzeug von vielen für die Umsetzung von Inklusion gesehen werden. Inklusives pädagogisches Arbeiten bedeutet, ein Bildungssystem zu schaffen, das für alle Kinder passend ist. Das heißt, dass nicht nur die individuellen Entwicklungspotenziale erkannt, sondern auch Bedingungen geschaffen werden müssen, um diese Potenziale optimal zu fördern.

Sprachbildung und Schriftaneignung sind Schlüsselkompetenzen, deren Erwerb die Bildungsbiografie nachhaltig beeinflusst. Das beweist nicht zuletzt die Tatsache, dass Kinder, die aus Familien mit Migrationshintergrund kommen, die Verlierer unseres Bildungssystems sind, was in erster Linie auf die erheblichen Sprach- und Schriftbarrieren zurückzuführen ist. Darum gilt es, diesen Bereich besonders in den pädagogischen Fokus zu nehmen und auf den Bildungsbereich bezogen ein System zu schaffen, in dem sich alle Kinder optimal entwickeln können.

Der Kita kommen dabei eine tragende Rolle und Aufgabenstellung zu. Dieses Buch liefert hierzu eine breit gefächerte Methodenauswahl, die es jeder Kindertageseinrichtung ermöglicht, angepasst an die individuellen Bedingungen erhöhte Entwicklungspotenziale hinsichtlich Sprachbildung und Schriftaneignung bei Kindern zu erkennen und adäquate Fördermöglichkeiten zu entwickeln. Die Zusammenarbeit der verschiedenen Akteure, die die Entwicklung der Kinder begleiten, sowie das bewusste Einbeziehen von Expert/innen sind hierzu die besten Voraussetzungen.

6.1   Beispiel zur Umsetzung in die Praxis

Zurück zum anfänglichen Beispiel: Ein Teil der Schulvorbereitung der Evangelischen Kita Saarlouis beinhaltet das Arbeiten in Werkstätten. Dies orientiert sich stark an der Methode des Schweizer Reformpädagogen Jürgen Reichen (1988), der die Werkstattarbeit für Grundschulen entwickelte. Die Fachkräfte der Evangelischen Kindertagesstätte sehen Schulvorbereitung jedoch nicht reduziert auf Aktivitäten, die im letzten Kindergartenjahr stattfinden. Es ist ein Prozess, der mit Eintritt in die Kindertagesstätte beginnt. Die Erfahrung der pädagogischen Mitarbeiter/innen sowie wissenschaftliche Erkenntnisse bestätigen: Es sind Themen und Ideen der Kinder bzw. Erfahrungen aus ihrer direkten Lebenssituation, die sie zum Lernen auffordern. Eine Werkstatt beschäftigt sich mit einem aktuellen Thema der Kinder. Für jede Werkstatt wird ein Werkstattplan entwickelt. Dieser enthält die verschiedenen Themenschwerpunkte und Interessengebiete der Kinder als Aufgaben. Er stellt somit eine Übersicht über alle Aufgaben dar. Später werden die Aufgaben zu einzelnen Werkstattblättern in kleine Schubladen (»Schütten«) sortiert. Eine Werkstatt kann zwischen fünf und zehn verschiedene Interessenaufgaben haben. Die Aufgaben sind so ausgewählt, dass möglichst alle Sinne angesprochen werden und die verschiedenen Bildungsbereiche vorkommen. Wahl- und Pflichtaufgaben können nach Kompetenzen ausgewählt werden. Forschen und Experimentieren sind immer möglich, und es geht darum, eigene Lösungswege zu finden. Fehler sind erlaubt, und es wird viel in Gemeinschaft gearbeitet.

Für alle Aufgaben gibt es einen »Chef« unter den Kindern. Der Chef hat die Aufgabe, Hilfestellung zu leisten und erledigte Werkstattblätter abzuzeichnen. Er kann auch eine Kontrollfunktion haben. So liegt es nahe, dass derjenige der Chef wird, der besondere Kompetenzen für die entsprechende Aufgabe hat. Die Aufgaben auf dem Werkstattplan sind nummeriert. An der Schütte des jeweiligen Werkstattblatts ist der Chef mit Foto dokumentiert. Da die Kinder noch nicht lesen können, gibt es zu jedem Werkstattblatt selbst gemalte Symbole. Für die Vorschulkinder besteht die Verpflichtung, eine bestimmte Anzahl von Werkstattblättern, die frei nach ihren Interessen gewählt werden, zu erarbeiten. Jedes der Kinder erhält einen Werkstattplan in seine Werkstattmappe mit allen Aufgaben als Übersicht. Zu jeder Aufgabe gibt es eine Spalte mit dem Namen des Chefs. Bei der Erarbeitung der einzelnen Werkstattaufgaben werden die Kinder von uns begleitet bzw. bekommen Hilfestellung vom Chef. Auf dem Werkstattplan zeichnet der jeweilige Chef die erledigte Aufgabe ab. Die Kinder kümmern sich möglichst eigenverantwortlich darum.

Ist die Aufgabe erfüllt, wird gemeinsam mit den Kindern reflektiert, was dabei gelernt wurde, wobei es Schwierigkeiten gab und was besonders gut funktioniert hat. Eine individuelle Lerngeschichte, die von der begleitenden Erzieherin geschrieben und den Kindern vorgelesen wird, schließt die Werkstatt ab. Die Kooperations-Grundschullehrerin steigt in diese Art der Schulvorbereitung ein.

Doch zurück zum konkreten Beispiel: In der mit der Evangelischen Kindertagesstätte Saarlouis kooperierenden Grundschule wird ebenfalls seit mehreren Jahren nach der Werkstattmethode gearbeitet. Die Lehrerin besucht die Einrichtung an zwei Tagen der Woche jeweils vormittags. Die Kooperation vor Ort wird gemeinsam in der Einrichtung geplant. Die Eltern werden darüber informiert, dass alle Schulkinder mittwochs um 8 Uhr in der Einrichtung sein müssen, um an einer gemeinsamen Schulkinderkonferenz teilnehmen zu können.

Bei den ersten Treffen geht es darum, dass Kinder und die Grundschullehrerin sich näher kennenlernen. Das Kooperationsjahr als solches wird kindgerecht erklärt, und alle Fragen, Ängste und Hoffnungen der Beteiligten werden angesprochen und diskutiert. Nach der ersten Kennenlernphase wird die gemeinsame Werkstattarbeit geplant. Die Lehrerin und die pädagogischen Fachkräfte sind gleichermaßen an der Vorbereitung beteiligt. In den nächsten Treffen geht es darum, die verschiedenen Aufgaben, die die Werkstatt beinhalten sollte, zusammen zu planen. Die Ideen der Kinder werden gesammelt, und die Erzieher/innen gestalten gemeinsam mit der Lehrerin und den Kindern die entsprechenden Aufgaben. Einige Aufgaben werden in die Gebäude der Grundschule verlagert. Die kooperierende Grundschule stellt den beiden Kindergärten, die am Pilotprojekt beteiligt sind, einen leer stehenden Klassenraum zum Einrichten und Nutzen für die folgenden zwei Jahre zur Verfügung. Gemeinsam mit Erzieher/innen, Lehrer/innen und Kindern werden zunächst Ideen gesammelt, Pläne gemacht, Möbel besorgt und der Raum schließlich eingerichtet. So wird u. a. durch häufige Besuche das Schulgelände von den Kindern erschlossen.

Neben den Besuchen im laufenden Unterricht der ersten Klassen bietet dieser Raum ein optimales Übergangsobjekt. Er wird im letzten Kindergartenjahr jederzeit für die Vorschulkinder nutzbar sein und im ersten Schuljahr als Pausen- und Aufenthaltsraum dienen. Durch Steckbriefe, Fotos und Bilder hinterlassen die Kinder ihre eigenen Spuren und erkennen sich in diesem Raum wieder. Zwischen den Tandems findet ein reger Austausch über den Entwicklungsstand der Kinder und die Methode der Werkstattarbeit statt. Am Ende wird für jedes Kind eine kleine Lerngeschichte geschrieben. Die beteiligten pädagogischen Fachkräfte machen in gegenseitiger Absprache zu jedem Kind während der Werkstattarbeit kurze Notizen. So ist es einfach, die Lerngeschichte des Kindes mit seinen Stärken und Entwicklungspotenzialen in einem an das Kind gerichteten, wertschätzenden, kompetenzorientierten Brief auszudrücken.

Um auf die Forschungsergebnisse der Transitions- und Resilienzforschung angemessen zu reagieren, könnten Kooperation und Vernetzung von Bildungseinrichtungen verpflichtend eingeführt werden. Hierzu bedarf es verbindlicher Konzepte. Die Bildungspläne für die Kindertagesstätten sind bisher nur Empfehlungen. Lehrer/innen sind in ihren Unterrichtsmethoden, ihren Bewertungen und dem Vermitteln von Lerninhalten sehr frei. Das hat zur Folge, dass Kinder in ihren Entwicklungsprozessen und Transitionserfahrungen in Deutschland noch sehr stark von der Beliebigkeit des jeweiligen pädagogischen Fachpersonals abhängig sind. Dies sollte in den nächsten Jahren durch entsprechende Konzepte und Verbindlichkeiten verändert und verbessert werden. Wichtig ist hierbei, dass sich die Berufsbilder von Erzieher/innen und Grundschullehrer/innen nicht mehr so stark voneinander unterscheiden – sowohl aus gesellschaftlicher Sicht als auch das Selbstverständnis dieser Berufsgruppen betreffend. Erweiterte Studieninhalte in der Grundschulpädagogik sowie die Akademisierung des Erzieherberufs sind erste Schritte, damit sich diese Berufsgruppen auf Augenhöhe begegnen und professionell kooperieren können.

Literatur

Adler Y. (2011): Kinder lernen Sprache(n). Stuttgart: Kohlhammer.

Albers, T. (2013): Sprachkultur und Identität. Beziehungsfähigkeit und Persönlichkeit entwickeln. In: TPS 7/2013 Sprachkultur, S. 16–20.

Ainsworth, M./Bolwby, J. (2009): Die Bindungstheorie nach John Bolby und Mary Ainsworth. München: Grin.

AOK-Familienstudie 2014 Forschungsbericht des SINUS-Instituts. Teil 1: Repräsentativbefragung von Eltern mit Kindern von 4 bis 14 Jahren im Auftrag des AOK-Bundesverbandes. Berlin.

Ayres, J. (2002): Bausteine der kindlichen Entwicklung. Berlin: Cornelsen.

Bauer, E. (2011): Die Literacy-förderliche Umgebung. Begegnung mit Schrift und Schreiben in der Kita. In: TPS 6/2011, Erstes Schreiben S. 13–17.

Becker-Stoll, F./Niesel, R./Wertfein, M. (2010): Handbuch Kinder in den ersten drei Lebensjahren. Freiburg i. Br.: Herder.

Bendict, H. (1979). Early lexical development: Comprehension and production. Journal of Child Language, 6, 183–200.

Bernstein, B. (1979): Studien zur sprachlichen Sozialisation. Düsseldorf: Schwann.

Bertelsmann Stiftung (Hrsg.) (2007): Von der Kita in die Schule. Handlungsempfehlungen an Politik, Träger und Einrichtungen. Gütersloh: Bertelsmann Stiftung.

Boudon, R. (1974): Education, Opportunity, and Social Inequality.

Bourdieu, P. (1992): Die verborgenen Mechanismen der Macht. In: Steinrücke, M. (Hrsg.): Schriften zu Politik und Kultur. Hamburg: VSA.

Bowlby, J. (2003): Bindung. In: Grossmann, K./Grossmann, E. (Hrsg.): Bindung und menschliche Entwicklung. Stuttgart: Klett-Cotta.

Bruner, J. (1987): Wie das Kind sprechen lernt. Bern: Hans Huber.

Bundesministerium für Gesundheit (2008): Aktiv werden für Gesundheit – Arbeitshilfen für Prävention und Gesundheitsförderung im Quartier. Berlin.

Dannenbauer, F.M. (2001): Chancen der Frühprävention. Bei spezifischer Sprachentwicklungsstörung. Die Sprachheilarbeit, 46, 103–111.

Deißner, D. (Hrsg.) (2013): Wege zu einer gerechteren Bildung – ein internationaler Erfahrungsaustausch. Wiesbaden: VS Springer.

Deutscher Verein für öffentliche und private Fürsorge e. V. (2010): Erstes Diskussionspapier des Deutschen Vereins zu inklusiver Bildung. Berlin.

Donabedian (1966): Evaluating the Quality of Medical Care. In: The Milbank Memorial Fund Quarterly. Vol. XLIV, No. 3, Part. 2 (1966), S. 166–206.

Mecheril, P./Mar Castro Varela, M. do/Dirim, I./Kalpaka, A./Melter, C. (2010): Migrationspädagogik Weinheim: Beltz, S. 115.

Eickhorst, A., Borchardt, S./Cierpka, M. (2012): Differentielle Angebotsstrukturen in der Betreuung belasteter Familien am Beispiel des Frühe-Hilfen-Projektes »Keiner fällt durchs Netz«. Praxis der Kinderpsychologie und Kinderpsychiatrie, 61(10), S. 781–790.

Esser, H. (1993): Soziologie. Allgemeine Grundlagen. Frankfurt a. M./New York: Campus, S. 87.

Esser, H. (2006): Sprache und Integration. Die sozialen Bedingungen und Folgen des Spracherwerbs von Migranten. Frankfurt a. M./New York: Campus.

Fritsch, S. (2014): Mitbestimmung in allen Angelegenheiten. In: Pädagogisch-theologisches Institut der evangelischen Kirche im Rheinland (Hrsg.): Betrifft: Evangelischer Kindergarten. Sich einmischen. Bonn.

Fritsch, S./Mucha, J. (2014): Ev. Kindertagestätte Saarlouis. In: Entdeckungskiste Nr. 1, S. 48.

Garbe, C./Holle, K./Jesch, T. (2009): Texte lesen. Textverstehen – Lesedidaktik – Lesesozialisation. Paderborn: Schöningh.

Galperin, P. J. (1967): Die Entwicklung der Untersuchungen über die Bildung geistiger Operation. In: Hiebsch, H. (Hrsg.): Ergebnisse der sowjetischen Psychologie. Berlin: Volk und Wissen. Verlagseigener Verlag.

Gerlach, F./Kuse, C./Aufenanger S. (2008): Computerarbeit in Kindertageseinrichtungen. Handreichungen für die Praxis. Kassel: Hessische Landesanstalt für privaten Rundfunk und Neue Medien.

Gerstein, H. (2010): Rechtsfragen der Kindertagesbetreuung. Studienbuch 15. Bildungs- und Sozialmanagement mit Schwerpunkt frühe Kindheit. Zentralstelle für Fernstudien an Fach-Hochschulen.

Gogolin, I.(1994): Der monolinguale Habitus der multilingualen Schule. Münster/New York: Waxmann (Buchveröffentlichung der Habilitationsschrift).

Gogolin, I./Lange, I./Michel, U./Reich H. H. (Hrsg.) (2013): Herausforderung Bildungssprache – und wie man sie meistert. Förmig Edition 9. Münster/New York/München/Berlin: Waxmann.

Groeben, N./Schroeder. (2004): Versuch einer Synopse: Sozialisationsinstanzen – Ko-Konstruktion. In: Groeben, N./Hurrelmann, B. (Hrsg.): Lesesozialisation in der Mediengesellschaft. Ein Forschungsüberblick. Weinheim: Juventa, S. 306–348.

Grohfeldt, M. (2007): Lexikon der Sprachtherapie. Stuttgart: Kohlhammer..

Grünewald, H. (21990): Schreibenlernen. Faktoren – Analysen – Methodische Verfahren. Bochum: Kamp Verlag.

Grohnfeldt, M. (Hrsg.) (2007): Lexikon der Sprachtherapie. Stuttgart: Kohlhammer.

Günther, H. (2008): Sprache hören – Sprache verstehen. Sprachentwicklung und auditive Wahrnehmung. Weinheim und Basel: Beltz.

Günther, H. (2010): Individuelle Sprachförderung. Orientierungsrahmen für Ausbildung, Studium und Praxis. Stuttgart: Kohlhammer.

Günther, H./Bindel, W. R. (Hrsg.) (2011): Deutschunterricht in Theorie und Praxis. Band 1. Deutsche Sprache in Kindergarten und Vorschule. Baltmannsweiler: Schneider Hohengehren.

Handreichungen für die Praxis zum Bildungsprogramm für saarländische Kindergärten. Weimar/Berlin: verlag das netz.

Hattie, J. (2009): Visible Learning: A Synthesis of Over 800 Meta-Analyses Relating to Achievement. New York: Routledge.

Hattie, J. (2011): Lernen sichtbar machen für Lehrpersonen. Übersetzt und überarbeitet von W. Beywl und K. Zierer. Baltmannsweiler: Schneider Verlag Hohengehren.

Heitmann, P. (2004): Kindergartenkinder entdecken die Schrift. Basiswissen Frühes Lernen. Stuttgart/Düsseldorf/Leipzig: Klett.

Hessische Landesanstalt für privaten Rundfunk und neue Medien (Hrsg.) (2008): Computerarbeit in Kindertageseinrichtungen. Handreichungen für die Praxis. Wiesbaden.

Huinink, J./Schröder, T. (2008): Sozialstruktur Deutschlands: Köln: Böhlau.

Hurrelmann, K. (2006): Einführung in die Sozialisationstheorie. Weinheim und Basel: Beltz.

Hüther, G./Hauser, U. (2012): Jedes Kind ist hochbegabt. Die angeborenen Talente unserer Kinder und was wir aus ihnen machen. München: Knaus.

Kaiser, L.-S./Neuß, N. (2012): Kinder konstruieren ihre Wirklichkeit. In: TPS 8/2012, Rollenspiel, Puppenspiel, Theater, S. 4–7.

Krenz, A. (2009): Beobachtung und Entwicklungsdokumentation im Elementarbereich. München: Olzog Verlag.

Kühn, S. (2013): Die Kultur um die Sprache(n) herum. Lebenswelten von Kindern einbeziehen. Theorie und Praxis der Sozialpädagogik, S. 28–31.

Kuyumcu, R. (2010): Sprachentwicklung und Sprachreflexion zweisprachig aufwachsender Vorschulkinder mit Erstsprache Türkisch und Zweitsprache Deutsch.

Largo, R. H. (2009): Babyjahre. Die frühkindliche Entwicklung aus biologischer Sicht. München/Zürich: Piper.

Largo, R. H. (2012): Kinderjahre. Die Individualität des Kindes als erzieherische Herausforderung. München/Zürich: Piper.

List, G. (2013): Förderung von Mehrsprachigkeit und Erwerb des Deutschen in der Kita. In: Gogolin, I./Lange, I./Michel, U./Reich, H. H. (Hrsg.): Herausforderung Bildungssprache – und wie man sie meistert. Förmig Edition 9. Münster/New York/München/Berlin: Waxmann.

Lill, G. (2011): Was ist gute offene Arbeit in der Kita? Wie eine klare Positionierung zu Qualität verhilft. In: TPS 7/2011, Offene Arbeit, S. 4–6.

Ministerium für Bildung, Kultur und Wissenschaft Saarland (Hrsg.) (2006): Bildungsprogramm für saarländische Kindergärten. Weimar/Berlin: verlag das netz.

Ministerium für Kultus, Bildung und Sport Baden-Württemberg (2013): Qualifizierung des pädagogischen Personals in Kindertageseinrichtungen. Stuttgart.

Montanari, E. (2002): Mit zwei Sprachen groß werden. Mehrsprachige Erziehung in Familie, Kindergarten und Schule: München: Kösel.

Niesel, R./Griebel, W./Netta, B. (2008): Nach der Kita kommt die Schule. Mit Kindern den Übergang schaffen. Freiburg i. Br.: Herder.

Niesel, R./Griebel, W. (2010): Transitionen. In: Pousset, R. (Hrsg.): Handwörterbuch für Erzieherinnen und Erzieher. Berlin: Cornelsen, S. 445–448.

Neuss, N. (2013): Alte Zöpfe abschneiden. Digitale Medien gehören in die Welt von Kindern. In : TPS 3/2013, Kinder und digitale Medien, S. 4–9.

Pelikan. (2012): Praxis Schreibenlernen. Hannover S. 27.

Petillion, H. (2000): Von Adlerauge bis Zauberbaum. 1000 Spiele für die Grundschule. Landau: Knecht.

Preising, C. (Hrsg.) (2003): Qualität im Situationsansatz. Qualitätskriterien und Materialien für die Qualitätsentwicklung in Kindertageseinrichtungen. Weinheim und Basel: Beltz.

Radigk, W. (1991): Kognitive Entwicklung und cerebrale Dysfunktion. Dortmund: verlag modernes lernen.

Reich, H. H. (2013). Durchgängige Sprachbildung. In: Gogolin, I./Lange, I./Michel, U./Reich, H. H. (Hrsg.): Herausforderung Bildungssprache – und wie man sie meistert. Münster/New York/München/Berlin: Waxmann.

Reichen, J. (1988): Die neue Erstlesemethode »Lesen durch Schreiben«. Schweizerische Lehrerzeitung, S. 6.

Rheinland-Pfalz (Hrsg.) (2012): Ministerium für Bildung, Wissenschaft, Weiterbildung und Kultur. Rahmenplan Herkunftssprachenunterricht für die Grundschule und Sekundarstufe I. Grünstadt: Sommer.

Rossmann, P. (1996): Einführung in die Entwicklungspsychologie des Kindes- und Jugendalters. Bern/Göttingen/Toronto/Seattle: Hans Huber.

Sachse, S. (2005): Früherkennung von Sprachentwicklungsstörungen. In: Suchodoletz, W. v. (Hrsg.): Früherkennung von Entwicklungsstörungen. Göttingen: Hogrefe, S. 155–190.

Schlummer, B./Schlummer W. (2003): Erfolgreiche Konzeptionsentwicklung in Kindertagesstätten: München: Reinhardt.

Straßburg, H. M. (2000): Zentrale Sprachentwicklungsstörungen bei Kindern aus Sicht des Neuropädiaters. In: Die Sprachheilarbeit, 45. Jg., S. 100–107.

Suchodoletz, W. v. (Hrsg.) (2004): Zur Prognose von Kindern mit umschriebenen Sprachentwick-lungsstörungen.. In: Suchodoletz, W. v (Hrsg.): Welche Chancen haben Kinder mit Entwicklungs-störungen? Göttingen: Hogrefe, S. 155–199.

Suchodoletz, W. v. (Hrsg.) (2005): Früherkennung von Entwicklungsstörungen. Göttingen: Hogrefe.

Watzlawick, P. (2011): Man kann nicht nicht kommunizieren. Bern/Stuttgart/Toronto: Hans Huber.

Weltzien, D. (2006/2010): Vernetzung und Kooperation: Konzepte, Analysen und Modellansätze. Re-magen: ibus und Zentralstelle für Fernstudien an Fachhochschulen.

Wespel, M. (2004): Von der Leitidee »Sprach- und Schriftkultur« zu Kompetenzen im Sprechen, Le-sen, Schreiben. In: Grundschule Special: Standards, S. 7–10.

Wildemann, A. (2010): Lesen und Schreiben erfolgreich unterrichten. Wege im sprachlichen Anfangs-unterricht. München: Oldenbourg Schulbuchverlag.

Wygotski, L. S. (1977): Denken und Sprechen. Frankfurt a. M.: Fischer.

Internetquellen

www.pti-bonn.de

http://entwicklunngsdiagnostik.de/bisc

Hilfreiche Filme

Gerwig, K. (2012): Wie Kinder zu(m) Wort kommen – Sprachförderung im Alltag. Fachliche Beglei-tung: Dr. Anna Winner. Kaufungen: AV1 Pädagogikfilme.

Gerwig, K. (2013): Wie Kinder zur Schrift kommen. Fachliche Begleitung: Prof. Dr. Iris Füssenich. Kaufungen: AV1 Pädagogikfilme.

Kinderbücher, Spiele und Trainingsprogramme

Küspert P./Schneider, W. (2000): Hören, Lauschen, Lernen. Sprachspiele für Kinder im Vorschulalter. Würzburger Trainingsprogramm zur Vorbereitung auf den Erwerb der Schriftsprache. Göttingen: Vandenhoeck & Ruprecht.

»Das Familienspiel«
In Kooperation mit dem Projekt Kinderwelten/INA gGmbH an der FU Berlin
Konzept: Serap AzuN
Fotos: Volker Döring
70 Bildkarten 9 × 9 cm, ein Familienposter, eine Spielanleitung in fünf Sprachen, im A4-Karton

Sprachförderung im Kindergartenalltag

Dieses Buch vermittelt Ihnen Grundlagenwissen über den kindlichen Spracherwerb und beschreibt Methoden und Techniken, die die Sprachentwicklung der Kinder fördert und ihnen Lust und Freude am Sprechen vermittelt. Damit erhalten Sie zahlreiche Anregungen, wie Sie eine sprachanregende Umgebung im Kita-Alltag schaffen. Zugleich können Sie die Eltern kompetent beraten und unterstützen.

Timm Albers
Sag mal!
Krippe, Kindergarten und Familie:
Sprachförderung im Alltag
2011. 128 Seiten. Broschiert.
ISBN 978-3-407-62770-4

Beltz Verlag · Weinheim und Basel · Weitere Infos und Ladenpreis: www.beltz.de